CONTES ET NOUVELLES

DE

LA FONTAINE

PARIS. — IMPRIMERIE CHARLES BLOT, RUE BLEUE, 7.

L'ORAISON DE SAINT-JULIEN (p. 85)

CONTES

ET NOUVELLES

DE

LA FONTAINE

NOUVELLE ÉDITION

REVUE AVEC SOIN ET ACCOMPAGNÉE DE NOTES EXPLICATIVES

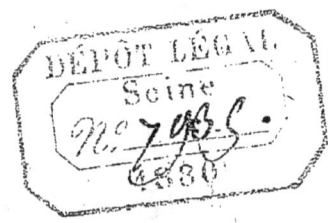

PARIS

GARNIER FRÈRES, LIBRAIRES-ÉDITEURS

6, RUE DES SAINTS-PÈRES, 6.

On a tout dit sur les Contes de la Fontaine. C'est un de ces livres depuis longtemps jugés, que le suffrage des gens de goût a mis au rang des chefs-d'œuvre. Il est donc inutile de disserter savamment pour démontrer un mérite que personne ne conteste. Nous nous bornerons ici à reproduire quelques lignes d'un judicieux article de la Harpe, dans son *Cours de Littérature* :

« Les Contes de la Fontaine sont, dans un genre inférieur, aussi parfaits que ses Fables, si ce n'est que la diction en est moins pure et la rime plus négligée. D'ailleurs, c'est toujours ce talent de la narration dans un degré unique. Quelle gaieté! quelle aisance! quelle variété de tournures dans des sujets dont le fond est quelquefois à peu près le même! Quelle abondance gracieuse!... Il est au-dessus de Boccace et de la reine de Navarre... L'Arioste seul, quand la Fontaine conte d'après lui, peut soutenir la concurrence. Voltaire prétend qu'il y a plus de poésie dans l'aventure de *Joconde*, telle qu'elle est dans *le Roland*, qu'il n'y en a dans l'imitation de la Fontaine. Boileau, dont nous avons une dissertation sur *Joconde*, donne partout l'avantage au poëte français. On voit, par les citations qu'il en fait, que l'original ne lui est pas étranger. Voltaire, plus versé dans la langue de l'Arioste, reproche à Boileau de ne pas la connaître assez pour rendre une exacte justice à l'auteur de *l'Orlando*, et sentir tout le mérite de ses vers. Je ne prononcerai pas entre ces deux grands juges; mais il me semble que, dans tous les endroits où Boileau rapproche et compare les deux poëtes, il est difficile de n'être pas de son avis, et de ne pas convenir que la Fontaine l'emporte par ces traits de naturel et de naïveté, par ces grâces propres au conte, qui étaient en lui un présent particulier de la nature.

» Du côté des mœurs, la plupart de ses Contes sont plutôt libres que licencieux... On a trouvé moyen d'en accommoder plusieurs au théâtre, en les épurant, au lieu que Vergier, Grécourt et d'autres conteurs n'ont rien fourni à la scène, parce qu'ils sont infiniment moins réservés que lui. Ceux de ses Contes où il a blessé la décence et par le fond et par les détails, sont en assez petit nombre, et plusieurs sont entièrement irréprochables, par exemple, celui du *Faucon*, qui est d'un intérêt si touchant. »

— VIII —

Ajoutons seulement que c'est par sa manière unique de conter, par l'abandon et le naturel charmant de son style, que la Fontaine fait *tout passer* (*car tout passe,* dit il), et que souvent c'est grâce à l'heureux choix et à la *pudeur des mots,* qu'il fait admettre, en les gazant, les choses les plus scabreuses et les plus risquées.

AVERTISSEMENT

DE L'AUTEUR

POUR LA PREMIÈRE ÉDITION DU PREMIER LIVRE
DE SES CONTES (1665).

Les Nouvelles en vers dont ce livre fait part au public, et dont l'une est tirée de l'Arioste, et l'autre de Boccace, quoique d'un style bien différent, sont toutefois d'une même main. L'auteur a voulu éprouver lequel caractère est le plus propre pour rimer des contes : il a cru que les vers irréguliers ayant un air qui tient beaucoup de la prose, cette manière pourroit sembler la plus naturelle, et par conséquent la meilleure. D'autre part aussi, le vieux langage, pour les choses de cette nature, a des grâces que celui de notre siècle n'a pas. Les cent Nouvelles, les vieilles traductions de Boccace et des Amadis, Rabelais, nos anciens poëtes, nous en fournissent des preuves infaillibles. L'auteur a donc tenté ces deux voies sans être certain laquelle est la bonne. C'est au lecteur à se déterminer là-dessus ; car il ne prétend pas en demeurer là, et il a déjà jeté les yeux sur d'autres Nouvelles pour les rimer. Mais auparavant il faut qu'il soit assuré du succès de celles-ci, et du goût de la plupart des personnes qui les liront. En cela, comme en d'autres choses, Térence lui doit servir de modèle. Ce poëte n'écrivoit pas pour se satisfaire seulement, ou pour satisfaire un petit nombre de gens choisis ; il avoit pour but *populo ut placerent quas fecisset fabulas.*

PRÉFACE

DE LA FONTAINE

POUR LA SECONDE ÉDITION DU PREMIER LIVRE
DE SES CONTES (1665).

J'avois résolu de ne consentir à l'impression de ces contes qu'après que j'y pourrois joindre ceux de Boccace qui sont le plus à mon goût; mais quelques personnes m'ont conseillé de donner dès à présent ce qui me reste de ces bagatelles, afin de ne pas laisser refroidir la curiosité de les voir, qui est encore en son premier feu. Je me suis rendu à cet avis sans beaucoup de peine, et j'ai cru pouvoir profiter de l'occasion. Non-seulement cela m'est permis, mais ce seroit vanité à moi de mépriser un tel avantage. Il me suffit de ne pas vouloir qu'on impose en ma faveur à qui que ce soit, et de suivre un chemin contraire à celui de certaines gens, qui ne s'acquièrent des amis que pour s'acquérir des suffrages par leur moyen; créatures de la cabale, bien différents de cet Espagnol qui se piquait d'être fils de ses propres œuvres. Quoique j'aie autant besoin de ces artifices que pas un autre, je ne saurois me résoudre à les employer : seulement je m'accommoderai, s'il m'est possible, au goût de mon siècle, instruit que je suis par ma propre expérience qu'il n'y a rien de plus nécessaire. En effet, on ne peut pas dire que toutes saisons soient favorables pour toutes sortes de livres. Nous avons vu les rondeaux, les métamorphoses, les bouts-rimés régner tour à tour; maintenant ces galanteries sont hors de mode, et personne ne s'en soucie; tant il est certain que ce qui plaît en un temps peut ne pas plaire en un autre! Il n'appartient qu'aux ouvrages vraiment solides et d'une souveraine beauté, d'être bien reçus de tous les esprits et dans tous les siècles, sans avoir d'autre passe-port que le seul mérite dont ils sont pleins. Comme les miens sont fort éloignés d'un si haut degré de perfection, la prudence veut que je les garde en mon cabinet, à moins que de bien prendre mon temps pour les en tirer. C'est ce que j'ai fait ou que j'ai cru faire dans cette seconde édition, où je n'ai ajouté de nouveaux contes que parce qu'il m'a semblé qu'on étoit en train d'y prendre plaisir. Il y en a que j'ai étendus, et d'autres que j'ai accourcis, seulement pour diversifier et me rendre moins ennuyeux.

On en trouvera même quelques-uns que j'ai prétendu mettre en épigrammes. Tout cela n'a fait qu'un petit recueil aussi peu considérable par sa grosseur que par la qualité des ouvrages qui le composent. Pour le grossir, j'ai tiré de mes papiers je ne sais quelle imitation des Arrêts d'Amour, avec un fragment où l'on me raconte le tour que Vulcain fit à Mars et à Vénus, et celui que Mars et Vénus lui avoient fait. Il est vrai que ces deux pièces n'ont ni le sujet ni le caractère du tout semblables au reste du livre; mais, à mon sens, elles n'en sont pas entièrement éloignées. Quoi que c'en soit, elles passeront; je ne sais même si la variété n'étoit point plus à rechercher en cette rencontre qu'un assortiment si exact.

Mais je m'amuse à des choses auxquelles on ne prendra peut-être pas garde, tandis que j'ai lieu d'appréhender des objections bien plus importantes. On m'en peut faire deux principales : l'une, que ce livre est licencieux; l'autre, qu'il n'épargne pas assez le beau sexe. Quant à la première, je dis hardiment que la nature du conte le vouloit ainsi; étant une loi indispensable, selon Horace, ou plutôt selon la raison et le sens commun, de se conformer aux choses dont on écrit. Or, qu'il ne m'ait été permis d'écrire de celles-ci, comme tant d'autres l'ont fait et avec succès, je ne crois pas qu'on le mette en doute; et l'on ne sauroit me condamner que l'on ne condamne aussi l'Arioste devant[1]

---

[1]. Devant pour *avant*; se disait alors.

moi, et les anciens devant l'Ariosto. On me dira que j'eusse mieux fait de supprimer quelques circonstances, ou tout au moins de les déguiser. Il n'y avoit rien de plus facile; mais cela auroit affaibli le conte, et lui auroit ôté de sa grâce. Tant de circonspection n'est nécessaire que dans les ouvrages qui promettent beaucoup de retenue dès l'abord, ou par leur sujet, ou par la manière dont on les traite. Je confesse qu'il faut garder en cela des bornes, et que les plus étroites sont les meilleures : aussi faut-il m'avouer que trop de scrupule gâteroit tout. Qui voudroit réduire Boccace à la même pudeur que Virgile ne feroit assurément rien qui vaille, et pécheroit contre les lois de la bienséance, en prenant à tâche de les observer. Car, afin que l'on ne s'y trompe pas, en matière de vers et de prose, l'extrême pudeur et la bienséance sont deux choses bien différentes. Cicéron fait consister la dernière à dire ce qu'il est à propos qu'on dise eu égard au lieu, au temps, et aux personnes qu'on entretient. Ce principe une fois posé, ce n'est pas une faute de jugement que d'entretenir les gens d'aujourd'hui de contes un peu libres. Je ne pèche pas non plus en cela contre la morale. S'il y a quelque chose dans nos écrits qui puisse faire impression sur les âmes, ce n'est nullement la gaieté de ces contes; elle passe légèrement : je craindrois plutôt une douce mélancolie, où les romans les plus chastes et les plus modestes sont très-capables de nous plonger, et qui est une grande préparation pour l'amour. Quant à la seconde objection, par laquelle on me reproche que ce livre fait tort aux femmes, on auroit raison si je parlois sérieusement ; mais qui ne voit que ceci est jeu, et par conséquent ne peut porter coup? Il ne faut pas avoir peur que les mariages en soient à l'avenir moins fréquents, et les maris plus fort sur leur garde. On me peut encore objecter que ces contes ne sont pas fondés, ou qu'ils ont partout un fondement aisé à détruire; enfin, qu'il y a des absurdités, et pas la moindre teinture de vraisemblance. Je réponds en peu de mots que j'ai mes garants; et puis ce n'est ni le vrai ni le vraisemblable qui font la beauté et la grâce de ces choses-ci ; c'est seulement la manière de les conter.

Voilà les principaux points sur quoi j'ai cru être obligé de me défendre. J'abandonne le reste aux censeurs : aussi bien seroit-ce une entreprise infinie que de prétendre répondre à tout. Jamais la critique ne demeure court, ni ne manque de sujets de s'exercer : quand ceux que je puis prévoir lui seroient ôtés, elle en auroit bientôt trouvé d'autres.

CONTES
DE
LA FONTAINE

LIVRE PREMIER

I

JOCONDE[1]

NOUVELLE TIRÉE DE L'ARIOSTE[2]

Jadis régnoit en Lombardie
Un prince aussi beau que le jour,
Et tel que des beautés qui régnoient à sa cour
La moitié lui portoit envie,
L'autre moitié brûloit pour lui d'amour.
Un jour, en se mirant : « Je fais, dit-il, gageure
Qu'il n'est mortel dans la nature
Qui me soit égal en appas,

---

1. La première édition ajoute à ce titre : *ou de l'infidélité des femmes.*
2. Ariosto, *Orlando furioso,* canto XXVIII.

Et gage, si l'on veut, la meilleure province
   De mes États[1] ;
Et, s'il s'en rencontre un, je promets, foi de prince,
De le traiter si bien qu'il ne s'en plaindra pas. »

A ce propos s'avance un certain gentilhomme
   D'auprès de Rome.
   « Sire, dit-il, si Votre Majesté
      Est curieuse de beauté,
      Qu'elle fasse venir mon frère :
      Aux plus charmants il n'en doit guère;
Je m'y connois un peu, soit dit sans vanité.
Toutefois, en cela pouvant m'être flatté,
Que je n'en sois pas cru, mais les cœurs de vos dames!
   Du soin de guérir leurs flammes
Il vous soulagera, si vous le trouvez bon :
Car de pourvoir vous seul au tourment de chacune,
Outre que tant d'amour vous seroit importune,
Vous n'auriez jamais fait; il vous faut un second. »
   Là-dessus Astolphe répond :
(C'est ainsi qu'on nommoit ce roi de Lombardie)
« Votre discours me donne une terrible envie
De connoître ce frère : amenez-le-nous donc.
Voyons si nos beautés en seront amoureuses,
   Si ses appas le mettront en crédit;
      Nous en croirons les connaisseuses,
      Comme très-bien vous avez dit. »

Le gentilhomme part, et va quérir Joconde,

---

1. Var. Première édition, 1665 :

   Un jour qu'il se miroit dans le cristal d'une onde,
   Je gage, ce dit-il, qu'il n'est point d'homme au monde
   Qui me puisse égaler en matière d'appas;
   J'y mettrai, si l'on veut, la meilleure province
      De mes États.

(C'est le nom que ce frère avoit) :
A la campagne il vivoit,
Loin du commerce du monde :
Marié depuis peu ; content, je n'en sais rien.
Sa femme avoit de la jeunesse,
De la beauté, de la délicatesse ;
Il ne tenoit qu'à lui qu'il ne s'en trouvât bien.
Son frère arrive, et lui fait l'ambassade ;
Enfin il le persuade.
Joconde d'une part regardoit l'amitié
D'un roi puissant, et d'ailleurs fort aimable ;
Et d'autre part aussi sa charmante moitié
Triomphoit d'être inconsolable
Et de lui faire des adieux
A tirer les larmes des yeux.

« Quoi ! tu me quittes ! disoit-elle.
As-tu bien l'âme assez cruelle
Pour préférer à ma constante amour
Les faveurs de la cour ?
Tu sais qu'à peine elles durent un jour ;
Qu'on les conserve avec inquiétude,
Pour les perdre avec désespoir.
Si tu te lasses de me voir,
Songe au moins qu'en ta solitude
Le repos règne jour et nuit ;
Que les ruisseaux n'y font du bruit
Qu'afin de t'inviter à fermer la paupière.
Crois-moi, ne quitte point les hôtes de tes bois,
Ces fertiles vallons, ces ombrages si cois,
Enfin moi, qui devrois me nommer la première :
Mais ce n'est plus le temps ; tu ris de mon amour :
Va, cruel, va montrer ta beauté singulière ;
Je mourrai, je l'espère, avant la fin du jour ! »

L'histoire ne dit point ni de quelle manière
Joconde put partir, ni ce qu'il répondit,
    Ni ce qu'il fit, ni ce qu'il dit;
Je m'en tais donc aussi, de crainte de pis faire.
Disons que la douleur l'empêcha de parler;
C'est un fort bon moyen de se tirer d'affaire.
Sa femme, le voyant tout près de s'en aller,
L'accable de baisers, et, pour comble, lui donne
    Un bracelet de façon fort mignonne,
      En lui disant : « Ne le perds pas,
      Et qu'il soit toujours à ton bras,
Pour te ressouvenir de mon amour extrême :
Il est de mes cheveux, je l'ai tissu moi-même :
      Et voilà de plus mon portrait
      Que j'attache à ce bracelet. »

Vous autres bonnes gens, eussiez cru que la dame
    Une heure après eût rendu l'âme;
Moi, qui sais ce que c'est que l'esprit d'une femme,
    Je m'en serois à bon droit défié.
Joconde partit donc; mais, ayant oublié
      Le bracelet et la peinture,
      Par je ne sais quelle aventure,
      Le matin même il s'en souvient :
    Au grand galop sur ses pas il revient,
Ne sachant quelle excuse il feroit à sa femme.
Sans rencontrer personne, et sans être entendu,
Il monte dans sa chambre, et voit près de la dame
Un lourdaud de valet sur son sein étendu.
    Tous deux dormoient. Dans cet abord[1], Joconde
Voulut les envoyer dormir en l'autre monde :
      Mais cependant il n'en fit rien;

---

1. Première édition : *De prime abord.*

Et mon avis est qu'il fit bien ;
Le moins de bruit que l'on peut faire
　　En telle affaire
Est le plus sûr de la moitié.
Soit par prudence, ou par pitié,
Le Romain ne tua personne.
D'éveiller ces amants, il ne le falloit pas ;
　Car son honneur l'obligeoit en ce cas
　　De leur donner le trépas.
　« Vis, méchante, dit-il tout bas ;
A ton remords je t'abandonne. »

Joconde là-dessus se remet en chemin,
Rêvant à son malheur tout le long du voyage.
Bien souvent il s'écrie, au fort de son chagrin :
　« Encor si c'étoit un blondin,
Je me consolerois d'un si sensible outrage ;
　Mais un gros lourdaud de valet !
　C'est à quoi j'ai plus de regret :
　Plus j'y pense, et plus j'en enrage.
Ou l'amour est aveugle, ou bien il n'est pas sage
　　D'avoir assemblé ces amants.
　Ce sont, hélas ! ses divertissements ;
　　Et possible est-ce par gageure
　Qu'il a causé cette aventure. »

Le souvenir fâcheux d'un si perfide tour
　Altéroit fort la beauté de Joconde :
Ce n'étoit plus ce miracle d'amour
　Qui devoit charmer tout le monde.
Les dames, le voyant arriver à la cour,
　Dirent d'abord : « Est-ce là ce Narcisse
　Qui prétendoit tous nos cœurs enchaîner ?
　　Quoi ! le pauvre homme a la jaunisse !

Ce n'est pas pour nous la donner.
A quel propos nous amener
Un galant qui vient de jeûner
   La quarantaine?
On se fût bien passé de prendre tant de peine. »

Astolphe étoit ravi; le frère étoit confus,
   Et ne savoit que penser là-dessus;
Car Joconde cachoit avec un soin extrême
   La cause de son ennui.
   On remarquoit pourtant en lui,
Malgré ses yeux cavés et son visage blême
   De fort beaux traits, mais qui ne plaisoient point,
   Faute d'éclat et d'embonpoint.

Amour en eut pitié : d'ailleurs cette tristesse
Faisoit perdre à ce dieu trop d'encens et de vœux;
L'un des plus grands suppôts de l'empire amoureux
Consumoit en regrets la fleur de sa jeunesse.
Le Romain se vit donc à la fin soulagé
Par le même pouvoir qui l'avoit affligé.
Car un jour, étant seul en une galerie,
   Lieu solitaire et tenu fort secret,
   Il entendit, en certain cabinet,
Dont la cloison n'étoit que de menuiserie,
   Le propre discours que voici :
   « Mon cher Curtade, mon souci,
J'ai beau t'aimer, tu n'es pour moi que glace :
   Je ne vois pourtant, Dieu merci,
   Pas une beauté qui m'efface :
Cent conquérants voudroient avoir ta place;
   Et tu sembles la mépriser,
   Aimant beaucoup mieux t'amuser
   A jouer avec quelque page
      Au lansquenet,

Que me venir trouver seule en ce cabinet.
Dorimène tantôt t'en a fait le message ;
  Tu t'es mis contre elle à jurer,
  A la maudire, à murmurer,
Et n'as quitté le jeu que ta main étant faite,
Sans te mettre en souci de ce que je souhaite ! »
Qui fut bien étonné? ce fut notre Romain.
  Je donnerois jusqu'à demain
  Pour deviner qui tenoit ce langage,
   Et quel étoit le personnage
   Qui gardoit tant son quant à moi.
Ce bel Adon étoit le nain du roi,
  Et son amante étoit la reine.
  Le Romain, sans beaucoup de peine,
  Les vit, en approchant les yeux
Des fentes que le bois laissoit en divers lieux.
Ces amants se fioient au soin de Dorimène ;
Seule elle avoit toujours la clef de ce lieu-là.
Mais la laissant tomber, Joconde la trouva,
  Puis s'en servit, puis en tira
  Consolation non petite ;
  Car voici comme il raisonna :
« Je ne suis pas le seul ; et puisque même on quitte
Un prince si charmant pour un nain contrefait,
  Il ne faut pas que je m'irrite
  D'être quitté pour un valet. »

Ce penser le console ; il reprend tous ses charmes ;
  Il devient plus beau que jamais :
  Telle pour lui verse des larmes
  Qui se moquoit de ses attraits.
C'est à qui l'aimera ; la plus prude s'en pique :
  Astolphe y perd mainte pratique.
Cela n'en fut que mieux : il en avoit assez.
Retournons aux amants que nous avons laissés.

Après avoir tout vu, le Romain se retire,
 Bien empêché de ce secret.
Il ne faut à la cour ni trop voir, ni trop dire;
Et peu se sont vantés du don qu'on leur a fait
 Pour une semblable nouvelle.
Mais quoi! Joconde aimoit avecque trop de zèle
Un prince libéral qui le favorisoit,
Pour ne pas l'avertir du tort qu'on lui faisoit.
Or, comme avec les rois il faut plus de mystère
Qu'avecque d'autres gens sans doute il n'en faudroit,
Et que de but en blanc leur parler d'une affaire,
 Dont le discours leur doit déplaire,
 Ce seroit être maladroit;
Pour adoucir la chose, il fallut que Joconde
 Depuis l'origine du monde
Fît un dénombrement des rois et des Césars
Qui, sujets comme nous à ces communs hasards,
 Malgré les soins dont leur grandeur se pique,
 Avoient vu leurs femmes tomber
 En telle ou semblable pratique,
 Et l'avoient vu sans succomber
 A la douleur, sans se mettre en colère,
 Et sans en faire pire chère.

« Moi qui vous parle, sire, ajouta le Romain,
Le jour que pour vous voir je me mis en chemin,
 Je fus forcé par mon destin
 De reconnaître cocuage
 Pour un des dieux du mariage,
 Et, comme tel, de lui sacrifier. »
Là-dessus il conta, sans en rien oublier,
 Toute sa déconvenue;
 Puis vint à celle du roi.

« Je vous tiens, dit Astolphe, homme digne de foi;

JOCONDE

Mais la chose, pour être crue,
Mérite bien d'être vue :
Menez-moi donc sur les lieux. »
Cela fut fait ; et de ses propres yeux
Astolphe vit des merveilles,
Comme il en entendit de ses propres oreilles.
L'énormité du fait le rendit si confus,
Que d'abord tous ses sens demeurèrent perclus ;
Il fut comme accablé de ce cruel outrage ;
Mais bientôt il le prit en homme de courage,
En galant homme, et, pour le faire court,
En véritable homme de cour.

« Nos femmes, ce dit-il, nous en ont donné d'une ;
Nous voici lâchement trahis :
Vengeons-nous-en, et courons le pays ;
Cherchons partout notre fortune.
Pour réussir dans ce dessein,
Nous changerons nos noms ; je laisserai mon train ;
Je me dirai votre cousin,
Et vous ne me rendrez aucune déférence :
Nous en ferons l'amour avec plus d'assurance,
Plus de plaisir, plus de commodité,
Que si j'étois suivi selon ma qualité. »

Joconde approuva fort le dessein du voyage.
« Il nous faut dans notre équipage,
Continua le prince, avoir un livre blanc,
Pour mettre les noms de celles
Qui ne seront pas rebelles,
Chacune selon son rang.
Je consens de perdre la vie,
Si, devant que sortir des confins d'Italie,
Tout notre livre ne s'emplit,
Et si la plus sévère à nos vœux ne se range.

Nous sommes beaux ; nous avons de l'esprit ;
Avec cela, bonnes lettres de change :
　　Il faudroit être bien étrange
　　Pour résister à tant d'appas,
　　Et ne pas tomber dans les lacs
De gens qui sèmeront l'argent et la fleurette,
　　Et dont la personne est bien faite. »

Leur bagage étant prêt, et le livre surtout,
　　Nos galants se mettent en voie.
　　Je ne viendrois jamais à bout
De nombrer les faveurs que l'amour leur envoie :
　　Nouveaux objets, nouvelle proie :
Heureuses les beautés qui s'offrent à leurs yeux !
Et plus heureuse encor celle qui peut leur plaire !
　　Il n'est en la plupart des lieux,
　　Femme d'échevin, ni de maire,
　　De podestat, de gouverneur,
　　Qui ne tienne à fort grand honneur
　　D'avoir en leur registre place.
　　Les cœurs que l'on croyoit de glace
　　Se fondent tous à leur abord.
　　J'entends déjà maint esprit fort
　　M'objecter que la vraisemblance
　　N'est pas en ceci tout à fait.
　　Car, dira-t-on, quelque parfait
Que puisse être un galant dedans cette science,
Encor faut-il du temps pour mettre un cœur à bien.
　　　S'il en faut, je n'en sais rien ;
Ce n'est pas mon métier de cajoler personne ;
　　Je le rends comme on me le donne ;
　　Et l'Arioste ne ment pas.
　　Si l'on vouloit à chaque pas
　　Arrêter un conteur d'histoire,
Il n'auroit jamais fait : suffit qu'en pareil cas

Je promets à ces gens quelque jour de les croire.
Quand nos aventuriers eurent goûté de tout,
   (De tout un peu, c'est comme il faut l'entendre) :
« Nous mettrons, dit Astolphe, autant de cœurs à bout
     Que nous voudrons en entreprendre ;
     Mais je tiens qu'il vaut mieux attendre.
   Arrêtons-nous pour un temps quelque part,
     Et cela plus tôt que plus tard ;
     Car, en amour, comme à la table,
     Si l'on en croit la faculté,
Diversité de mets peut nuire à la santé.
     Le trop d'affaires nous accable.
     Ayons quelque objet en commun ;
     Pour tous les deux c'est assez d'un. »

— J'y consens, dit Joconde ; et je sais une dame
Près de qui nous aurons toute commodité.
Elle a beaucoup d'esprit, elle est belle, elle est femme
    D'un des premiers de la cité.
— Rien moins, reprit le roi ; laissons la qualité :
     Sous les cotillons des grisettes
     Peut loger autant de beauté
     Que sous les jupes des coquettes.
   D'ailleurs il n'y faut point faire tant de façon
     Être en continuel soupçon,
Dépendre d'une humeur fière, brusque, ou volage.
     Chez les dames de haut parage
Ces choses sont à craindre, et bien d'autres encor :
     Une grisette est un trésor ;
     Car, sans se donner de la peine,
     Et sans qu'aux bals on la promène,
     On en vient aisément à bout ;
On lui dit ce qu'on veut, bien souvent rien du tout.
Le point est d'en trouver une qui soit fidèle :
     Choisissons-la toute nouvelle,

Qui ne connoisse encor ni le mal ni le bien.
   Prenons, dit le Romain, la fille de notre hôte;
     Je la tiens pucelle sans faute,
     Et si pucelle, qu'il n'est rien
     De plus puceau que cette belle :
     Sa poupée en sait autant qu'elle

— J'y songeois, dit le roi ; parlons-lui dès ce soir.
     Il ne s'agit que de savoir
Qui de nous doit donner à cette jouvencelle,
    Si son cœur se rend à nos vœux,
La première leçon du plaisir amoureux.
Je sais que cet honneur est pure fantaisie ;
Toutefois, étant roi, l'on me le doit céder :
Du reste, il est aisé de s'en accommoder.

— Si c'étoit, dit Joconde, une cérémonie,
   Vous auriez droit de prétendre [1] le pas ;
     Mais il s'agit d'un autre cas :
     Tirons au sort ; c'est la justice ;
     Deux pailles en feront l'office.
De la chape à l'évêque, hélas! ils se battoient,
     Les bonnes gens qu'ils étoient!
   Quoi qu'il en soit, Joconde eut l'avantage
     Du prétendu pucelage.
La belle étant venue en leur chambre le soir
    Pour quelque petite affaire,
Nos deux aventuriers près d'eux la firent seoir,
Louèrent sa beauté, tâchèrent de lui plaire,
    Firent briller une bague à ses yeux.
     A cet objet si précieux
     Son cœur fit peu de résistance :
Le marché se conclut ; et dès la même nuit,

---

1. Var. Première édition : *De prendre.*

Toute l'hôtellerie étant dans le silence,
  Elle les vient trouver sans bruit.
 Au milieu d'eux ils lui font prendre place,
  Tant qu'enfin la chose se passe
Au grand plaisir des trois, et surtout du Romain,
  Qui crut avoir rompu la glace.
  Je lui pardonne, et c'est en vain
  Que de ce point on s'embarrasse.
  Car il n'est si sotte, après tout,
  Qui ne puisse venir à bout
De tromper à ce jeu le plus sage du monde :
  Salomon, qui grand clerc [1] étoit,
  Le reconnoît en quelque endroit,
Dont il ne souvint pas au bonhomme Joconde.
  Il se tint content pour le coup,
  Crut qu'Astolphe y perdoit beaucoup.
  Tout alla bien, et maître pucelage
  Joua des mieux son personnage.
Un jeune gars pourtant en avoit essayé.
Le temps, à cela près, fut fort bien employé,
Et si bien que la fille en demeura contente.

  Le lendemain elle le fut encor,
  Et même encor la nuit suivante.
  Le jeune gars s'étonna fort
Du refroidissement qu'il remarquoit en elle
Il se douta du fait, la guetta, la surprit,
  Et lui fit fort grosse querelle.
Afin de l'apaiser la belle lui promit,
Foi de fille de bien, que, sans aucune faute,
Leurs hôtes délogés, elle lui donneroit
Autant de rendez-vous qu'il en demanderoit.
« Je n'ai souci, dit-il, ni d'hôtesse ni d'hôte;

---

1. Savant passé maître.

Je veux cette nuit même, ou bien je dirai tout.
— Comment en viendrons-nous à bout ?
Dit la fille fort affligée :
De les aller trouver je me suis engagée ;
Si j'y manque, adieu l'anneau
Que j'ai gagné bien et beau.
— Faisons que l'anneau vous demeure,
Reprit le garçon tout à l'heure.
Dites-moi seulement, dorment-ils fort tous deux ?
— Oui, reprit-elle, mais entre eux
Il faut que toute nuit je demeure couchée ;
Et tandis que je suis avec l'un empêchée,
L'autre attend sans mot dire, et s'endort bien souvent,
Tant que le siége soit vacant ;
C'est là leur mot. » Le gars dit à l'instant :
« Je vous irai trouver pendant le premier somme. »
Elle reprit : « Ah ! gardez-vous-en bien ;
Vous seriez un mauvais homme.
— Non, non, dit-il, ne craignez rien,
Et laissez ouverte la porte. »

La porte ouverte elle laissa :
Le galant vint, et s'approcha
Des pieds du lit, puis fit en sorte
Qu'entre les draps il se glissa ;
Et Dieu sait comme il se plaça,
Et comme enfin tout se passa.
Et de ceci ni de cela
Ne se douta le moins du monde
Ni le roi lombard, ni Joconde.
Chacun d'eux pourtant s'éveilla,
Bien étonné de telle aubade.
Le roi lombard dit à part soi :
« Qu'a donc mangé mon camarade ?
Il en prend trop ; et, sur ma foi,

JOCONDE

C'est bien fait s'il devient malade. »
Autant en dit de sa part le Romain.
Et le garçon, ayant repris haleine,
S'en donna pour le jour, et pour le lendemain,
Enfin pour toute la semaine :
Puis, les voyant tous deux rendormis à la fin,
Il s'en alla de grand matin,
Toujours par le même chemin,
Et fut suivi de la donzelle,
Qui craignoit fatigue nouvelle.

Eux éveillés, le roi dit au Romain :
« Frère, dormez jusqu'à demain;
Vous en devez avoir envie,
Et n'avez à présent besoin que de repos.
— Comment! dit le Romain : mais vous-même à propos,
Vous avez fait tantôt une terrible vie.
— Moi? dit le roi, j'ai toujours attendu;
Et puis, voyant que c'étoit temps perdu,
Que sans pitié ni conscience
Vous vouliez jusqu'au bout tourmenter ce tendron,
Sans en avoir d'autre raison
Que d'éprouver ma patience,
Je me suis, malgré moi, jusqu'au jour endormi.
Que s'il vous eût plu, notre ami,
J'aurois couru volontiers quelque poste;
C'eût été tout, n'ayant pas la riposte
Ainsi que vous : qu'y feroit-on?
— Pour Dieu, reprit son compagnon,
Cessez de vous railler, et changeons de matière.
Je suis votre vassal; vous l'avez bien fait voir.
C'est assez que tantôt il vous ait plu d'avoir
La fillette tout entière :
Disposez-en ainsi qu'il vous plaira;
Nous verrons si ce feu toujours vous durera!

— Il pourra, dit le roi, durer toute ma vie,
Si j'ai beaucoup de nuits telles que celle-ci.
— Sire, dit le Romain, trêve de raillerie ;
Donnez-moi mon congé, puisqu'il vous plaît ainsi. »
Astolphe se piqua de cette repartie ;
Et leurs propos s'alloient de plus en plus aigrir,
　　Si le roi n'eût fait venir
　　Tout incontinent la belle.
　　Ils lui dirent : « Jugez-nous ! »
　　En lui contant leur querelle.
　Elle rougit, et se mit à genoux,
　　Leur confessa tout le mystère.
　　Loin de lui faire pire chère,
Ils en rirent tous deux : l'anneau lui fut donné,
　　Et maint bel écu couronné,
Dont peu de temps après on la vit mariée,
　　Et pour pucelle employée.

　　Ce fut par là que nos aventuriers
　　　Mirent fin à leurs aventures,
　　Se voyant chargés de lauriers
Qui les rendront fameux chez les races futures ;
Lauriers d'autant plus beaux qu'il ne leur en coûta
　Qu'un peu d'adresse et quelques feintes larmes,
Et que, loin des dangers et du bruit des alarmes,
　　L'un et l'autre les remporta.
Tout fiers d'avoir conquis les cœurs de tant de belles,
　　Et leur livre étant plus que plein,
　　Le roi lombard dit au Romain :
« Retournons au logis par le plus court chemin.
　　Si nos femmes sont infidèles,
　Consolons-nous ; bien d'autres le sont qu'elles.
La constellation changera quelque jour ;
　Un temps viendra que le flambeau d'amour
Ne brûlera les cœurs que de pudiques flammes :

A présent on diroit que quelque astre malin
Prend plaisir aux bons tours des maris et des femmes.
   D'ailleurs tout l'univers est plein
De maudits enchanteurs, qui des corps et des âmes
Font tout ce qu'il leur plaît : savons-nous si ces gens,
   Comme ils sont traîtres et méchants,
Et toujours ennemis, soit de l'un, soit de l'autre,
N'ont point ensorcelé mon épouse et la vôtre;
   Et si par quelque étrange cas
Nous n'avons point cru voir chose qui n'étoit pas?
Ainsi que bons bourgeois achevons notre vie,
Chacun près de sa femme, et demeurons-en là.
Peut-être que l'absence, ou bien la jalousie,
Nous ont rendu leurs cœurs que l'hymen nous ôta. »
Astolphe rencontra dans cette prophétie.

Nos deux aventuriers, au logis retournés,
Furent très-bien reçus, pourtant un peu grondés,
   Mais seulement par bienséance.
L'un et l'autre se vit de baisers régalé;
On se récompensa des pertes de l'absence.
   Il fut dansé, sauté, ballé,
   Et du nain nullement parlé,
   Ni du valet, comme je pense
Chaque époux, s'attachant auprès de sa moitié,
Vécut en grand soulas ¹, en paix, en amitié,
   Le plus heureux, le plus content du monde.
La reine à son devoir ne manqua d'un seul point
   Autant en fit la femme de Joconde :
   Autant en font d'autres qu'on ne sait point.

1, Soulagement, plaisir; du latin *solatium*.

II

RICHARD MINUTOLO

NOUVELLE TIRÉE DE BOCCACE[1]

C'est de tout temps qu'à Naples on a vu
Régner l'amour et la galanterie.
De beaux objets cet état est pourvu
Mieux que pas un qui soit en Italie.
Femmes y sont qui font venir l'envie
D'être amoureux, quand on ne voudroit pas.

Une surtout ayant beaucoup d'appas
Eut pour amant un jeune gentilhomme
Qu'on appeloit Richard Minutolo.
Il n'étoit lors de Paris jusqu'à Rome
Galant qui sût si bien le numéro [2].
Force lui fut, d'autant que cette belle
(Dont sous le nom de madame Catelle
Il est parlé dans le Décaméron)
Fut un long temps si dure et si rebelle,
Que Minutol n'en sut tirer raison.
Que fait-il donc? Comme il voit que son zèle

---

1. Boccacio, *Decameron*, giornata terza, novell. vi.
2. Qui a de l'adresse ou plutôt du bonheur, comme celui qui réussit à la loterie et aux jeux de hasard.

Ne produit rien, il feint d'être guéri ;
Il ne va plus chez madame Catelle ;
Il se déclare amant d'une autre belle ;
Il fait semblant d'en être favori.
Catelle en rit ; pas grain de jalousie :
Sa concurrente étoit sa bonne amie.
Si bien qu'un jour qu'il étoient en devis[1],
Minutolo, pour lors de la partie,
Comme en passant, mit dessus le tapis
Certains propos de certaines coquettes,
Certain mari, certaines amourettes,
Qu'il controuva sans personne nommer ;
Et fit si bien que madame Catelle
De son époux commence à s'alarmer,
Entre en soupçon, prend le morceau pour elle.
Tant en fut dit, que la pauvre femelle,
Ne pouvant plus durer en tel tourment,
Voulut savoir de son défunt amant,
Qu'elle tira dedans une ruelle,
De quelles gens il entendoit parler,
Qui, quoi, comment, et ce qu'il vouloit dire.
« Vous avez eu, lui dit-il, trop d'empire,
Sur mon esprit, pour vous dissimuler.
Votre mari voit madame Simonne ;
Vous connoissez la galante que c'est ?
Je ne le dis pour offenser personne ;
Mais il y va tant de votre intérêt,
Que je n'ai pu me taire davantage.
Si je vivois dessous votre servage,
Comme autrefois, je me garderois bien
De vous tenir un semblable langage,
Qui de ma part, ne seroit bon à rien.
De ses amants toujours on se méfie.

1. Conversation.

Vous penseriez que par supercherie
Je vous dirois du mal de votre époux ;
Mais, grâce à Dieu, je ne veux rien de vous :
Ce qui me meut n'est du tout que bon zèle.
Depuis un jour j'ai certaine nouvelle
Que votre époux, chez Janot le baigneur,
Doit se trouver avecque sa donzelle.
Comme Janot n'est pas fort grand seigneur,
Pour cent ducats vous lui ferez tout dire ;
Pour cent ducats il fera tout aussi.
Vous pouvez donc tellement vous conduire,
Qu'au rendez-vous trouvant votre mari,
Il sera pris sans s'en pouvoir dédire.
Voici comment. La dame a stipulé
Qu'en une chambre où tout sera fermé
L'on les mettra ; soit craignant qu'on n'ait vue
Sur le baigneur ; soit que, sentant son cas,
Simonne encor n'ait toute honte bue.
Prenez sa place, et ne marchandez pas :
Gagnez Janot ; donnez-lui cent ducats ;
Il vous mettra dedans la chambre noire,
Non pour jeûner, comme vous pouvez croire ;
Trop bien ferez tout ce qu'il vous plaira.
Ne parlez point ; vous gâteriez l'histoire ;
Et vous verrez comme tout en ira. »

L'expédient plut très-fort à Catelle.
De grand dépit Richard elle interrompt :
« Je vous entends, c'est assez, lui dit-elle,
Laissez-moi faire ; et le drôle et sa belle
Verront beau jeu, si la corde ne rompt.
Pensent-ils donc que je sois quelque buse ? »
Lors pour sortir elle prend une excuse,
Et tout d'un pas s'en va trouver Janot,
A qui Richard avait donné le mot.

L'argent fait tout; si l'on en prend en France
Pour obliger en de semblables cas,
On peut juger avec grande apparence
Qu'en Italie on n'en refuse pas.
Pour tout carquois, d'une large escarcelle
En ce pays le dieu d'amour se sert.
Janot en prend de Richard, de Catelle;
Il en eût pris du grand diable d'enfer.
Pour abréger, la chose s'exécute
Comme Richard s'étoit imaginé.
Sa maîtresse eut d'abord quelque dispute
Avec Janot qui fit le réservé;
Mais, en voyant bel argent bien compté,
Il promet plus que l'on ne lui demande.

Le temps venu d'aller au rendez-vous,
Minutolo s'y rend seul de sa bande;
Entre en la chambre et n'y trouve aucuns trous
Par où le jour puisse nuire à sa flamme.
Guère n'attend : il tardoit à la dame
D'y rencontrer son perfide d'époux,
Bien préparée à lui chanter sa gamme.
Pas n'y manqua; l'on peut s'en assurer.
Dans le lieu dit Janot la fit entrer.
Là ne trouva ce qu'elle alloit chercher,
Point de mari, point de dame Simonne,
Mais, au lieu d'eux, Minutol en personne,
Qui sans parler se mit à l'embrasser.
Quant au surplus, je le laisse à penser :
Chacun s'en doute assez sans qu'on le die.
De grand plaisir notre amant s'extasie.
Que si le jeu plut beaucoup à Richard,
Catelle aussi, toute rancune à part,
Le laissa faire, et ne voulut mot dire.
Il en profite, et se garde de rire;

Mais toutefois ce n'est pas sans effort.
De figurer le plaisir qu'a le sire,
Il me faudroit un esprit bien plus fort :
Premièrement il jouit de sa belle ;
En second lieu, il trompe une cruelle,
Et croit gagner les pardons en cela.

Mais à la fin Catelle s'emporta.
« C'est trop souffrir, traître ! ce lui dit-elle,
Je ne suis pas celle que tu prétends.
Laisse-moi là, sinon à belles dents
Je te déchire et te saute à la vue.
C'est donc cela que tu te tiens en mue [1],
Fais le malade et te plains tous les jours,
Te réservant sans doute à tes amours ?
Parle, méchant, dis-moi, suis-je pourvue
De moins d'appas, ai-je moins d'agrément,
Moins de beauté, que ta dame Simonne ?
Le rare oiseau ! ô la belle friponne !
T'aimois-je moins ? Je te hais à présent ;
Et plût à Dieu que je t'eusse vu pendre ! »
Pendant cela, Richard, pour l'apaiser,
La caressoit, tâchoit de la baiser ;
Mais il ne put, elle s'en sut défendre.
« Laisse-moi là ! se mit-elle à crier ;
Comme un enfant penses-tu me traiter ?
N'approche point, je ne suis plus ta femme ;
Rends-moi mon bien : va-t'en trouver ta dame ;
Va, déloyal, va-t'en, je te le dis !
Je suis bien sotte et bien de mon pays

---

1. C'est-à-dire que tu gardes le lit, ou que tu te tiens en retraite. Le mot *mue*, en ancien françois, signifie une grande cage où l'on mettoit les volailles destinées à être engraissées, et où elles *muoient* ou changeoient de plumage.

De te garder la foi du mariage!
A quoi tient-il que, pour te rendre sage,
Tout sur-le-champ je n'envoye quérir
Minutolo, qui m'a si fort chérie?
Je le devrois, afin de te punir;
Et, sur ma foi, j'en ai presque l'envie. »

A ce propos le galant éclata.
« Tu ris, dit-elle : ô dieux! quelle insolence!
Rougira-t-il? Voyons sa contenance. »
Lors de ses bras la belle s'échappa,
D'une fenêtre à tâtons approcha,
L'ouvrit de force, et fut bien étonnée
Quand elle vit Minutol son amant.
Elle tomba plus d'à demi pâmée.
« Ah! qui t'eût cru, dit-elle, si méchant?
Que dira-t-on? me voilà diffamée!
— Qui le saura? dit Richard à l'instant :
Janot est sûr, j'en réponds sur ma vie.
Excusez donc si je vous ai trahie :
Ne me sachez mauvais gré d'un tel tour :
Adresse, force, et ruse, et tromperie,
Tout est permis en matière d'amour.
J'étois réduit, avant ce stratagème,
A vous servir, sans plus, pour vos beaux yeux :
Ai-je failli de me payer moi-même?
L'eussiez-vous fait? Non, sans doute; et les dieux
En ce rencontre ont tout fait pour le mieux.
Je suis content : vous n'êtes point coupable ·
Est-ce de quoi paraître inconsolable?
Pourquoi gémir? J'en connois, Dieu merci,
Qui voudroient bien qu'on les trompât ainsi. »

Tout ce discours n'apaisa point Catelle;
Elle se mit à pleurer tendrement.

En cet etat elle parut si belle,
Que Minutol, de nouveau s'enflammant,
Lui prit la main. « Laisse-moi, lui dit elle ;
Contente-toi : veux-tu donc que j'appelle
Tous les voisins, tous les gens de Janot?
— Ne faites point, dit-il, cette folie;
Votre plus court est de ne dire mot :
Pour de l'argent, et non par tromperie,
(Comme le monde est à présent bâti,)
L'on vous croirait venue en ce lieu-ci.
Que si d'ailleurs cette supercherie
Alloit jamais jusqu'à votre mari,
Quel déplaisir! songez-y, je vous prie :
En des combats n'engagez point sa vie;
Je suis du moins aussi mauvais que lui. »
A ces raisons enfin Catelle cède.
« La chose étant, poursuit-il, sans remède,
Le mieux sera que vous vous consoliez.
N'y pensez plus. Si pourtant vous vouliez...
Mais bannissons bien loin toute espérance :
Jamais mon zèle et ma persévérance
N'ont eu de vous que mauvais traitement...
Si vous vouliez, vous feriez aisément
Que le plaisir de cette jouissance
Ne seroit pas, comme il est, imparfait :
Que reste-t-il? le plus fort en est fait. »
Tant bien sut dire et prêcher, que la dame
Séchant ses yeux, rassérénant son âme,
Plus doux que miel à la fin l'écouta.
D'une faveur en une autre il passa,
Eut un souris, puis après autre chose,
Puis un baiser, puis autre chose encor;
Tant que la belle après un peu d'effort,
Vient à son point, et le drôle en dispose.
Heureux cent fois plus qu'il n'avoit été :

Car quand l'amour d'un et d'autre côté
Veut s'entremettre, et prend part à l'affaire,
Tout va bien mieux, comme m'ont assuré
Ceux que l'on tient savants en ce mystère.

Ainsi Richard jouit de ses amours,
Vécut content, et fit force bons tours,
Dont celui-ci peut passer à la montre.
Pas ne voudrois en faire un plus rusé :
Que plût à Dieu qu'en certaine rencontre
D'un pareil cas je me fusse avisé !

III

LE COCU BATTU ET CONTENT

NOUVELLE TIRÉE DE BOCCACE[1]

N'a pas longtemps de Rome revenoit
Certain cadet, qui n'y profita guère,
Et volontiers en chemin séjournoit,
Quand par hasard le galant rencontroit
Bon vin, bon gîte et belle chambrière.
Avint qu'un jour, en un bourg arrêté,
Il vit passer une dame jolie,
Leste, pimpante, et d'un page suivie;
Et la voyant, il en fut enchanté,
La convoita, comme bien savoit faire.
Prou[2] de pardons il avait rapporté;
De vertu peu : chose assez ordinaire.
La dame étoit de gracieux maintien,
De doux regard, jeune, fringante et belle,
Somme qu'enfin il ne lui manquoit rien,
Fors[3] que d'avoir un ami digne d'elle.
Tant se la mit le drôle en la cervelle,
Que dans sa peau peu ni point ne duroit :

---

1. Boccacio, *Decameron*, giornata VII.
2. Beaucoup.
3. Hors.

Et s'informant comment on l'apppeloit :
« C'est, lui dit-on, la dame du village ;
Messire Bon l'a prise en mariage,
Quoiqu'il n'ait plus que quatre cheveux gris :
Mais, comme il est des premiers du pays,
Son bien supplée au défaut de son âge. »

Notre cadet tout ce détail apprit,
Dont il conçut espérance certaine.
Voici comment le pèlerin s'y prit :
Il renvoya dans la ville prochaine
Tous ses valets, puis s'en fut au château,
Dit qu'il étoit un jeune jouvenceau
Qui cherchoit maître, et qui savoit tout faire.
Messire Bon, fort content de l'affaire,
Pour fauconnier le loua bien et beau,
Non toutefois sans l'avis de sa femme.
Le fauconnier plut très-fort à la dame :
Et n'étant homme en tel pourchas [1] nouveau,
Guère ne mit à déclarer sa flamme.
Ce fut beaucoup ; car le vieillard étoit
Fou de sa femme et fort peu la quittoit,
Sinon les jours qu'il alloit à la chasse.
Son fauconnier, qui pour lors le suivoit,
Eût demeuré volontiers à sa place ;
La jeune dame en étoit bien d'accord ;
Ils n'attendoient que le temps de mieux faire.
Quand je dirois qu'il leur en tardoit fort,
Nul n'osera soutenir le contraire.

Amour enfin, qui prit à cœur l'affaire,
Leur inspira la ruse que voici.
La dame dit un soir à son mari :

1. Poursuite, sollicitation.

« Qui croyez-vous le plus rempli de zèle
De tous vos gens? » Ce propos entendu,
Messire Bon lui dit : « J'ai toujours cru
Le fauconnier garçon sage et fidèle;
Et c'est à lui que plus je me fierois.
— Vous auriez tort, repartit cette belle;
C'est un méchant : il me tint l'autre fois
Propos d'amour, dont je fus si surprise,
Que je pensai tomber tout de mon haut ;
Car qui croiroit une telle entreprise?
Dedans l'esprit il me vint aussitôt
De l'étrangler, de lui manger la vue :
Il tint à peu ; je n'en fus retenue
Que pour n'oser un tel cas publier :
Même, à dessein qu'il ne le pût nier,
Je fis semblant d'y vouloir condescendre ;
Et cette nuit, sous un certain poirier,
Dans le jardin je lui dis de m'attendre.
Mon mari, dis-je, est toujours avec moi,
Plus par amour que doutant de ma foi ;
Je ne me puis dépêtrer de cet homme,
Sinon la nuit, pendant son premier somme :
D'auprès de lui tâchant de me lever,
Dans le jardin je vous irai trouver.
Voilà l'état où j'ai laissé l'affaire. »

Messire Bon se mit fort en colère.
Sa femme dit : « Mon mari, mon époux,
Jusqu'à tantôt cachez votre courroux ;
Dans le jardin attrapez-le vous-même :
Vous le pourrez trouver fort aisément ;
Le poirier est à main gauche en entrant.
Mais il vous faut user de stratagème :
Prenez ma jupe, et contrefaites-vous ;
Vous entendrez son insolence extrême :

Lors d'un bâton donnez-lui tant de coups,
Que le galant demeure sur la place.
Je suis d'avis que le friponneau fasse
Tel compliment à des femmes d'honneur! »
L'époux retint cette leçon par cœur.
Onc il ne fut une plus forte dupe
Que ce vieillard, bon homme au demeurant.

Le temps venu d'attraper le galant,
Messire Bon se couvrit d'une jupe,
S'encornetta, courut incontinent
Dans le jardin, où ne trouva personne :
Garde n'avoit; car, tandis qu'il frissonne,
Claque des dents, et meurt quasi de froid,
Le pèlerin, qui le tout observoit,
Va voir la dame, avec elle se donne
Tout le bon temps qu'on a, comme je croi,
Lorsqu'amour seul étant de la partie,
Entre deux draps on tient femme jolie,
Femme jolie, et qui n'est point à soi.
Quand le galant, un assez bon espace
Avec la dame eut été dans ce lieu,
Force lui fut d'abandonner la place;
Ce ne fut pas sans le vin de l'adieu.
Dans le jardin il court en diligence.

Messire Bon, rempli d'impatience,
A tous moments sa paresse maudit
Le pèlerin, d'aussi loin qu'il le vit,
Feignit de croire apercevoir la dame,
Et lui cria : « Quoi donc! méchante femme,
A ton mari tu brassois un tel tour!
Est-ce le fruit de son parfait amour?
Dieu soit témoin que pour toi j'en ai honte!
Et de venir ne tenois quasi compte,

Ne te croyant le cœur si perverti
Que de vouloir tromper un tel mari.
Or bien, je vois qu'il te faut un ami ;
Trouvé ne l'as en moi, je t'en assure.
Si j'ai tiré ce rendez-vous de toi,
C'est seulement pour éprouver ta foi.
Et ne n'attends de m'induire à luxure
Grand pécheur suis ; mais j'ai là, Dieu merci,
De ton honneur encor quelque souci.
A monseigneur ferois-je un tel outrage ?
Pour toi, tu viens avec un front de page !
Mais, foi de Dieu ! ce bras te châtiera ;
Et monseigneur puis après le saura. »
Pendant ces mots l'époux pleuroit de joie,
Et, tout ravi, disoit entre ses dents :
« Loué soit Dieu, dont la bonté m'envoie
Femme et valet si chastes, si prudents ! »
Ce ne fut tout, car à grands coups de gaule
Le pèlerin vous lui froisse une épaule ;
De horions laidement l'accoutra ;
Jusqu'au logis ainsi le convoya.

Messire Bon eût voulu que le zèle
De son valet n'eût été jusque-là ;
Mais, le voyant si sage et si fidèle,
Le bon-hommeau des coups se consola.
Dedans le lit sa femme il retrouva ;
Lui conta tout, en lui disant : « M'amie,
Quand nous pourrions vivre cent ans encor,
Ni vous ni moi n'aurions de notre vie
Un tel valet ; c'est sans doute un trésor.
Dans notre bourg je veux qu'il prenne femme,
A l'avenir traitez-le ainsi que moi.
— Pas n'y faudrai, lui repartit la dame ;
Et de ceci je vous donne ma foi.

IV

LE MARI CONFESSEUR

CONTE TIRÉ DES CENT NOUVELLES NOUVELLES

Messire Artus, sous le grand roi François,
Alla servir aux guerres d'Italie ;
Tant qu'il se vit, après maints beaux exploits,
Fait chevalier en grand' cérémonie.
Son général lui chaussa l'éperon ;
Dont il croyoit que le plus haut baron
Ne lui dût plus contester le passage.
Si [2] s'en revint tout fier en son village,
Où ne surprit sa femme en oraison.
Seule il l'avoit laissée à la maison ;
Il la retrouve en bonne compagnie,
Dansant, sautant, menant joyeuse vie,
Et des muguets avec elle à foison.

Messire Artus ne prit goût à l'affaire;
Et ruminant sur ce qu'il devoit faire :
« Depuis que j'ai mon village quitté,
Si j'étois crû, dit-il, en dignité
De cocuage et de chevalerie?

---

1. Les *Cent Nouvelles nouvelles*, nouv. LXXVIII, t. II, p. 132.
2. Ainsi, *Sic*.

C'est moitié trop : sachons la vérité. »
Pour ce s'avise, un jour de confrérie,
De se vêtir en prêtre, et confesser.
Sa femme vient à ses pieds se placer.
De prime abord sont par la bonne dame
Expédiés tous les péchés menus ;
Puis, à leur tour les gros étant venus,
Force lui fut qu'elle changeât de gamme.
« Père, dit-elle, en mon lit sont reçus
Un gentilhomme, un chevalier, un prêtre. »
Si le mari ne se fût fait connoître,
Elle en alloit enfiler beaucoup plus ;
Courte n'étoit, pour sûr, la kyrielle.

Son mari donc l'interrompt là-dessus,
Dont bien lui prit : « Ah ! dit-il, infidèle !
Un prêtre même ! A qui crois-tu parler ?
— A mon mari, dit la fausse femelle,
Qui d'un tel pas se sut bien démêler.
Je vous ai vu dans ce lieu vous couler,
Ce qui m'a fait douter du badinage.
C'est un grand cas qu'étant homme si sage
Vous n'ayez su l'énigme débrouiller !
On vous a fait, dites-vous, chevalier ;
Auparavant vous étiez gentilhomme ;
Vous êtes prêtre avecque ces habits.
— Béni soit Dieu ! dit alors le bon homme ;
Je suis un sot de l'avoir si mal pris.

V

LE SAVETIER [1]

Un savetier, que nous nommerons Blaise,
Prit belle femme, et fut très avisé.
Les bonnes gens, qui n'étoient à leur aise,
S'en vont prier un marchand peu rusé
Qu'il leur prêtât, dessous bonne promesse,
Mi-muid de grain ; ce que le marchand fait.
Le terme échu, ce créancier les presse,
Dieu sait pourquoi : le galant, en effet,
Crut que par là baiseroit la commère.
« Vous avez trop de quoi me satisfaire,
Ce lui dit-il, et sans débourser rien :
Accordez-moi ce que vous savez bien.
— Je songerai, répond-elle, à la chose. »
Puis vient trouver Blaise tout aussitôt,
L'avertissant de ce qu'on lui propose.
Blaise lui dit : « Parbleu ! femme, il nous faut,
Sans coup férir, rattraper notre somme.
Tout de ce pas allez dire à cet homme
Qu'il peut venir, et que je n'y suis point.

---

1. Dans la première et dans la seconde édition, cette nouvelle est intitulée *Conte d'une chose arrivée à C.* Dans la troisième édition, 1669, in-12, ce titre est comme dans les deux premières éditions, mais le C est remplacé par *Château-Thierry* : ce qui nous indique que La Fontaine a mis ici en vers un fait arrivé dans la ville qu'il habitoit.

Je veux ici me cacher tout à point.
Avant le coup demandez la cédule;
De la donner je ne crois qu'il recule;
Puis tousserez, afin de m'avertir,
Mais haut et clair, et plutôt deux fois qu'une.
Lors de mon coin vous me verrez sortir
Incontinent, de crainte de fortune. »

Ainsi fut dit, ainsi s'exécuta ;
Dont le mari puis après se vanta;
Si [1] que chacun glosoit sur ce mystère.
« Mieux eût valu tousser après l'affaire,
Dit à la belle un des plus gros bourgeois;
Vous eussiez eu votre compte tous trois.
N'y manquez plus, sauf après de se taire.
Mais qu'en est-il, or çà, belle, entre nous ? »
Elle répond : « Ah! monsieur, croyez-vous
Que nous ayons tant d'esprit que vos dames ? »
Notez qu'illec [2], avec deux autres femmes,
Du gros bourgeois l'épouse étoit aussi.
« Je pense bien, continua la belle,
Qu'en pareil cas madame en use ainsi :
Mais quoi! chacun n'est pas si sage qu'elle. »

1. Tellement.
2. Que là

VI

LA VÉNUS CALLIPYGE

CONTE TIRÉ D'ATHÉNÉE

Du temps des Grecs deux sœurs disoient avoir
Aussi beau cul que fille de leur sorte ;
La question ne fut que de savoir
Quelle des deux dessus l'autre l'emporte.
Pour en juger un expert étant pris,
A la moins jeune il accorde le prix,
Puis l'épousant lui fait don de son ame ;
A son exemple un sien frère est épris
De la cadette, et la prend pour sa femme.
Tant fut entre eux à la fin procédé,
Que par les sœurs un temple fut fondé
Dessous le nom de Vénus belle fesse
Je ne sais à quelle intention ;
Mais c'eût été le temple de la Grèce
Pour qui j'eusse eu plus de dévotion.

VII

LES DEUX AMIS

CONTE TIRÉ D'ATHÉNÉE

Axiocus avec Alcibiades,
Jeunes, bien faits, galants, et vigoureux,
Par bon accord, comme grands camarades,
En même nid furent pondre tous deux.
Qu'arrive-t-il ? l'un de ces amoureux
Tant bien exploite autour de la donzelle
Qu'il en naquit une fille si belle,
Qu'ils s'en vantoient tous deux également.
Le temps venu que cet objet charmant
Put pratiquer les leçons de sa mère,
Chacun des deux en voulut être amant,
Plus n'en voulut l'un ni l'autre être père.
Frère, dit l'un, ah ! vous ne sauriez faire
Que cet enfant ne soit vous tout craché.
Pardieu, dit l'autre, il est à vous, compère :
Je prends sur moi le hasard du péché [1].

---

1. La Fontaine a un peu changé cette historiette pour en atténuer l'immoralité.

VIII

LE GLOUTON

CONTE TIRÉ D'ATHÉNÉE[1]

A son souper un glouton
Commande que l'on apprête
Pour lui seul un esturgeon.
Sans en laisser que la tête,
Il soupe; il crève. On y court;
On lui donne maints clystères.
On lui dit, pour faire court,
Qu'il mette ordre à ses affaires.
« Mes amis, dit le goulu,
M'y voilà tout résolu;
Et puisqu'il faut que je meure,
Sans faire tant de façon,
Qu'on m'apporte tout-à-l'heure
Le reste de mon poisson[2]. »

1. ATHÉNÉE, VII, XXI, trad. franç., in-4°, t. III, p. 265.
2. La Fontaine n'a pris ici que l'idée du poëte comique Machon, qui est cité par Athénée. Dans l'auteur grec, le héros de l'aventure est le poëte Philoxène de Cythère.

IX

SŒUR JEANNE

Sœur Jeanne, ayant fait un poupon,
Jeûnoit, vivoit en sainte fille,
Toujours étoit en oraison ;
Et toujours ses sœurs à la grille.
Un jour donc l'abbesse leur dit :
« Vivez comme sœur Jeanne vit ;
Fuyez le monde et sa sequelle. »
Toutes reprirent à l'instant :
« Nous serons aussi sages qu'elle
Quand nous en aurons fait autant. »

X

LE JUGE DE MESLE

Deux avocats qui ne s'accordaient point
Rendoient perplexe un juge de province :
Si [1] ne put onc [2] découvrir le vrai point,
Tant lui sembloit que fût obscur et mince.
Deux pailles prend d'inégale grandeur ;
Du doigt les serre : il avoit bonne pince.
La longue échet sans faute au défendeur,
Dont renvoyé s'en va gai comme un prince.
La cour s'en plaint, et le juge repart :
« Ne me blâmez, messieurs, pour cet égard.
De nouveauté dans mon fait il n'est maille ;
Maint d'entre vous souvent juge au hasard,
Sans que pour ce tire à la courte paille. »

1. Ainsi.
2. Jamais, aucunement.

XI

LE PAYSAN

QUI AVOIT OFFENSÉ SON SEIGNEUR

Un paysan son seigneur offensa :
L'histoire dit que c'étoit bagatelle
Et toutefois ce seigneur le tança
Fort rudement. Ce n'est chose nouvelle.
« Coquin, dit-il, tu mérites la hart :
Fais ton calcul d'y venir tôt ou tard :
C'est une fin à tes pareils commune.
Mais je suis bon ; et de trois peines l'une
Tu peux choisir : ou de manger trente aulx,
J'entends sans boire et sans prendre repos ;
Ou de souffrir trente bons coups de gaules,
Bien appliqués sur tes larges épaules ;
Ou de payer sur-le-champ cent écus. »

Le paysan consultant là-dessus :
« Trente aulx sans boire ! ah ! dit-il en soi-même.
Je n'appris onc à les manger ainsi.
De recevoir les trente coups aussi,
Je ne le puis sans un péril extrême.
Les cent écus, c'est le pire de tous. »
Incertain donc, il se mit à genoux,

Et s'écria : « Pour Dieu, miséricorde ! »
Son seigneur dit : « Qu'on apporte une corde :
Quoi ! le galant m'ose répondre encor ! »

Le paysan, de peur qu'on ne le pende,
Fait choix de l'ail; et le seigneur commande
Que l'on en cueille, et surtout du plus fort.
Un après un lui-même il fait le compte :
Puis, quand il voit que son calcul se monte
A la trentaine, il les met dans un plat;
Et cela fait, le malheureux pied-plat
Prend le plus gros, en pitié le regarde,
Mange, et rechigne, ainsi que fait un chat
Dont les morceaux sont frottés de moutarde.
Il n'oseroit de la langue y toucher.
Son seigneur rit, et surtout il prend garde
Que le galant n'avale sans mâcher.
Le premier passe; aussi fait le deuxième :
Au tiers, il dit : « Que le diable y ait part ! »
Bref, il en fut à grand'peine au douzième,
Que s'écriant : « Haro ! la gorge m'ard [1] !
Tôt, tôt, dit-il, que l'on m'apporte à boire ! »
Son seigneur dit : « Ah ! ah ! sire Grégoire,
Vous avez soif ! je vois qu'en vos repas
Vous humectez volontiers le lampas [2].
Or buvez donc, et buvez à votre aise;
Bon prou [3] vous fasse ! Holà, du vin, holà :
Mais, mon ami, qu'il ne vous en déplaise,
Il vous faudra choisir, après cela,
Des cent écus ou de la bastonnade,
Pour suppléer au défaut de l'aillade.

1. Me brûle; du verbe ardre (*ardere*).
2. Le palais, la bouche.
3. Profit.

— Qu'il plaise donc, dit l'autre, à vos bontés
Que les aulx soient sur les coups précomptés ;
Car pour l'argent, par trop grosse est la somme :
Où la trouver, moi qui suis un pauvre homme
— Hé bien, souffrez les trente horions,
Dit le seigneur ; mais laissons les oignons. »

Pour prendre cœur, le vassal en sa panse
Loge un long trait, se munit le dedans,
Puis souffre un coup avec grande constance :
Au deux, il dit : « Donnez-moi patience,
Mon doux Jésus, en tous ces accidents.
Le tiers est rude ; il en grince les dents,
Se courbe tout, et saute de sa place.
Au quart, il fait une horrible grimace,
Au cinq, un cri. Mais il n'est pas au bout ;
Et c'est grand cas s'il peut digérer tout.
On ne vit onc [1] si cruelle aventure.
Deux forts paillards [2] ont chacun un bâton,
Qu'ils font tomber par poids et par mesure,
En observant la cadence et le ton.
Le malheureux n'a rien qu'une chanson :
« Grâce ! » dit-il. Mais, las ! point de nouvelle ;
Car le seigneur fait frapper de plus belle,
Juge des coups, et tient sa gravité,
Disant toujours qu'il a trop de bonté.
Le pauvre diable enfin craint pour sa vie.
Après vingt coups, d'un ton piteux il crie :
« Pour Dieu, cessez : hélas ! je n'en puis plus ! »
Son seigneur dit : « Payez donc cent écus,

---

1. Jamais.

2. Ce mot est employé ici selon son ancienne signification, et désigne des habitants de la campagne, des rustres qui couchent sur la paille.

Net et comptant: je sais qu'à la desserre
Vous êtes dur : j'en suis fâché pour vous.
Si tout n'est prêt, votre compère Pierre
Vous en peut bien assister entre nous.
Mais pour si peu vous ne vous feriez tondre? »
Le malheureux, n'osant presque répondre,
Court au magot, et dit : « C'est tout mon fait. »
On examine; on prend un trébuchet.
L'eau cependant lui coule de la face.
Il n'a point fait encor telle grimace.
Mais que lui sert? il convient tout payer.

C'est grand'pitié quand on fâche son maître.
Ce paysan eut beau s'humilier;
Et, pour un fait assez léger peut-être,
Il se sentit enflammer le gosier,
Vider la bourse, émoucher les épaules;
Sans qu'il lui fût, dessus les cent écus,
Ni pour les aulx, ni pour les coups de gaules
Fait seulement grâce d'un carolus[1].

[1]. Monnoie d'argent valant dix deniers.

FIN DU LIVRE PREMIER

PRÉFACE

DE L'AUTEUR

POUR LE SECOND LIVRE DE SES CONTES (1667)

Voici les derniers ouvrages de cette nature qui partiront des mains de l'auteur [1], et par conséquent la dernière occasion de justifier ses hardiesses et les licences qu'il s'est données. Nous ne parlons point des mauvaises rimes, des vers qui enjambent, des deux voyelles sans élision, ni en général de ces sortes de négligences qu'il ne se pardonneroit pas à lui même en un autre genre de poésie, mais qui sont inséparables, pour ainsi dire, de celui-ci. Le trop grand soin de les éviter jetteroit un faiseur de contes en de longs détours, en des récits aussi froids que beaux, en des contraintes fort inutiles, et lui feroit négliger le plaisir du cœur pour travailler à la satisfaction de l'oreille. Il faut laisser les narrations étudiées

1. La Fontaine a tenu si peu cette promesse, que depuis il a plus que doublé le nombre de ses contes, et que les derniers qu'il composa furent encore plus licencieux.

pour les grands sujets, et ne pas faire un poëme épique des aventures de Renaud d'Ast. Quand celui qui a rimé ces nouvelles y auroit apporté tout le soin et l'exactitude qu'on lui demande, outre que ce soin s'y remarqueroit d'autant plus qu'il y est moins nécessaire, et que cela contrevient aux préceptes de Quintilien, encore l'auteur n'auroit-il pas satisfait au principal point, qui est d'attacher le lecteur, de le réjouir, d'attirer malgré lui son attention, de lui plaire enfin : car, comme l'on sait, le secret de plaire ne consiste pas toujours en l'ajustement, ni même en la régularité ; il faut du piquant et de l'agréable, si l'on veut toucher. Combien voyons-nous de ces beautés régulières qui ne touchent point, et dont personne n'est amoureux ! Nous ne voulons pas ôter aux modernes la louange qu'ils ont méritée. Le beau tour de vers, le beau langage, la justesse, les bonnes rimes, sont des perfections en un poëte : cependant, que l'on considère quelques-unes de nos épigrammes où tout cela se rencontre, peut-être y trouvera-t-on beaucoup moins de sel, j'oserois dire encore bien moins de grâces, qu'en celles de Marot et de Saint-Gelais, quoique les ouvrages de ces derniers soient presque tous pleins de ces mêmes fautes qu'on nous impute. On dira que ce n'étoient pas des fautes en leur siècle, et que c'en sont de très grandes au nôtre. A cela nous répondons par un même raisonnement, et disons, comme nous avons déjà dit, que c'en seroient en effet dans un autre genre de poésie, mais que ce n'en sont point dans celui-ci. Feu M. de Voiture en est le garant. Il ne faut que lire ceux de ses ouvrages où il fait revivre le caractère de Marot ; car notre auteur ne prétend pas que la gloire lui en soit due, ni qu'il ait mérité non plus de grands applaudissements du public pour avoir rimé quelques contes. Il s'est véritablement engagé dans une carrière toute nouvelle, et l'a fournie le mieux qu'il a pu, prenant tantôt un chemin, tantôt l'autre, et marchant toujours plus assurément, quand il a suivi la manière de nos vieux poëtes, QUORUM IN HAC RE IMITARI NEGLIGENTIAM EXOPTAT POTIUS QUAM ISTORUM DILIGENTIAM.

Mais, en disant que nous voulions passer ce point-là, nous nous sommes insensiblement engagés à l'examiner. Et possible n'a-ce pas été inutilement; car il n'y a rien qui ressemble mieux à des fautes que ces licences. Venons à la liberté que l'auteur se donne de tailler dans le bien d'autrui ainsi que dans le sien propre, sans qu'il en excepte les nouvelles même les plus connues, ne s'en trouvant point d'inviolable pour lui. Il retranche, il amplifie, il change les incidents et les circonstances, quelquefois le principal événement et la suite; enfin, ce n'est plus la même chose, c'est proprement une nouvelle nouvelle; et celui qui l'a inventée auroit bien de la peine à reconnoître son propre ouvrage. NON SIC DECET CONTAMINARI FABULAS, diront les critiques. Et comment ne le diroient-ils pas? ils ont bien fait le même reproche à Térence; mais Térence s'est moqué d'eux, et a prétendu avoir droit d'en user ainsi. Il a mêlé du sien parmi les sujets qu'il a tirés de Ménandre, comme Sophocle et Euripide ont mêlé du leur parmi ceux qu'ils ont tirés des écrivains qui les précédoient, n'épargnant histoire ni fable où il s'agissoit de la bienséance et des règles du dramatique. Ce privilège cessera-t-il à l'égard des contes faits à plaisir? et faudra-t-il avoir dorénavant plus de respect et plus de religion, s'il est permis d'ainsi dire, pour le mensonge, que les anciens n'en ont eu pour la vérité? Jamais ce qu'on appelle un bon conte ne passe d'une main à l'autre sans recevoir quelque nouvel embellissement.

D'où vient donc, nous pourra-t-on dire, qu'en beaucoup d'endroits l'auteur retranché au lieu d'enchérir? Nous en demeurons d'accord; et il le fait pour éviter la longueur et l'obscurité, deux défauts intolérables dans ces matières, le dernier surtout : car si la clarté est recommandable en tous les ouvrages de l'esprit, on peut dire qu'elle est nécessaire dans les récits, où une chose, la plupart du temps, est la suite et la dépendance d'une autre, où le moindre fonde quelquefois le plus important; en sorte que si le fil vient une fois à se rompre, il est impossible au lecteur de le renouer. D'ailleurs : comme les narrations en vers sont très-malaisées[1], il se faut charger de circonstances le moins qu'on peut; par ce moyen vous vous soulagez vous-même, et vous soulagez aussi le lecteur, à qui l'on ne sauroit manquer d'apprêter des plaisirs sans peine. Que si l'auteur a changé quelques incidents et même quelques catastrophes, ce qui préparoit cette catastrophe et la nécessité de la rendre heureuse l'y ont contraint. Il a cru que dans ces sortes de contes chacun devoit être content à la fin : cela plaît toujours au lecteur, à moins qu'on ne lui ait rendu les personnes trop odieuses. Mais il n'en faut point venir là, si l'on peut, ni faire rire et pleurer dans une même nouvelle. Cette bigarrure déplaît à Homère sur toutes choses; il ne veut pas que nos compositions ressemblent aux grotesques, et que nous fassions un ouvrage moitié femme, moitié poisson. Ce sont les raisons générales que l'auteur a eues. On en pourroit encore alléguer de particulières, et défendre chaque endroit; mais il faut laisser quelque chose à faire à l'habileté et à l'indulgence des lecteurs. Ils se contenteront donc de ces raisons-ci. Nous les aurions mises un peu plus en jour et fait valoir davantage, si l'étendue des préfaces l'avoit permis.

1. On voit par ce passage que La Fontaine n'a pas écrit si facilement tant de vers faciles, et que c'est en connoissance de cause qu'il a su triompher des difficultés du genre qu'il avoit adopté.

LIVRE SECOND

I

LE FAISEUR D'OREILLES
ET
LE RACCOMMODEUR DE MOULES

CONTE TIRÉ DES CENT NOUVELLES NOUVELLES[1]
ET D'UN CONTE DE BOCCACE[2]

Sire Guillaume, allant en marchandise,
Laissa sa femme enceinte de six mois,
Simple, jeunette, et d'assez bonne guise[3],
Nommée Alix, du pays champenois.
Compère André l'alloit voir quelquefois :
A quel dessein ? Besoin n'est de le dire.
Et Dieu le sait. C'étoit un maître sire ;
Il ne tendoit guère en vain ses filets ;
Ce n'étoit pas autrement sa coutume ·

---

1. Les *Cent Nouvelles nouvelles*, nouv. III, *La Pêche de l'anneau.*
2. Boccacio, *Decameron*, novella VIII. t. VIII.
3. Façon.

Sage eût été l'oiseau qui de ses rets
Se fût sauvé sans laisser quelque plume.

Alix étoit fort neuve sur ce point :
Le trop d'esprit ne l'incommodoit point;
De ce défaut on n'accusoit la belle;
Elle ignoroit les malices d'amour;
La pauvre dame alloit tout devant elle,
Et n'y savoit ni finesse ni tour.
Son mari donc se trouvant en emplette,
Elle au logis, dans sa chambre seulette,
André survient, qui sans long compliment
La considère et lui dit froidement :
« Je m'ébahis comme au bout du royaume
S'en est allé le compère Guillaume
Sans achever l'enfant que vous portez;
Car je vois bien qu'il lui manque une oreille;
Votre couleur me le démontre assez,
En ayant vu mainte épreuve pareille.
— Bonté de Dieu! reprit-elle aussitôt,
Que dites-vous? quoi! d'un enfant monaut [1]
J'accoucherois! N'y savez-vous remède?
— Si dà [2], fit-il [3], je vous puis donner aide
En ce besoin, et vous jurerai bien
Qu'autre que vous ne m'en feroit tant faire;
Le mal d'autrui ne me tourmente en rien,
Fors excepté ce qui touche au compère;
Quant à ce point, je m'y ferois mourir.
Or essayons, sans plus en discourir,
Si je suis maître à forger des oreilles.
— Souvenez-vous de les rendre pareilles,

1. Qui n'a qu'une oreille.
2. Oui-dà.
3. Dit-il.

Reprit la femme. — Allez, n'ayez souci,
Répliqua-t-il ; je prends sur moi ceci. »
Puis le galant montre ce qu'il sait faire.
Tant ne fut nice¹ (encor que nice fût)
Madame Alix, que le jeu ne lui plût.
Philosopher ne faut pour cette affaire.
André vaquoit de grande affection
A son travail, faisant ore² un tendon,
Ore un repli, puis quelque cartilage,
Et n'y plaignant l'étoffe et la façon.
« Demain, dit-il, nous polirons l'ouvrage,
Puis le mettrons en sa perfection,
Tant et si bien qu'en ayons bonne issue.
— Je vous en suis, dit-elle, bien tenue :
Bon fait avoir ici-bas un ami. »

Le lendemain, pareille heure venue,
Compère André ne fut pas endormi :
Il s'en alla chez la pauvre innocente.
« Je viens, dit-il, toute affaire cessante,
Pour achever l'oreille que savez.
— Et moi, dit-elle, allois par un message
Vous avertir de hâter cet ouvrage :
Montons en haut. » Dès qu'ils furent montés,
On poursuivit la chose commencée.
Tant fut ouvré, qu'Alix dans la pensée
Sur cette affaire un scrupule se mit ;
Et l'innocente au bon apôtre dit :
« Si cet enfant avoit plusieurs oreilles,
Ce ne seroit à vous bien besogné.
— Rien, rien, dit-il ; à cela j'ai soigné :
Jamais ne faux en rencontres pareilles. »

1. Novice, simple, ignorante.
2. Tantôt, maintenant, présentement.

Sur le métier l'oreille étoit encor,
Quand le mari revient de son voyage,
Caresse Alix, qui du premier abord :
« Vous aviez fait, dit-elle, un bel ouvrage !
Nous en tenions sans le compère André,
Et notre enfant d'une oreille eût manqué,
Souffrir n'ai pu chose tant indécente ;
Sire André donc, toute affaire cessante,
En a fait une : il ne faut oublier
De l'aller voir et de l'en remercier ;
De tels amis on a toujours affaire. »
Sire Guillaume, au discours qu'elle fit,
Ne comprenant comme il se pouvoit faire
Que son épouse eût eu si peu d'esprit,
Par plusieurs fois lui fit faire un récit
De tout le cas ; puis, outré de colère,
Il prit une arme à côté de son lit,
Voulut tuer la pauvre Champenoise.
Qui prétendoit ne l'avoir mérité.
Son innocence et sa naïveté
En quelque sorte apaisèrent la noise.
« Hélas ! monsieur, dit la belle en pleurant,
En quoi vous puis-je avoir fait du dommage ?
Je n'ai donné vos draps ni votre argent,
Le compte y est ; et quant au demeurant,
André me dit, quand il partit l'enfant,
Qu'en trouveriez plus que pour votre usage :
Vous pouvez voir ; si je mens, tuez-moi ;
Je m'en rapporte à votre bonne foi. »
L'époux, sortant quelque peu de colère,
Lui répondit : « Or bien, n'en parlons plus ;
On vous l'a dit, vous avez cru bien faire ;
J'en suis d'accord : contester là-dessus
Ne produiroit que discours superflus.
Je n'ai qu'un mot : faites demain en sorte

Qu'en ce logis j'attrape le galant :
Ne parlez point de notre différend ;
Soyez secrète, ou bien vous êtes morte!
Il vous le faut avoir adroitement.
Me feindre absent en un second voyage,
Et lui mander, par lettre ou par message,
Que vous avez à lui dire deux mots.
André viendra; puis de quelque propos
L'amuserez, sans toucher à l'oreille;
Car elle est faite; il n'y manque plus rien. »

Notre innocente exécuta très-bien
L'ordre donné. Ce ne fut pas merveille;
La crainte donne aux bêtes de l'esprit.
André venu, l'époux guère ne tarde,
Monte et fait bruit. Le compagnon regarde
Où se sauver : nul endroit il ne vit
Qu'une ruelle, en laquelle il se mit.
Le mari frappe : Alix ouvre la porte,
Et de la main fait signe incontinent
Qu'en la ruelle est caché le galant.
Sire Guillaume étoit armé de sorte
Que quatre Andrés n'auroient pu l'étonner.
Il sort pourtant, et va querir main-forte,
Ne le voulant sans doute assassiner,
Mais quelque oreille au pauvre homme couper,
Peut-être pis, ce qu'on coupe en Turquie,
Pays cruel et plein de barbarie.
C'est ce qu'il dit à sa femme tout bas;
Puis l'emmena sans qu'elle osât rien dire,
Ferma très-bien la porte sur le sire.

André se crut sorti d'un mauvais pas,
Et que l'époux ne savoit nulle chose.
Sire Guillaume, en rêvant à son cas,

Change d'avis, en soi-même propose
De se venger avecque moins de bruit,
Moins de scandale, et beaucoup plus de fruit.
« Alix, dit-il, allez querir la femme
De sire André; contez-lui votre cas
De bout en bout; courez, n'y manquez pas;
Pour l'amener, vous direz à la dame
Que son mari court un péril très-grand :
Que je vous ai parlé d'un châtiment
Qui la regarde, et qu'aux faiseurs d'oreilles
On fait souffrir en rencontres pareilles;
Chose terrible, et dont le seul penser
Vous fait dresser les cheveux à la tête;
Que son époux est tout près d'y passer;
Qu'on n'attend qu'elle afin d'être à la fête;
Que toutefois, comme elle n'en peut mais [1],
Elle pourra faire changer la peine.
Amenez-la, courez; je vous promets
D'oublier tout, moyennant qu'elle vienne. »
Madame Alix, bien joyeuse, s'en fut
Chez sire André, dont la femme accourut
En diligence et quasi hors d'haleine;
Puis monta seule, et, ne voyant André,
Crut qu'il étoit quelque part enfermé.

Comme la dame étoit en ces alarmes,
Sire Guillaume, ayant quitté ses armes,
La fait asseoir, et puis commence ainsi :
« L'ingratitude est mère de tout vice.
André m'a fait un notable service;
Par quoi, devant que vous sortiez d'ici,
Je lui rendrai, si je puis, la pareille.
En mon absence, il a fait une oreille

---

1. Plus, davantage, jamais, de *magis*.

LE FAISEUR D'OREILLES

Au fruit d'Alix; je veux d'un si bon tour
Me revancher, et je pense une chose :
Tous vos enfants ont le nez un peu court;
Le moule en est assurément la cause :
Or je les sais des mieux raccommoder.
Mon avis donc est que, sans retarder,
Nous pourvoyions de ce pas à l'affaire. »
Disant ces mots, il vous prend la commère,
Et près d'André la jeta sur le lit,
Moitié raisin, moitié figue[1], en jouit.
La dame prit le tout en patience;
Bénit le ciel de ce que la vengeance
Tomboit sur elle, et non sur sire André,
Tant elle avoit pour lui de charité.
Sire Guillaume étoit de son côté
Si fort ému, tellement irrité,
Qu'à la pauvrette il ne fit nulle grâce
Du talion, rendant à son époux
Fèves pour pois, et pain blanc pour fouace[2].

Qu'on dit bien vrai : que se venger est doux !
Très-sage fut d'en user de la sorte :
Puisqu'il vouloit son honneur réparer,
Il ne pouvoit mieux que par cette porte
D'un tel affront, à mon sens, se tirer.
André vit tout et n'osa murmurer;
Jugea des coups, mais ce fut sans rien dire,
Et loua Dieu que le mal n'étoit pire.
Pour une oreille il auroit composé;
Sortir à moins, c'étoit pour lui merveilles.
Je dis à moins; car mieux vaut, tout prisé,
Cornes gagner que perdre ses oreilles.

1. C'est-à-dire en partie de gré, en partie de force.
2. C'est-à-dire qu'il rendoit plus qu'il n'avoit reçu. La fouace est un pain cuit sous la cendre, ou une sorte de galette grossière.

LIVRE II

II

LES CORDELIERS DE CATALOGNE

NOUVELLE TIRÉE DES CENT NOUVELLES NOUVELLES[1]

Je veux vous conter la besogne
Des Cordeliers de Catalogne :
Besogne où ces pères en Dieu
Témoignèrent en certain lieu
Une charité si fervente,
Que mainte femme en fut contente,
Et crut y gagner paradis.
Telles gens, par leurs bons avis
Mettent à bien les jeunes âmes,
Tirent à soi filles et femmes,
Se savent emparer du cœur,
Et dans la vigne du Seigneur
Travaillent, ainsi qu'on peut croire
Et qu'on verra par cette histoire.

Au temps que le sexe vivoit
Dans l'ignorance, et ne savoit
Gloser encor sur l'Évangile,

---

1. *Les Cent Nouvelles nouvelles*, nouvelle XXXII; *Les Dames dismées*.

(Temps à coter fort difficile),
Un essaim de frères mineurs,
Pleins d'appétit et beaux dîneurs,
S'alla jeter dans une ville
En jeunes beautés très fertile.
Pour des galants, peu s'en trouvoit ;
De vieux maris, il en pleuvoit.
A l'abord une confrérie
Par les bons pères fut bâtie.
Femme n'étoit qui n'y courût,
Qui ne s'en mît, et qui ne crût
Par ce moyen être sauvée :
Puis, quand leur foi fut éprouvée,
On vint au véritable point.
Frère André ne marchanda point,
Et leur fit ce beau petit prêche :
« Si quelque chose vous empêche
D'aller tout droit en paradis,
C'est d'épargner pour vos maris
Un bien dont ils n'ont plus que faire
Quand ils ont pris leur nécessaire,
Sans que jamais il vous ait plu
Nous faire part du superflu.
Vous me direz que notre usage
Répugne aux dons du mariage :
Nous l'avouons ; et, Dieu merci,
Nous n'aurions que voir en ceci,
Sans le soin de vos consciences.
La plus griève des offenses,
C'est d'être ingrate ; Dieu l'a dit :
Pour cela Satan fut maudit.
Prenez-y garde ; et de vos restes
Rendez grâce aux bontés célestes,
Nous laissant dîmer sur un bien
Qui ne vous coûte presque rien.

C'est un droit, ô troupe fidèle !
Qui vous témoigne notre zèle ;
Droit authentique et bien signé,
Que les papes nous ont donné,
Droit enfin, et non pas aumône ;
Toute femme doit en personne
S'en acquitter trois fois le mois
Vers les enfants de saint François.
Cela fondé sur l'Écriture :
Car il n'est bien dans la nature
(Je le répète, écoutez-moi),
Qui ne subisse cette loi
De reconnoissance et d'hommage.
Or, les œuvres du mariage
Étant un bien, comme savez,
Ou savoir chacune devez,
Il est clair que dîme en est due.
Cette dîme sera reçue
Selon notre petit pouvoir :
Quelque peine qu'il faille avoir,
Nous la prendrons en patience ;
N'en faites point de conscience ;
Nous sommes gens qui n'avons pas
Toutes nos aises ici-bas.
Au reste, il est bon qu'on vous dis-
Qu'entre la chair et la chemise
Il faut cacher le bien qu'on fait :
Tout ceci doit être secret
Pour vos maris et pour tout autre.
Voici trois beaux mots de l'apôtre
Qui font à notre intention :
Foi, charité, discrétion.

Frère André, par cette éloquence,
Satisfit fort son audience.

Et passa pour un Salomon :
Peu dormirent à son sermon.
Chaque femme, ce dit l'histoire,
Garda très-bien dans sa mémoire,
Et mieux encor dedans son cœur,
Le discours du prédicateur.
Ce n'est pas tout, il s'exécute :
Chacune accourt ; grande dispute
A qui la première paiera :
Mainte bourgeoise murmura
Qu'au lendemain on l'eût remise.
Et notre mère sainte Église
Ne sachant comment renvoyer
Cet escadron prêt à payer,
Fut contrainte enfin de leur dire :
« De par Dieu, souffrez qu'on respire ;
C'en est assez pour le présent ;
On ne peut faire qu'en faisant.
Réglez votre temps sur le nôtre ;
Aujourd'hui l'une, et demain l'autre :
Tout avec ordre ; et, croyez-nous,
On en va mieux quand on va doux. »
Le sexe suit cette sentence :
Jamais de bruit pour la quittance,
Trop bien quelque collation,
Et le tout par dévotion.
Puis de trinquer à la commère.
Je laisse à penser quelle chère
Faisait alors frère Frapart.
Tel d'entre eux avoit pour sa part
Dix jeunes femmes bien payantes,
Frisques, gaillardes, attrayantes ;
Tel aux douze et quinze passoit ;
Frère Roc à vingt se chaussoit ;
Tant et si bien que les donzelles,

Pour se montrer plus ponctuelles,
Payoient deux fois assez souvent :
Dont il advint que le couvent,
Las enfin d'un tel ordinaire,
Après avoir à cette affaire
Vaqué cinq ou six mois entiers,
Eût fait crédit bien volontiers :
Mais les donzelles, scrupuleuses,
De s'acquitter étoient soigneuses.
Croyant faillir en retenant
Un bien à l'ordre appartenant.
Point de dîmes accumulées.
Il s'en trouva de si zélées,
Que par avance elles payoient.
Les beaux pères n'expédioient
Que les fringantes et les belles,
Enjoignant aux simpiternelles
De porter en bas leur tribut ;
Car dans ces dîmes de rebut
Les lais trouvoient encore à frire.
Bref, à peine il se pourroit dire
Avec combien de charité
Le tout étoit exécuté.

Il avint qu'une de la bande,
Qui vouloit porter son offrande
Un beau soir, en chemin faisant,
Et son mari la conduisant,
Lui dit : « Mon Dieu ! j'ai quelque affaire
Là-dedans avec certain frère ;
Ce sera fait dans un moment. »
L'époux répondit brusquement :
« Quoi ? quelle affaire ? êtes-vous folle ?
Il est minuit, sur ma parole :
Demain vou direz vos péchés :

… LES CORDELIERS DE CATALOGNE 69

Tous les bons pères sont couchés.
— Cela n'importe, dit la femme.
— Hé, par Dieu, si! dit-il, madame,
Je tiens qu'il importe beaucoup;
Vous ne bougerez pour ce coup.
Qu'avez-vous fait? et quelle offense
Presse ainsi votre conscience?
Demain matin, j'en suis d'accord.
— Ah! monsieur, vous me faites tort,
Reprit-elle; ce qui me presse,
Ce n'est pas d'aller à confesse,
C'est de payer, car, si j'attends,
Je ne le pourrai de longtemps;
Le frère aura d'autres affaires. —
Quoi payer? — La dîme aux bons pères. —
Quelle dîme? — Savez-vous pas? —
Moi, je le sais! — C'est un grand cas,
Que toujours femme aux moines donne…—
— Mais cette dîme, ou cette aumône,
La saurai-je point à la fin?
— Voyez, dit-elle, qu'il est fin!
N'entendez-vous pas ce langage?
C'est des œuvres du mariage.
— Quelles œuvres? reprit l'époux. —
Eh! la! monsieur, c'est ce que nous…
Mais j'aurois payé depuis l'heure;
Vous êtes cause qu'en demeure[1]
Je me trouve présentement,
Et cela, je ne sais comment,
Car toujours je suis coutumière
De payer toute la première. »

L'époux, rempli d'étonnement,

1. En retard, terme de palais.

Eut cent pensers en un moment;
Il ne sut que dire et que croire.
Enfin, pour apprendre l'histoire
Il se tut, il se contraignit;
Du secret, sans plus, se plaignit,
Par tant d'endroits tourna sa femme,
Qu'il apprit que mainte autre dame
Payoit la même pension :
Ce lui fut consolation.
« Sachez, dit la pauvre innocente,
Que pas une n'en est exempte :
Votre sœur paie à frère Aubry;
La baillie au père Fabry;
Son altesse à frère Guillaume,
Un des beaux moines du royaume.
Moi, qui paie à frère Girard,
Je voulois lui porter ma part. »

Que de maux la langue nous cause!
Quand ce mari sut toute chose,
Il résolut premièrement
D'en avertir secrètement
Monseigneur, puis les gens de ville.
Mais comme il étoit difficile
De croire un tel cas dès l'abord,
Il voulut avoir le rapport
Du drôle à qui payoit sa femme.
Le lendemain devant la dame
Il fait venir frère Girard,
Lui porte à la gorge un poignard,
Lui fait conter tout le mystère.
Puis, ayant enfermé ce frère
A double clef, bien garrotté,
Et la dame d'autre côté,
Il va partout conter sa chance.

Au logis du prince il commence ;
Puis il descend chez l'échevin ;
Puis il fait sonner le tocsin.
Toute la ville en est troublée ;
On court en foule à l'assemblée,
Et le sujet de la rumeur
N'est point su du peuple dimeur.

Chacun opine à la vengeance.
L'un dit qu'il faut en diligence
Aller massacrer ces cagots ;
L'autre dit qu'il faut de fagots
Les entourer dans leur repaire,
Et brûler gens et monastère ;
Tel veut qu'ils soient à l'eau jetés,
Dedans leurs frocs empaquetés,
Afin que cette pépinière,
Flottant ainsi sur la rivière,
S'en aille apprendre à l'univers
Comment on traite les pervers.
Tel invente un autre supplice,
Et chacun selon son caprice ;
Bref, tous conclurent à la mort ;
L'avis du feu fut le plus fort.

On court au couvent tout à l'heure ;
Mais, par respect de la demeure,
L'arrêt ailleurs s'exécuta ;
Un bourgeois sa grange prêta.
La penaille [1], ensemble enfermée,
Fut en peu d'heures consumée,

---

[1]. *Penaillon* signifie une guenille, un haillon, et, par terme de mépris, un moine. La *penaille* désigne donc la troupe vêtue de penaillons, ou une troupe de moines.

Les maris sautant alentour,
Et dansant au son du tambour.
Rien n'échappa de leur co'ère,
Ni moinillon, ni béat père :
Robes, manteaux, et capuchons,
Tout fut brûlé comme cochons ;
Tous périrent dedans les flammes.
Je ne sais ce qu'on fit des femme
Pour le pauvre frère Girard,
Il avoit eu son fait à part.

III

LE BERCEAU

NOUVELLE TIRÉE DE BOCCACE[1]

Non loin de Rome un hôtelier étoit,
Sur le chemin qui conduit à Florence,
Homme sans bruit, et qui ne se piquoit
De recevoir gens de grosse dépense :
Même chez lui rarement on gîtoit.
Sa femme étoit encor de bonne affaire,
Et ne passoit de beaucoup les trente ans.
Quant au surplus, ils avoient deux enfants.
Garçon d'un an, fille en âge d'en faire.
Comme il arrive en allant et venant,
Pinucio, jeune homme de famille,
Jeta si bien les yeux sur cette fille,
Tant la trouva gracieuse et gentille,
D'esprit si doux et d'air tant attrayant,
Qu'il s'en piqua : très-bien le lui sut dire ;
Muet n'étoit, elle sourde non plus;
Dont il avint qu'il sauta par-dessus
Ces longs soupirs et tout ce vain martyre.
Se sentir pris, parler, être écouté,

---

1. Boccacio, *Decameron*, giorn. IX, nov. VI.

Ce fut tout un ; car la difficulté
Ne gisoit pas à plaire à cette belle :
Pinuce étoit gentilhomme bien fait ;
Et jusque-là la fille n'avoit fait
Grand cas des gens de même étoffe qu'elle :
Non qu'elle crût pouvoir changer d'état ;
Mais elle avoit, nonobstant son jeune âge,
Le cœur trop haut, le goût trop délicat,
Pour s'en tenir aux amours de village.
Colette donc (ainsi l'on l'appeloit),
En mariage à l'envi demandée,
Rejetoit l'un, de l'autre ne vouloit,
Et n'avoit rien que Pinuce en l'idée.
Longs pourparlers avecque son amant
N'étoient permis ; tout leur faisoit obstacle.
Les rendez-vous et le soulagement
Ne se pouvoient, à moins que d'un miracle.
Cela ne fit qu'irriter leurs esprits.
Ne gênez point, je vous en donne avis,
Tant vos enfants, ô vous, pères et mères ;
Tant vos moitiés, vous, époux et maris :
C'est où l'amour fait le mieux ses affaires.
Pinucio, certain soir qu'il faisoit
Un temps fort brun, s'en vint, en compagnie
D'un sien ami, dans cette hôtellerie
Demander gîte. On lui dit qu'il venoit
Un peu trop tard. « Monsieur, ajouta l'hôte,
Vous savez bien comme on est à l'étroit
Dans ce logis ; tout est plein jusqu'au toit :
Mieux vous vaudroit passer outre, sans faute ;
Ce gîte n'est pour gens de votre état.
— N'avez-vous pas encor quelque grabat,
Reprit l'amant, quelque coin de réserve ? »
L'hôte repart : « Il ne nous reste plus
Que notre chambre, où deux lits sont tendus ;

LE BERCEAU 75

Et de ces lits il n'en est qu'un qui serve
Aux survenants; l'autre, nous l'occupons.
Si vous voulez coucher de compagnie,
Vous et monsieur, nous vous hébergerons. »
Pinuce dit : « Volontiers; je vous prie
Que l'on nous serve à manger au plus tôt. »
Leur repas fait, on les conduit en haut.

Pinucio, sur l'avis de Colette,
Marque de l'œil comme la chambre est faite :
Chacun couché, pour la belle on mettoit
Un lit de camp ; celui de l'hôte étoit
Contre le mur, attenant de la porte;
Et l'on avoit placé de même sorte,
Tout vis-à-vis, celui du survenant;
Entre les deux un berceau pour l'enfant,
Et toutefois plus près du lit de l'hôte.
Cela fit faire une plaisante faute
A cet ami qu'avoit notre galant.
Sur le minuit, que l'hôte apparemment
Devoit dormir, l'hôtesse en faire autant,
Pinucio, qui n'attendoit que l'heure,
Et qui comptoit les moments de la nuit,
Son temps venu, ne fait longue demeure.
Au lit de camp s'en va droit et sans bruit.
Pas ne trouva la pucelle endormie,
J'en jurerois. Collette apprit un jeu
Qui, comme on sait, lasse plus qu'il n'ennuie.
Trêve se fit; mais elle dura peu :
Larcins d'amour ne veulent longue pause.
Tout à merveille alloit au lit de camp,
Quand cet ami qu'avoit notre galant,
Pressé d'aller mettre ordre à quelque chose
Qu'honnêtement exprimer je ne puis,

Voulut sortir, et ne put ouvrir l'huis [1]
Sans enlever le berceau de sa place,
L'enfant avec, qu'il mit près de leur lit ;
Le détourner auroit fait trop de bruit.

Lui revenu, près de l'enfant il passe,
Sans qu'il daignât le remettre en son lieu ;
Puis se recouche, et quand il plut à Dieu
Se rendormit. Après un peu d'espace,
Dans le logis je ne sais quoi tomba.
Le bruit fut grand ; l'hôtesse s'éveilla,
Puis alla voir ce que ce pouvoit être.
A son retour le berceau la trompa.
Ne le trouvant joignant le lit du maître :
« Saint Jean, dit-elle en soi-même aussitôt,
J'ai pensé faire une étrange bévue :
Près de ces gens je me suis, peu s'en faut,
Remise au lit en chemise ainsi nue ;
C'étoit pour faire un bon charivari !
Dieu soit loué que ce berceau me montre
Que c'est ici qu'est couché mon mari ! »
Disant ces mots, auprès de cet ami
Elle se met. Fol ne fut, n'étourdi [2],
Le compagnon, dedans un tel rencontre,
La mit en œuvre, et sans témoigner rien
Il fit l'époux, mais il le fit trop bien.
Trop bien ! je faux : et c'est tout le contraire
Il le fit mal ; car qui le veut bien faire
Doit en besogne aller plus doucement.
Aussi l'hôtesse eut quelque étonnement.
« Qu'a mon mari ? dit-elle ; et quelle joie
Le fait agir en homme de vingt ans ?

1. La porte.
2. Ni étourdi. Élision employée par les vieux poëtes français.

LE BERCEAU

Prenons ceci, puisque Dieu nous l'envoie;
Nous n'aurons pas toujours tel passe-temps. »
Elle n'eut dit ces mots entre ces dents,
Que le galant recommence la fête.
La dame étoit de bonne emplette encor;
J'en ai, je crois, dit un mot dans l'abord:
Chemin faisant, c'étoit fortune honnête.

Pendant cela, Colette, appréhendant
D'être surprise avecque son amant,
Le renvoya, le jour venant à poindre.
Pinucio, voulant aller rejoindre
Son compagnon, tomba tout de nouveau
Dans cette erreur que causoit le berceau,
Et pour son lit il prit le lit de l'hôte.
Il n'y fut pas qu'en abaissant sa voix,
(Gens trop heureux font toujours quelque faute):
« Ami, dit-il, pour beaucoup je voudrois
Te pouvoir dire à quel point va ma joie.
Je te plains fort que le ciel ne t'envoie
Tout maintenant même bonheur qu'à moi.
Ma foi! Colette est un morceau de roi.
Si tu savois ce que vaut cette fille!
J'en ai bien vu, mais de telle, entre nous,
Il n'en est point. C'est bien le cuir plus doux,
Le corps mieux fait, la taille plus gentille;
Et des tetons! je ne te dis pas tout.
Quoi qu'il en soit, avant que d'être au bout
Gaillardement six postes se sont faites;
Six de bon compte, et ce ne sont sornettes. »

D'un tel propos l'hôte tout étourdi
D'un ton confus gronda quelques paroles.
L'hôtesse dit tout bas à cet ami,
Qu'elle prenoit toujours pour son mari:

« Ne reçois plus chez toi ces têtes folles;
N'entends-tu point comme ils sont en débat? »
En son séant l'hôte, sur son grabat
S'étant levé, commence à faire éclat.
« Comment! dit-il d'un ton plein de colère,
Vous veniez donc ici pour cette affaire!
Vous l'entendez! et je vous sais bon gré
De vous moquer encor comme vous faites!
Prétendez-vous, beau monsieur que vous êtes,
En demeurer quitte à si bon marché?
Quoi! ne tient-il qu'à honnir des familles?
Pour vos ébats nous nourrirons nos filles!
J'en suis d'avis! Sortez de ma maison :
Je jure Dieu que j'en aurai raison.
Et toi, coquine, il faut que je te tue! »

A ce discours proféré brusquement,
Pinucio, plus froid qu'une statue,
Resta sans pouls, sans voix, sans mouvement.
Chacun se tut l'espace d'un moment.
Colette entra dans des peurs nonpareilles.
L'hôtesse, ayant reconnu son erreur,
Tint quelque temps le loup par les oreilles [1].
Le seul ami se souvint, par bonheur,
De ce berceau, principe de la chose.
Adressant donc à Pinuce sa voix :
« T'en tiendras-tu, dit-il, une autre fois?
T'ai-je averti que le vin seroit cause
De ton malheur! Tu sais que, quand tu bois
Toute la nuit tu cours, tu te démènes,

---

1. Tenir le loup par les oreilles est une expression proverbiale qui, dans le style vulgaire, s'emploie lorsque, surpris dans quelque affaire fâcheuse, on aperçoit du péril de tous côtés, et qu'on ne sait quel parti prendre.

Et vas contant mille chimères vaines
Que tu te mets dans l'esprit en dormant!...
Reviens au lit. » Pinuce, au même instant,
Fait le dormeur, poursuit le stratagème,
Que le mari prit pour argent comptant.
Il ne fut pas jusqu'à l'hôtesse même
Qui n'y voulût aussi contribuer.
Près de sa fille elle alla se placer ;
Et dans ce poste elle se sentit forte.
« Par quel moyen, comment, de quelle sorte,
S'écria-t-elle, auroit-il pu coucher
Avec Colette, et la déshonorer?
Je n'ai bougé toute nuit d'auprès d'elle :
Elle n'a fait ni pis ni mieux que moi.
Pinucio nous l'alloit donner belle ! »
L'hôte reprit : « c'est assez ; je vous croi. »
On se leva, ce ne fut pas sans rire ;
Car chacun d'eux en avoit sa raison.
Tout fut secret ; et quiconque eut du bon
Par-devers soi le garda sans rien dire.

IV

LE MULETIER

NOUVELLE TIRÉE DE BOCCACE[1]

Un roi lombard... (les rois de ce pays
Viennent souvent s'offrir à ma mémoire)
Ce dernier-ci, dont parle en ses écrits
Maître Boccace, auteur de cette histoire,
Portoit le nom d'Agiluf en son temps.
Il épousa Teudelingue la belle,
Veuve du roi dernier mort sans enfants,
Lequel laissa l'État sous la tutelle
De celui-ci, prince sage et prudent.
Nulle beauté n'étoit alors égale
A Teudelingue; et la couche royale
De part et d'autre étoit assurément
Aussi complète, autant bien assortie
Qu'elle fut onc[2], quand messer Cupidon
En badinant fit choir de son brandon
Chez Agiluf, droit dessus l'écurie,
Sans prendre garde, et sans se soucier
En quel endroit; dont avecque furie

---

1. Boccacio, *Decameron*, giornata III, novella XI.
2. Jamais.

LE MULETIER

Le feu se prit au cœur d'un muletier.
Ce muletier étoit homme de mine,
Et démentoit en tout son origine,
Bien fait et beau, même ayant du bon sens.
Bien le montra; car, s'étant de la reine
Amouraché, quand il eut quelque temps
Fait ses efforts et mis toute sa peine
Pour se guérir sans pouvoir rien gagner,
Le compagnon fit un tour d'homme habile.
Maître ne sais meilleur pour enseigner
Que Cupidon; l'âme la moins subtile
Sous sa férule apprend plus en un jour,
Qu'un maître ès arts en dix ans aux écoles.
Aux plus grossiers, par un chemin bien court,
Il sait montrer les tours et les paroles.
Le présent conte en est un bon témoin.
Notre amoureux ne songeoit, près ni loin,
Dedans l'abord à jouir de sa mie.
Se déclarer de bouche ou par écrit
N'étoit pas sûr. Si se mit dans l'esprit,
Mourût ou non, d'en passer son envie,
Puisqu'aussi bien plus vivre ne pouvoit ;
Et, mort pour mort, toujours mieux lui valoit,
Auparavant que sortir de la vie,
Éprouver tout, et tenter le hasard.
L'usage étoit, chez le peuple lombard,
Que quand le roi, qui faisoit lit à part,
Comme tous font, vouloit avec sa femme
Aller coucher, seul il se présentoit
Presque en chemise, et sur son dos n'avoit
Qu'une simarre[1] : à la porte il frappoit
Tout doucement; aussitôt une dame
Ouvroit sans bruit ; et le roi lui mettoit

1. Robe de chambre.

Entre les mains la clarté qu'il portoit,
Clarté n'ayant grand'lueur ni grand'flamme.
D'abord la dame éteignoit en sortant
Cette clarté : c'étoit le plus souvent
Une lanterne, ou de simples bougies.
Chaque royaume a ses cérémonies.
Le muletier remarqua celle-ci,
Ne manqua pas de s'ajuster ainsi,
Se présenta comme c'étoit l'usage,
S'étant caché quelque peu le visage.
La dame ouvrit, dormant plus d'à demi.
Nul cas n'étoit à craindre en l'aventure,
Fors [1] que le roi ne vînt pareillement.
Mais ce jour-là, s'étant heureusement
Mis à chasser, force étoit que nature
Pendant la nuit cherchât quelque repos.
Le muletier, frais, gaillard et dispos,
Et parfumé, se coucha sans rien dire.
Un autre point, outre ce qu'avons dit,
C'est qu'Agiluf, s'il avoit en l'esprit
Quelque chagrin, soit touchant son empire,
Ou sa famille, ou pour quelque autre cas,
Ne sonnoit mot en prenant ses ébats.
A tout cela Teudelingue étoit faite.
Notre amoureux fournit plus d'une traite;
(Un muletier à ce jeu vaut trois rois),
Dont Teudelingue entra pour plusieurs fois
En pensement [2], et crut que la colère
Rendoit le prince, outre son ordinaire,
Plein de transport, et qu'il n'y songeoit pas
En ses présents le ciel est toujours juste;
Il ne départ à gens de tous états

1. Hormis.
2. En pensée.

Mêmes talents. Un empereur auguste
A les vertus propres pour commander ;
Un magistrat[1] sait les points décider :
Au jeu d'amour le muletier fait rage.
Chacun son fait ; nul n'a tout en partage.
Notre galant, s'étant diligenté,
Se retira sans bruit et sans clarté,
Devant l'aurore. Il en sortoit à peine,
Lorsqu'Agiluf alla trouver la reine,
Voulut s'ébattre, et l'étonna bien fort.
« Certes, monsieur, je sais bien, lui dit-elle,
Que vous avez pour moi beaucoup de zèle ;
Mais de ce lieu vous ne faites encor
Que de sortir : même, outre l'ordinaire
En avez pris, et beaucoup plus qu'assez.
Pour Dieu, monsieur, je vous prie, avisez
Que ne soit trop ; votre santé m'est chère. »

Le roi fut sage, et se douta du tour,
Ne sonna mot, descendit dans la cour,
Puis de la cour entra dans l'écurie,
Jugeant en lui que le cas provenoit
D'un muletier, comme l'on lui parloit.
Toute la troupe étoit lors endormie,
Fors[1] le galant, qui trembloit pour sa vie.
Le roi n'avoit lanterne ni bougie :
En tâtonnant, il s'approcha de tous ;
Crut que l'auteur de cette tromperie
Se connoîtroit au battement du pouls.
Point ne faillit dedans sa conjecture ;
Et le second qu'il tâta d'aventure
Étoit son homme, à qui d'émotion,
Soit pour la peur, ou soit pour l'action,

1. Excepté.

Le cœur battoit, et le pouls tout ensemble.
Ne sachant pas où devoit aboutir
Tout ce mystère, il feignoit de dormir.
Mais quel sommeil! le roi, pendant qu'il tremble,
En certain coin va prendre des ciseaux
Dont on coupoit le crin à ses chevaux.
« Faisons, dit-il, au galant une marque,
Pour le pouvoir demain connoître mieux. »
Incontinent de la main du monarque
Il se sent tondre. Un toupet de cheveux
Lui fut coupé, droit vers le front du sire;
Et cela fait, le prince se retire.
Il oublia de serrer le toupet;
Dont le galant s'avisa d'un secret
Qui d'Agiluf gâta le stratagème.
Le muletier alla, sur l'heure même,
En pareil lieu tondre ses compagnons.
Le jour venu, le roi vit ces garçons
Sans poil au front. Lors le prince en son âme :
« Qu'est ceci donc! qui croirait que ma femme
Auroit été si vaillante au déduit[1]?
Quoi! Teudelingue a-t-elle cette nuit
Fourni d'ébats à plus de quinze ou seize? »
Autant en vit, vers le front, de tondus.
« Or bien, dit-il, qui l'a fait si[2] se taise :
Au demeurant, qu'il n'y retourne plus. »

1. Plaisir d'amour.
2. Ainsi, donc, partant.

V

L'ORAISON DE SAINT JULIEN

NOUVELLE TIRÉE DE BOCCACE[1]

Beaucoup de gens ont une ferme foi
Pour les brevets, oraisons et paroles :
Je me ris d'eux; et je tiens, quant à moi,
Que tous tels sorts sont recettes frivoles,
Frivoles sont; c'est sans difficulté.
Bien est-il vrai qu'auprès d'une beauté
Paroles ont des vertus nonpareilles;
Paroles font en amour des merveilles :
Tout cœur se laisse à ce charme amollir.
De tels brevets je veux bien me servir;
Des autres, non. Voici pourtant un conte
Où l'oraison de monsieur saint Julien [2]
A Renaud d'Ast produisit un grand bien.
S'il ne l'eût dite, il eût trouvé mécompte
A son argent et mal passé la nuit.

---

1. BOCCACIO, *Decameron*, giornata II, novella II.
2. Les légendes nous apprennent que saint Julien, pour expier un crime involontaire, s'étoit dévoué à recevoir chez lui tous les passants. Il étoit, par cette raison, devenu le patron des voyageurs; et nos vieux poëtes désignent ordinairement une bonne auberge et un bon gîte par le nom d'hôtel de saint Julien.

Il s'en alloit devers Château-Guillaume,
Quand trois quidams (bonnes gens, et sans bruit,
Ce lui sembloit, tels qu'en tout un royaume
Il n'auroit cru trois aussi gens de bien);
Quand n'ayant, dis-je, aucun soupçon de rien,
Ces trois quidams, tout pleins de courtoisie,
Après l'abord et l'ayant salué
Fort humblement : « Si notre compagnie,
Lui dirent-ils, vous pouvoit être à gré,
Et qu'il vous plût achever cette traite
Avecque nous, ce nous seroit honneur.
En voyageant, plus la troupe est complète,
Mieux elle vaut : c'est toujours le meilleur.
Tant de brigands infestent la province,
Que l'on ne sait à quoi songe le prince
De le souffrir. Mais quoi ! les mal-vivants
Seront toujours. » Renaud dit à ces gens
Que volontiers. Une lieue étant faite,
Eux discourant, pour tromper le chemin,
De chose et d'autre, ils tombèrent enfin
Sur ce qu'on dit de la vertu secrète
De certains mots, caractères, brevets,
Dont les aucuns ont de très-bons effets;
Comme de faire aux insectes la guerre,
Charmer les loups, conjurer le tonnerre,
Ainsi du reste; où sans pact[1] ni demi[2]
(De quoi l'on soit pour le moins averti),
L'on se guérit, l'on guérit sa monture,
Soit du farcin, soit de la mémarchure,
L'on fait souvent ce qu'un bon médecin
Ne saurait faire avec tout son latin.

1. Au lieu de *pacte*. Licence poétique.

2. *Sans pacte ni demi*, ou *sans pacte ni demi-pacte*, signifie *sans aucun pacte.* Vieille locution.

Ces survenants de mainte expérience
Se vantoient tous; et Renaud en silence
Les écoutoit. « Mais vous, ce lui dit-on,
Savez-vous point aussi quelque oraison?
— De tels secrets, dit-il, je ne me pique,
Comme homme simple et qui vis à l'antique.
Bien vous dirai qu'en allant par chemin
J'ai certains mots que je dis au matin
Dessous le nom d'oraison ou d'antienne
De saint Julien, afin qu'il ne m'advienne
De mal gîter ; et j'ai même éprouvé
Qu'en y manquant cela m'est arrivé.
J'y manque peu : c'est un mal que j'évite
Par-dessus tous, et que je crains autant.
— Et ce matin, monsieur, l'avez-vous dite?
Lui repartit l'un des trois en riant.
— Oui, dit Renaud. — Or bien, répliqua l'autre,
Gageons un peu quel sera le meilleur,
Pour cejourd'hui, de mon gîte ou du vôtre. »

Il faisoit lors un froid plein de rigueur;
La nuit de plus étoit fort approchante,
Et la couchée encore assez distante.
Renaud reprit : « Peut-être ainsi que moi
Vous servez-vous de ces mots en voyage?
— Point, lui dit l'autre; et vous jure ma foi
Qu'invoquer saints n'est pas trop mon usage :
Mais si je perds, je le pratiquerai.
— En ce cas-là volontiers gagerai,
Reprit Renaud, et j'y mettrois ma vie,
Pourvu qu'alliez en quelque hôtellerie,
Car je n'ai là nulle maison d'ami.
Nous mettrons donc cette clause au pari,
Poursuivit-il, si l'avez agréable :
C'est la raison. » L'autre lui répondit :

« J'en suis d'accord ; et gage votre habit,
Votre cheval, la bourse au préalable ;
Sûr de gagner, comme vous allez voir. »

Renaud dès lors put bien s'apercevoir
Que son cheval avoit changé d'étable.
Mais quel remède ? en côtoyant un bois,
Le parieur ayant changé de voix :
« Çà, descendez, dit-il, mon gentilhomme ;
Votre oraison vous fera bon besoin ;
Château-Guillaume est encore un peu loin. »
Fallut descendre. Ils lui prirent en somme
Chapeau, casaque, habit, bourse, et cheval,
Bottes aussi, « Vous n'aurez tant de mal
D'aller à pied, » lui dirent les perfides.
Puis de chemin (sans qu'ils prissent de guides)
Changeant tous trois, ils furent aussitôt
Perdus de vue ; et le pauvre Renaud,
En caleçons, en chausses, en chemise,
Mouillé, fangeux, ayant au nez la bise,
Va tout dolent, et craint avec raison
Qu'il n'ait, ce coup, malgré son oraison,
Très-mauvais gîte ; hormis qu'en sa valise
Il espéroit : car il est à noter
Qu'un sien valet, contraint de s'arrêter
Pour faire mettre un fer à sa monture,
Devoit le joindre. Or, il ne le fit pas,
Et ce fut là le pis de l'aventure :
Le drôle, ayant vu de loin tout le cas,
(Comme valets souvent ne valent guères),
Prend à côté, pourvoit à ses affaires,
Laisse son maître, à travers champs s'enfuit,
Donne des deux, gagne devant la nuit
Château-Guillaume, et dans l'hôtellerie
La plus fameuse, enfin la mieux fournie,

Attend Renaud près du foyer ardent,
Et fait tirer du meilleur cependant.

Son maître étoit jusqu'au cou dans les boues,
Pour en sortir avoit fort à tirer.
Il acheva de se désespérer
Lorsque la neige, en lui donnant aux joues,
Vint à flocons, et le vent qui fouettoit.
Au prix du mal que le pauvre homme avoit,
Gens que l'on pend sont sur des lits de roses.
Le sort se plaît à dispenser les choses
De la façon; c'est tout mal ou tout bien :
Dans ses faveurs il n'a point de mesures;
Dans son courroux de même il n'omet rien
Pour nous mater : témoin les aventures
Qu'eut cette nuit Renaud, qui n'arriva
Qu'une heure après qu'on eut fermé la porte.
Du pied du mur enfin il s'approcha;
Dire comment, je n'en sais pas la sorte.
Son bon destin, par un très-grand hasard,
Lui fit trouver une petite avance
Qu'avoit un toit, et ce toit faisoit part
D'une maison voisine du rempart.
Renaud ravi de ce peu d'allégeance,
Se met dessous. Un bonheur, comme on dit,
Ne vient point seul. Quatre ou cinq brins de paille
Se rencontrant, Renaud les étendit.
« Dieu soit loué! dit-il, voilà mon lit. »
Pendant cela le mauvais temps l'assaille
De toutes parts : il n'en peut presque plus.
Transi de froid, immobile et perclus,
Au désespoir bientôt il s'abandonne,
Claque des dents, se plaint, tremble et frissonne
Si hautement, que quelqu'un l'entendit.
Ce quelqu'un-là, c'étoit une servante :

Et sa maîtresse, une veuve galante
Qui demeuroit au logis que j'ai dit ;
Pleine d'appas, jeune et de bonne grâce.
Certain marquis, gouverneur de la place,
L'entretenoit : et, de peur d'être vu,
Troublé, distrait, enfin interrompu
Dans son commerce au logis de la dame,
Il se rendoit souvent chez cette femme
Par une porte aboutissante aux champs ;
Alloit, venoit, sans que ceux de la ville
En sussent rien, non pas même ses gens.
Je m'en étonne ; et tout plaisir tranquille
N'est d'ordinaire un plaisir de marquis :
Plus il est su, plus il leur semble exquis.

Or il avint que la même soirée
Où notre Job, sur la paille étendu,
Tenoit déjà sa fin tout assurée,
Monsieur étoit de madame attendu,
Le souper prêt, la chambre bien parée ;
Bons restaurants, champignons, et ragoûts ;
Bains et parfums ; matelas blancs et mous ;
Vins du coucher ; toute l'artillerie
De Cupidon, non pas le langoureux,
Mais celui-là qui n'a fait en sa vie
Que de bons tours, le patron des heureux,
Des jouissants. Étant donc la donzelle
Prête à bien faire, avint que le marquis
Ne put venir. Elle en reçut l'avis
Par un sien page ; et de cela la belle
Se consola : tel étoit leur marché.
Renaud y gagne ; il ne fut écouté
Plus d'un moment, que, pleine de bonté
Cette servante, et confite en tendresse,
Par aventure, autant que sa maîtresse,

Dit à la veuve : « Un pauvre souffreteux
Se plaint là-bas ; le froid est rigoureux ;
Il peut mourir : vous plaît-il pas, madame,
Qu'en quelque coin l'on le mette à couvert?
— Oui, je le veux, répondit cette femme.
Ce galetas qui de rien ne nous sert
Lui viendra bien : dessus quelque couchette
Vous lui mettrez un peu de paille nette ;
Et là dedans il faudra l'enfermer :
De nos reliefs vous le ferez souper
Auparavant, puis l'envoirez coucher. »

Sans cet arrêt c'était fait de la vie
Du bon Renaud. On ouvre ; il remercie,
Dit qu'on l'avoit retiré du tombeau,
Conte son cas, reprend force courage :
Il étoit grand, bien fait, beau personnage,
Ne sembloit même homme en amour nouveau,
Quoiqu'il fût jeune. Au reste, il avoit honte
De sa misère et de sa nudité :
L'Amour est nu, mais il n'est pas crotté.
Renaud dedans, la chambrière monte,
Et va conter le tout de point en point.
La dame dit : « Regardez si j'ai point
Quelque habit d'homme encor dans mon armoire :
Car feu monsieur doit en avoir laissé.
— Vous en avez, j'en ai bonne mémoire, —
Dit la servante. Elle eut bientôt trouvé
Le vrai ballot. Pour plus d'honnêteté,
La dame ayant appris la qualité
De Renaud d'Ast (car il s'étoit nommé),
Dit qu'on le mît au bain chauffé pour elle.
Cela fut fait ; il ne se fit prier.
On le parfume avant que l'habiller.
Il monte en haut, et fait à la donzelle

Son compliment, comme homme bien appris.
On sert enfin le souper du marquis.
Renaud mangea tout ainsi qu'un autre homme ;
Même un peu mieux, la chronique le dit :
On peut à moins gagner de l'appétit.
Quant à la veuve, elle ne fit en somme
Que regarder, témoignant son désir ;
Soit que déjà l'attente du plaisir
L'eût disposée, ou soit par sympathie,
Ou que la mine ou bien le procédé
De Renaud d'Ast eussent son cœur touché.
De tous côtés se trouvant assaillie,
Elle se rend aux semonces d'Amour.
« Quand je ferai, disoit-elle, ce tour,
Qui l'ira dire ? il n'y va rien du nôtre :
Si le marquis est quelque peu trompé,
Il le mérite et doit l'avoir gagné,
Ou gagnera ; car c'est un bon apôtre.
Homme pour homme, et péché pour péché,
Autant me vaut celui-ci que cet autre. »

Renaud n'étoit si neuf qu'il ne vît bien
Que l'oraison de monsieur saint Julien
Feroit effet, et qu'il auroit bon gîte.
Lui hors de table, on dessert au plus vite.
Les voilà seuls, et, pour le faire court,
En beau début. La dame s'étoit mise
En un habit à donner de l'amour.
La négligence, à mon gré si requise,
Pour cette fois fut sa dame d'atour.
Point de clinquant ; jupe simple et modeste,
Ajustement moins superbe que leste ;
Un mouchoir noir, de deux grands doigts trop court ;
Sous ce mouchoir ne sais quoi fait au tour :
Par là Renaud s'imagina le reste.

Mot n'en dirai ; mais je n'omettrai point
Qu'elle étoit jeune, agréable et touchante,
Blanche surtout, et de taille avenante,
Trop ni trop peu de chair et d'embonpoint.
A cet objet qui n'eût eu l'âme émue?
Qui n'eût aimé? qui n'eût eu des désirs?
Un philosophe, un marbre, une statue,
Auroient senti comme nous ces plaisirs.
Elle commence à parler la première,
Et fait si bien que Renaud s'enhardit.
Il ne savoit comme entrer en matière;
Mais pour l'aider la marchande lui dit :
« Vous rappelez en moi la souvenance
D'un qui s'est vu mon unique souci ;
Plus je vous vois, plus je crois voir aussi
L'air et le port, les yeux, la remembrance [1]
De mon époux : que Dieu lui fasse paix !
Voilà sa bouche, et voilà tous ses traits. »
Renaud reprit : « Ce m'est beaucoup de gloire :
Mais vous, madame, à qui ressemblez-vous?
A nul objet ; et je n'ai point mémoire
D'en avoir vu qui m'ait semblé si doux.
Nulle beauté n'approche de la vôtre.
Or, me voici d'un mal chu dans un autre :
Je transissois ; je brûle maintenant.
Lequel vaut mieux? » La belle, l'arrêtant,
S'humilia, pour être contredite :
C'est une adresse, à mon sens, non petite.
Renaud poursuit, louant pour le menu
Tout ce qu'il voit, tout ce qu'il n'a point vu,
Et qu'il verroit volontiers, si la belle
Plus que de droit ne se montroit cruelle.
« Pour vous louer comme vous méritez,

---

1. La ressemblance, le souvenir.

Ajouta-t-il, et marquer les beautés
Dont j'ai la vue avec le cœur frappée,
(Car près de vous l'un et l'autre s'ensuit.)
Il faut un siècle, et je n'ai qu'une nuit,
Qui pourroit être encor mieux occupée. »
Elle sourit ; il n'en fallut pas plus.
Renaud laissa les discours superflus :
Le temps est cher en amour comme en guerre.
Homme mortel ne s'est vu sur la terre
De plus heureux ; car nul point n'y manquoit.
On résista tout autant qu'il falloit,
Ni plus ni moins, ainsi que chaque belle
Sait pratiquer, pucelle ou non pucelle.
Au demeurant, je n'ai pas entrepris
De raconter tout ce qu'il obtint d'elle ;
Menu détail, baisers donnés et pris ;
La petite oie [1] ; enfin ce qu'on appelle
En bon françois les préludes d'amour ;
Car l'un et l'autre y savoient plus d'un tour.
Au souvenir de l'état misérable
Où s'étoit vu le pauvre voyageur,
On lui faisoit toujours quelque faveur.
« Voilà, disoit la veuve charitable,
Pour le chemin, voici pour les brigands,
Puis pour la peur, puis pour le mauvais temps! »
Tant que le tout pièce à pièce s'efface.
Qui ne voudroit se racquitter ainsi ?
Conclusion, que Renaud sur la place
Obtint le don d'amoureuse merci [2].

---

1. La Fontaine explique lui-même le sens de cette locution dans l'argot des libertins. C'est une métaphore tirée du langage des marchands de volailles, qui nomment *petite oie* le con, les bouts d'ailes, et en quelque sorte tous les accessoires d'une volaille.

2. Grâce, faveur, miséricorde.

Les doux propos recommencent ensuite,
Puis les baisers, et puis la noix confite.
On se coucha. La dame, ne voulant
Qu'il s'allât mettre au lit de sa servante,
Le mit au sien; ce fut fait prudemment,
En femme sage, en personne galante.
Je n'ai pas su ce qu'étant dans le lit
Ils avoient fait; mais comme avec l'habit
On met à part certain reste de honte,
Apparemment le meilleur de ce conte
Entre deux draps pour Renaud se passa.
Là, plus à plein il se récompensa
Du mal souffert, de la perte arrivée.
De quoi s'étant la veuve bien trouvée,
Il fut prié de la venir revoir,
Mais en secret, car il falloit pourvoir
Au gouverneur. La belle, non contente
De ses faveurs, étala son argent.
Renaud n'en prit qu'une somme bastante [1]
Pour regagner son logis promptement.

Il s'en va droit à cette hôtellerie
Où son valet étoit encore au lit.
Renaud le rosse et puis change d'habit,
Ayant trouvé sa valise garnie.
Pour le combler, son bon destin voulut
Qu'on attrapât les quidams ce jour même.
Incontinent chez le juge il courut.
Il faut user de diligence extrême
En pareil cas; car le greffe tient bon,
Quand une fois il est saisi des choses :
C'est proprement la caverne au lion;
Rien n'en revient : là les mains ne sont closes

1. Suffisante.

Pour recevoir ; mais pour rendre, trop bien :
Fin celui-là qui n'y laisse du sien.
Le procès fait, une belle potence
A trois côtés fut mise en plein marché.
L'un des quidams harangua l'assistance
Au nom de tous ; et le trio branché
Mourut contrit, et fort bien confessé.
Après cela, doutez de la puissance
Des oraisons. Ces gens gais et joyeux
Sont sur le point de partir leur chevance [1],
Lorsqu'on les vient prier d'une autre danse.
En contr'échange, un pauvre malheureux
S'en va périr selon toute apparence,
Quand sous la main lui tombe une beauté
Dont un prélat se seroit contenté.
Il recouvra son argent, son bagage,
Et son cheval, et tout son équipage ;
Et grâce à Dieu et monsieur saint Julien,
Eut une nuit qui ne lui coûta rien.

1. Partager leur avoir, leur butin.

VI

LA SERVANTE JUSTIFIÉE

NOUVELLE TIRÉE DES CONTES DE LA REINE DE NAVARRE

Boccace n'est le seul qui me fournit :
Je vas parfois en une autre boutique.
Il est bien vrai que ce divin esprit
Plus que pas un me donne de pratique :
Mais, comme il faut manger de plus d'un pain,
Je puise encore en un vieux magasin ;
Vieux, des plus vieux, où Nouvelles nouvelles
Sont jusqu'à cent, bien déduites et belles
Pour la plupart, et de très-bonne main.
Pour cette fois la reine de Navarre
D'un c'étoit moi, naïf autant que rare,
Entretiendra dans ces vers le lecteur.
Voici le fait, quiconque en soit l'auteur :
J'y mets du mien selon les occurences ;
C'est ma coutume ; et, sans telles licences,
Je quitterois la charge de conteur [2].

1. *L'Heptameron des Nouvelles de Marguerite de Valois, royne de Navarre*, cinquième journée ; nouvelle v.

2. En comparant la Fontaine avec les originaux qu'il a imités, on apprendra à connaître combien il invente, retranche, ou corrige heureusement.

Un homme donc avoit belle servante :
Il la rendit au jeu d'amour savante.
Elle étoit fille à bien armer un lit,
Pleine de suc et donnant appétit ;
Ce qu'on appelle en françois bonne robe [1].
Par un beau jour, cet homme se dérobe
D'avec sa femme, et, d'un très-grand matin,
S'en va trouver sa servante au jardin.
Elle faisoit un bouquet pour madame :
C'étoit sa fête. Or, voyant de la femme
Le bouquet fait, il commence à louer
L'assortiment, tâche à s'insinuer.
S'insinuer, en fait de chambrière,
C'est proprement couler sa main au sein :
Ce qui fut fait. La servante soudain
Se défendit ; mais de quelle manière?
Sans rien gâter : c'étoit une façon
Sur le marché ; bien savoit sa leçon.
La belle prend les fleurs qu'elle avoit mises
En un monceau, les jette au compagnon.
Il la baisa pour en avoir raison,
Tant et si bien qu'ils en vinrent aux prises.
En cet étrif [2], la servante tomba :
Lui d'en tirer aussitôt avantage.
Le malheur fut que tout ce beau ménage
Fut découvert d'un logis près de là.
Nos gens n'avoient pris garde à cette affaire.
Une voisine aperçut le mystère.
L'époux la vit, je ne sais pas comment.
« Nous voilà pris, dit-il à sa servante :
Notre voisine est languarde [3] et méchante ;

---

1. C'est-à-dire jolie, gaillarde, et complaisante.
2. Choc, combat, contestation.
3. Bavarde indiscrète.

Mais ne soyez en crainte aucunement. »
Il va trouver sa femme en ce moment ;
Puis fait si bien que, s'étant éveillée,
Elle se lève ; et sur l'heure habillée,
Il continue à jouer son rôlet ;
Tant qu'à dessein d'aller faire un bouquet
La pauvre épouse au jardin est menée.
Là, fut par lui procédé de nouveau.
Même débat, même jeu se commence.
Fleurs de voler, tetons d'entrer en danse.
Elle y prit goût ; le jeu lui sembla beau.
Somme, que l'herbe en fut encor froissée.
La pauvre dame alla l'après-dînée
Voir sa voisine, à qui ce secret-là
Chargeoit le cœur : elle se soulagea
Tout dès l'abord. « Je ne puis, ma commère,
Dit cette femme avec un front sévère,
Laisser passer sans vous en avertir
Ce que j'ai vu. Voulez-vous vous servir
Encor longtemps d'une fille perdue ?
A coups de pied, si j'étois que de vous,
Je l'envoierois ainsi qu'elle est venue.
Comment ! elle est aussi brave [1] que nous !
Or bien, je sais celui de qui procède
Cette piaffe : apportez-y remède
Tout au plus tôt ; car je vous avertis
Que ce matin, étant à la fenêtre,
Ne sais pourquoi, j'ai vu, de mon logis
Dans son jardin votre mari paroître,
Puis la galante ; et tous deux se sont mis
A se jeter quelques fleurs à la tête. »
Sur ce propos, l'autre l'arrêta coi.
« Je vous entends, dit-elle ; c'étoit moi ! »

. Bien parée, bien arrangée.

LA VOISINE.

Voire [1] ! écoutez le reste de la fête :
Vous ne savez où je veux en venir.
Les bonnes gens se sont pris à cueillir
Certaines fleurs que baisers on appelle.

LA FEMME.

C'est encore moi que vous preniez pour elle.

LA VOISINE.

Du jeu des fleurs à celui des tétons
Ils sont passés : après quelques façons,
A pleines mains l'on les a laissé prendre.

LA FEMME.

Et pourquoi non? c'étoit moi. Votre époux
N'a-t-il donc pas les mêmes droits sur vous?

LA VOISINE.

Cette personne enfin sur l'herbe tendre
Est trébuchée; et, comme je le croi,
Sans se blesser. Vous riez?

LA FEMME.

     C'étoit moi.

LA VOISINE.

Un cotillon a paré la verdure.

LA FEMME.

C'étoit le mien.

LA VOISINE.

   Sans vous mettre en courroux.

1. Vraiment!

Qui le portoit de la fille ou de vous ?
C'est là le point ; car monsieur votre époux
Jusques au bout a poussé l'aventure.

LA FEMME

Qui ? c'étoit moi. Votre tête est bien dure.

LA VOISINE

Ah ! c'est assez. Je ne m'informe plus :
J'ai pourtant l'œil assez bon ce me semble :
J'aurois juré que je les avois vus
En ce lieu-là se divertir ensemble ;
Mais excusez ; et ne la chassez pas.

LA FEMME.

Pourquoi chasser ? j'en suis très-bien servie.

LA VOISINE.

Tant pis pour vous ! c'est justement le cas.
Vous en tenez, ma commère m'amie ! »

VII

LA GAGEURE DES TROIS COMMÈRES

OU SONT DEUX NOUVELLES TIRÉES DE BOCCACE[1]

Après bon vin, trois commères un jour
S'entretenoient de leurs tours et prouesses.
Toutes avoient un ami par amour,
Et deux étoient au logis les maîtresses.
L'une disoit : « J'ai le roi des maris;
Il n'en est point de meilleur dans Paris.
Sans son congé je vas partout m'ébattre :
Avec ce tronc j'en ferois un plus fin.
Il ne faut pas se lever trop matin
Pour lui prouver que trois et deux font quatre.
— Par mon serment! dit une autre aussitôt,
Si je l'avois, j'en ferois une étrenne;
Car, quant à moi, du plaisir ne me chaut [2],
A moins qu'il soit mêlé d'un peu de peine.
Votre époux va tout ainsi qu'on le mène;
Le mien n'est tel, j'en rends grâces à Dieu.
Bien sauroit prendre et le temps et le lieu,
Qui tromperoit à son aise un tel homme.

1. Boccacio, *Decameron*, giornata VII, novelle VIII, et IX.
2. Ne me soucie, du verbe *chaloir*.

Pour tout cela ne croyez que je chôme :
Le passe-temps en est d'autant plus doux ;
Plus grand en est l'amour des deux parties.
Je ne voudrois contre aucune de vous,
Qui vous vantez d'être si bien loties,
Avoir troqué de galant ni d'époux. »
Sur ce débat, la troisième commère
Les mit d'accord, car elle fut d'avis
Qu'amour se plaît avec les bons maris,
Et veut aussi quelque peine légère.

Ce point vidé, le propos s'échauffant,
Et d'en conter toutes trois triomphant,
Celle-ci dit : « Pourquoi tant de paroles ?
Voulez-vous voir qui l'emporte de nous ?
Laissons à part les disputes frivoles :
Sur nouveaux frais attrapons nos époux.
Le moins bon tour payera quelque amende.
— Nous le voulons, c'est ce que l'on demande,
Dirent les deux. Il faut faire serment
Que toutes trois, sans nul déguisement,
Rapporterons, l'affaire étant passée,
Le cas au vrai ; puis pour le jugement
On en croira la commère Macée. »
Ainsi fut dit, ainsi l'on l'accorda.
Voici comment chacune y procéda.

Celle des trois qui plus étoit contrainte
Aimoit alors un beau jeune garçon,
Frais, délicat, et sans poil au menton ;
Ce qui leur fit mettre en jeu cette feinte.
Le pauvres gens n'avoient de leurs amours
Encor joui, sinon par échappées ;
Toujours falloit forger de nouveaux tours,
Toujours chercher des maisons empruntées.

Pour plus à l'aise ensemble se jouer,
La bonne dame habille en chambrière
Le jouvenceau, qui vient pour se louer,
D'un air modeste, et baissant la paupière.
Du coin de l'œil l'époux le regardoit,
Et dans son cœur déjà se proposoit
De rehausser le linge de la fille.
Bien lui sembloit, en la considérant,
N'en avoir vu jamais de si gentille.
On la retient, avec peine pourtant.
Belle servante, et mari vert-galant,
C'étoit matière à feindre du scrupule.
Les premiers jours, le mari dissimule,
Détourne l'œil et ne fait pas semblant
De regarder sa servante nouvelle;
Mais tôt après il tourna tant la belle,
Tant lui donna, tant encor lui promit,
Qu'elle feignit à la fin de se rendre;
Et de jeu fait, à dessein de le prendre,
Un certain soir la galante lui dit :
« Madame est mal, et seule elle veut être
Pour cette nuit. » Incontinent le maître
Et la servante, ayant fait leur marché,
S'en vont au lit; et le drôle couché,
Elle en cornette et dégraffant sa jupe,
Madame vient. Qui fut bien empêché?
Ce fut l'époux cette fois pris pour dupe.
« Oh! oh! lui dit la commère en riant,
Votre ordinaire est donc trop peu friand
A votre goût? eh! par saint Jean! beau sire,
Un peu plus tôt vous me le deviez dire;
J'aurois chez moi toujours eu des tendrons.
De celui-ci, pour certaines raisons,
Vous faut passer, cherchez autre aventure.
Et vous, la belle au dessein si gaillard,

LA GAGEURE DES TROIS COMMÈRES

Merci de moi, chambrière d'un liard,
Je vous rendrai plus noire qu'une mûre !
Il vous faut donc du même pain qu'à moi !
J'en suis d'avis ! non pourtant qu'il m'en chaille
Ni qu'on ne puisse en trouver qui le vaille :
Grâces à Dieu, je crois avoir de quoi
Donner encore à quelqu'un dans la vue ;
Je ne suis pas à jeter dans la rue.
Laissons ce point ; je sais un bon moyen :
Vous n'aurez plus d'autre lit que le mien.
Voyez un peu ! diroit-on qu'elle y touche ?
Vite, marchons ; que du lit où je couche
Sans marchander on prenne le chemin :
Vous chercherez vos besognes [1] demain.
Si ce n'étoit le scandale et la honte,
Je vous mettrois dehors en cet état ;
Mais je suis bonne, et ne veux point d'éclat :
Puis je rendrai de vous un très-bon compte
A l'avenir ; et vous jure ma foi
Que nuit et jour vous serez près de moi.
Qu'ai-je besoin de me mettre en alarmes,
Puisque je puis empêcher tous vos tours ? »
La chambrière, écoutant ce discours,
Fait la honteuse, et jette une ou deux larmes,
Prend son paquet, et sort sans consulter ;
Ne se le fait par deux fois répéter ;
S'en va jouer un autre personnage ;
Fait au logis deux métiers tour à tour :
Galant de nuit, chambrière de jour,
En deux façons, elle a soin du ménage.
Le pauvre époux se trouve tout heureux
Qu'à si bon compte il en ait été quitte.
Lui couché seul, notre couple amoureux

1. Vêtements.

D'un temps si doux à son aise profite :
Rien ne s'en perd ; et des moindres moments
Bons ménagers furent nos deux amants,
Sachant très-bien que l'on n'y revient guères.
Voilà le tour de l'une des commères.

L'autre, de qui le mari croyoit tout,
Avecque lui sous un poirier assise,
De son dessein vint aisément à bout.
En peu de mots j'en vas conter la guise[1].
Leur grand valet près d'eux étoit debout,
Garçon bien fait, beau parleur, et de mise
Et qui faisoit les servantes trotter.
La dame dit : « Je voudrais bien goûter
De ce fruit-là : Guillot, monte, secoue
Notre poirier. » Guillot monte à l'instant.
Grimpé qu'il est, le drôle fait semblant
Qu'il lui paroît que le mari se joue
Avec la femme : aussitôt le valet,
Frottant ses yeux comme étonné du fait,
« Vraiment, monsieur, commence-t-il à dire,
Si vous vouliez madame caresser,
Un peu plus loin vous pouviez aller rire,
Et, moi présent, du moins vous en passer.
Ceci me cause une surprise extrême.
Devant les gens prendre ainsi vos ébats !
Si d'un valet vous ne faites nul cas,
Vous vous devez du respect à vous-même.
Quel taon vous point ? attendez à tantôt ;
Ces privautés en seront plus friandes :
Tout aussi bien pour le temps qu'il vous faut,
Les nuits d'été sont encor assez grandes.
Pourquoi ce lieu ? vous avez pour cela

---

[1]. Manière, façon.

Tant de bons lits, tant de chambres si belles! »
La dame dit : « Que conte celui-là?
Je crois qu'il rêve : où prend-il ces nouvelles?
Qu'entend ce fol avecque ses ébats?
Descends, descends, mon ami, tu verras. »
Guillot descend. Hé bien, lui dit son maître,
Nous jouons-nous?

GUILLOT.

Non pas pour le présent.

LE MARI.

Pour le présent?

GUILLOT.

Oui, monsieur; je veux être
Écorché vif, si tout incontinent
Vous ne baisiez madame sur l'herbette.

LA FEMME.

Mieux te vaudroit laisser cette sornette,
Je te le dis; car elle sent les coups.

LE MARI.

Non, non, m'amie; il faut qu'avec les fous
Tout de ce pas, par mon ordre, on le mette.

GUILLOT.

Est-ce être fou que de voir ce qu'on voit?

LA FEMME.

Et qu'as-tu vu?

GUILLOT.

J'ai vu, je le répète,
Vous et monsieur qui, dans ce même endroit,

Jouïez tous deux au doux jeu d'amourette :
Si ce poirier n'est peut-être charmé.

LA FEMME.

Voire [1], charmé! tu nous fais un beau conte!

LE MARI.

Je le veux voir, vraiment; faut que j'y monte :
Vous en saurez bientôt la vérité. »
Le maître à peine est sur l'arbre monté,
Que le valet embrasse la maîtresse.
L'époux, qui voit comme l'on se caresse,
Crie et descend en grand'hâte aussitôt.
Il se rompit le col, ou peu s'en faut,
Pour empêcher la suite de l'affaire,
Et toutefois il ne put si bien faire
Que son honneur ne reçut quelque échec.
« Comment! dit-il, quoi! même à mon aspect!
Devant mon nez! à mes yeux! Sainte Dame!...
— Que vous faut-il! qu'avez-vous? dit la femme.

LE MARI.

Oses-tu bien le demander encor?

LA FEMME.

Et pourquoi non?

LE MARI.

Pourquoi? N'ai-je pas tort
De t'accuser de cette effronterie?

LA FEMME.

Ah! c'en est trop; parlez mieux, je vous prie.

---

1. Vraiment.

LE MARI.

Quoi ! ce coquin ne te caressoit pas?

LA FEMME.

Moi? vous rêvez.

LE MARI.

    D'où viendroit donc ce cas?
Ai-je perdu la raison ou la vue?

LA FEMME.

Me croyez-vous de sens si dépourvue,
Que devant vous je commisse un tel tour?
Ne trouverois-je assez d'heures au jour
Pour m'égayer, si j'en avois envie?

LE MARI.

Je ne sais plus ce qu'il faut que je die.
Notre poirier m'abuse assurément.
Voyons encor. » Dans le même moment
L'époux remonte, et Guillot recommence.
Pour cette fois le mari voit la danse
Sans se fâcher, et descend doucement.
« Ne cherchez plus, leur dit-il, d'autres causes :
C'est ce poirier ; il est ensorcelé.
— Puisqu'il fait voir de si vilaines choses,
Reprit la femme, il faut qu'il soit brûlé :
Cours au logis ; dis qu'on le vienne abattre.
Je ne veux plus que cet arbre maudit
Trompe les gens. » Le valet obéit.
Sur le pauvre arbre ils se mettent à quatre,
Se demandant l'un l'autre sourdement
Quel si grand crime a ce poirier pu faire.
La dame dit : « Abattez seulement ;

Quant au surplus, ce n'est pas votre affaire. »
Par ce moyen la seconde commère
Vint au-dessus de ce qu'elle entreprit.
Passons au tour que la troisième fit.

Les rendez-vous chez quelque bonne amie
Ne lui manquoient non plus que l'eau du puits.
Là, tous les jours, étoient nouveaux déduits :
Notre donzelle y tenoit sa partie.
Un sien amant étant lors de quartier,
Ne croyant pas qu'un plaisir fût entier
S'il n'étoit libre, à la dame propose
De se trouver seuls ensemble une nuit.
« Deux, lui dit-elle ; et pour si peu de chose
Vous ne serez nullement éconduit.
Ja de par moi ne manquera l'affaire.
De mon mari je saurai me défaire
Pendant ce temps. » Aussitôt fait que dit.
Bon besoin eut d'être femme d'esprit ;
Car pour époux elle avoit pris un homme
Qui ne faisoit en voyage grands frais ;
Il n'alloit pas quérir pardon à Rome,
Quand il pouvoit en rencontrer plus près ;
Tout au rebours de la bonne donzelle,
Qui, pour montrer sa ferveur et son zèle,
Toujours alloit au plus loin s'en pourvoir.
Pèlerinage avoit fait son devoir
Plus d'une fois ; mais c'étoit le vieux style :
Il lui falloit, pour se faire valoir,
Chose qui fût plus rare et moins facile.
Elle s'attache à l'orteil, dès ce soir,
Un brin de fil qui rendoit à la porte
De la maison ; et puis va se coucher
Droit au côté d'Henriet Berlinguier
(On appeloit son mari de la sorte)

Elle fit tant qu'Henriet, se tournant,
Sentit le fil. Aussitôt il soupçonne
Quelque dessein, et, sans faire semblant
D'être éveillé, sur ce fait il raisonne;
Se lève enfin et sort tout doucement,
De bonne foi son épouse dormant,
Ce lui sembloit; suit le fil dans la rue;
Conclut de là que l'on le trahissoit;
Que quelque amant que la donzelle avoit
Avec ce fil par le pied la tiroit,
L'avertissant ainsi de sa venue;
Que la galante aussitôt descendoit,
Tandis que lui, pauvre mari, dormoit:
Car autrement, pourquoi ce badinage?
Il falloit bien que messer cocuage
Le visitât; honneur dont, à son sens,
Il se seroit passé le mieux du monde.
Dans ce penser, il s'arme jusqu'aux dents;
Hors la maison fait le guet et la ronde,
Pour attraper quiconque tirera
Le brin de fil. Or, le lecteur saura
Que ce logis avoit sur le derrière
De quoi pouvoir introduire l'ami :
Il le fut donc par une chambrière.
Tout domestique, en trompant un mari,
Pense gagner indulgence plénière.
Tandis qu'ainsi Berlinguier fait le guet,
La bonne dame et le jeune muguet
En sont aux mains, et Dieu sait la manière!
En grand soulas cette nuit se passa.
Dans leurs plaisirs rien ne les traversa :
Tout fut des mieux, grâces à la servante,
Qui fit si bien devoir de surveillante,
Que le galant tout à temps délogea.
L'époux revint, quand le jour approcha,

Reprit sa place, et dit que la migraine
L'avoit contraint d'aller coucher en haut.
Deux jours après la commère ne faut [1]
De mettre un fil; Berlinguier aussitôt,
L'ayant senti, rentre à la même peine,
Court à son poste, et notre amant au sien.
Renfort de joie : on s'en trouva si bien,
Qu'encor un coup on pratiqua la ruse;
Et Berlinguier, prenant la même excuse,
Sortit encore, et fit place à l'amant.
Autre renfort de tout contentement.
On s'en tint là. Leur ardeur refroidie,
Il en fallut venir au dénoûment;
Trois actes eut sans plus la comédie.
Sur le minuit l'amant s'étant sauvé,
Le brin de fil aussitôt fut tiré
Par un des siens, sur quoi l'époux se rue,
Et le contraint, en occupant la rue,
D'entrer chez lui, le tenant au collet,
Et ne sachant que ce fût un valet.
Bien à propos lui fut donné le change.
Dans le logis est un vacarme étrange.
La femme accourt au bruit que fait l'époux.
Le compagnon se jette à leurs genoux;
Dit qu'il venoit trouver la chambrière;
Qu'avec ce fil il la tiroit à soi
Pour faire ouvrir; et que depuis naguère
Tous deux s'étoient entre donné la foi.
« C'est donc cela, poursuivit la commère,
En s'adressant à la fille, en colère,
Que l'autre jour je vous vis à l'orteil
Un brin de fil? je m'en mis un pareil,
Pour attraper avec ce stratagème

1. Ne manque pas.

Votre galant. Or bien, c'est notre époux !
A la bonne heure ! il faut cette nuit même
Sortir d'ici ! » Berlinguier fut plus doux,
Dit qu'il falloit au lendemain attendre.
On les dota l'un et l'autre amplement ;
L'époux, la fille ; et le valet... l'amant :
Puis au moutier le couple s'alla rendre,
Se connoissant tous deux de plus d'un jour.
Ce fut la fin qu'eut le troisième tour.

Lequel vaut mieux ? pour moi, je m'en rapporte
Macée ayant pouvoir de décider,
Ne sut à qui la victoire accorder,
Tant cette affaire à résoudre étoit forte.
Toutes avoient eu raison de gager.
Le procès pend, et pendra de la sorte
Encor longtemps, comme l'on peut juger.

VIII

LE CALENDRIER DES VIEILLARDS

NOUVELLE TIRÉE DE BOCCACE [1]

Plus d'une fois je me suis étonné
Que ce qui fait la paix du mariage
En est le point le moins considéré,
Lorsque l'on met une fille en ménage.
Les père et mère ont pour objet le bien.
Tout le surplus, ils le comptent pour rien ;
Jeunes tendrons à vieillards apparient [2] ;
Et cependant je vois qu'ils se soucient
D'avoir chevaux à leur char attelés
De même taille, et mêmes chiens couplés ;
Ainsi des bœufs, qui, de force pareille,
Sont toujours pris ; car ce seroit merveille
Si sans cela la charrue alloit bien.
Comment pourroit celle du mariage
Ne mal aller, étant un attelage
Qui bien souvent ne se rapporte en rien ?
J'en vas conter un exemple notable.

[1] Boccacio, *Decameron*, giornata II, novella VIII.
[2] Unissent.

On sait qui fut Richard de Quinzica,
Qui mainte fête à sa femme allégua,
Mainte vigile, et maint jour fériable ¹,
Et du devoir ² crut s'échapper par là
Très-lourdement il erroit en cela.
Cettui Richard étoit juge dans Pise,
Homme savant en l'étude des lois,
Riche d'ailleurs, mais dont la barbe grise
Montroit assez qu'il devoit faire choix
De quelque femme à peu près du même âge ;
Ce qu'il ne fit, prenant en mariage
La mieux séante et la plus jeune d'ans
De la cité ; fille bien alliée,
Belle surtout : c'étoit Bartholomée
De Galandi, qui parmi ses parents
Pouvoit compter les plus gros de la ville.
En ce, ne fit Richard tour d'homme habile ;
Et l'on disoit communément de lui
Que ses enfants ne manqueroient de pères.
Tel fait métier de conseiller autrui,
Qui ne voit goutte en ses propres affaires.
Quinzica donc n'ayant de quoi servir
Un tel oiseau qu'étoit Bartholomée,
Pour s'excuser et pour la contenir,
Ne rencontroit point de jour en l'année,
Selon son compte et son calendrier,
Où l'on se pût sans scrupule appliquer
Au fait d'hymen ; chose aux vieillards commode,
Mais dont le sexe abhorre la méthode.
Quand je dis point, je veux dire très-peu :
Encor ce peu lui donnoit de la peine.

1. Qui doit être férié.
2. Devoir conjugal.

Toute en férie il mettoit la semaine,
Et bien souvent faisoit venir en jeu
Saint qui ne fut jamais dans la légende.
« Le vendredi, disoit-il, nous demande
D'autres pensers, ainsi que chacun sait :
Pareillement il faut que l'on retranche
Le samedi, non sans juste sujet,
D'autant que c'est la veille du dimanche.
Pour ce dernier, c'est un jour de repos.
Quant au lundi, je ne trouve à propos
De commencer par ce point la semaine ;
Ce n'est le fait d'une âme bien chrétienne. »
Les autres jours autrement s'excusoit :
Et quand venoit aux fêtes solennelles,
C'étoit alors que Richard triomphoit,
Et qu'il donnoit les leçons les plus belles.
Longtemps devant, toujours il s'abstenoit ;
Longtemps après, il en usoit de même ;
Aux quatre temps autant il en faisoit,
Sans oublier l'Avent ni le Carême.
Cette saison pour le vieillard étoit
Un temps de Dieu ; jamais ne s'en lassoit.
De patrons même il avoit une liste ;
Point de quartier pour un évangéliste,
Pour un apôtre, ou bien pour un docteur :
Vierge n'étoit, martyr et confesseur,
Qu'il ne chômât ; tous les savoit par cœur.
Que s'il étoit au bout de son scrupule,
Il alléguoit les jours malencontreux,
Puis les brouillards, et puis la canicule,
De s'excuser n'étant jamais honteux.
La chose ainsi presque toujours égale,
Quatre fois l'an de grâce spéciale,
Notre docteur régaloit sa moitié,
Petitement ; enfin c'étoit pitié.

A cela près, il traitoit bien sa femme :
Les affiquets, les habits à changer,
Joyaux, bijoux, ne manquoient à la dame.
Mais tout cela n'est que pour amuser
Un peu de temps des esprits de poupée :
Droit au solide alloit Bartholomée.

Son seul plaisir dans la belle saison,
C'étoit d'aller à certaine maison
Que son mari possédoit sur la côte :
Ils y couchoient tous les huit jours sans faute.
Là, quelquefois sur la mer ils montoient
Et le plaisir de la pêche goûtoient,
Sans s'éloigner que bien peu de la rade.
Arrive donc qu'un jour de promenade
Bartholomée et messer le docteur
Prennent chacun une barque à pêcheur,
Sortent sur mer : ils avoient fait gageure
A qui des deux auroit plus de bonheur,
Et trouveroit la meilleure aventure
Dedans sa pêche, et n'avoient avec eux,
Dans chaque barque, en tout, qu'un homme ou deux.
Certain corsaire aperçut la chaloupe
De notre épouse, et vint avec sa troupe
Fondre dessus, l'emmena bien et beau ;
Laissa Richard : soit que près du rivage
Il n'osât pas hasarder davantage ;
Soit qu'il craignît qu'ayant dans son vaisseau
Notre vieillard, il ne pût de sa proie
Si bien jouir ; car il aimoit la joie
Plus que l'argent, et toujours avoit fait
Avec honneur son métier de corsaire ;
Au jeu d'amour étoit homme d'effet,
Ainsi que sont gens de pareille affaire.
Gens de mer sont toujours prêts à bien faire,

7.

Ce qu'on appelle autrement bons garçons :
On n'en voit point qui les fêtes allègue.
Or, tel étoit celui dont nous parlons,
Ayant pour nom Pagamin de Monègue.
La belle fit son devoir de pleurer
Un demi-jour, tant qu'il se put étendre :
Et Pagamin, de la réconforter ;
Et notre épouse, à la fin, de se rendre.
Il la gagna : bien savoit son métier.
Amour s'en mit, Amour, ce bon apôtre,
Dix mille fois plus corsaire que l'autre,
Vivant de rapt, faisant peu de quartier.
La belle avoit sa rançon toute prête :
Très-bien lui prit d'avoir de quoi payer ;
Car là n'étoit ni vigile ni fête.
Elle oublia ce beau calendrier
Rouge partout [1] et sans nul jour ouvrable :
De la ceinture on le lui fit tomber ;
Plus n'en fut fait mention qu'à la table.

Notre légiste eût mis son doigt au feu
Que son épouse étoit toujours fidèle,
Entière et chaste ; et que, moyennant Dieu,
Pour de l'argent on lui rendroit la belle.
De Pagamin il prit un sauf-conduit,
L'alla trouver, lui mit la carte blanche.
Pagamin dit : « Si je n'ai pas bon bruit,
C'est à grand tort ; je veux vous rendre franche
Et sans raçon votre chère moitié.
Ne plaise à Dieu que si belle amitié
Soit par mon fait de désastre ainsi pleine !
Celle pour qui vous prenez tant de peine
Vous reviendra selon votre désir.

[1] Dans les anciens calendriers, les jours de fête sont toujours écrits ou imprimés en encre rouge.

Je ne veux point vous vendre ce plaisir.
Faites-moi voir seulement qu'elle est vôtre :
Car si j'allois vous en rendre quelque autre,
Comme il m'en tombe assez entre les mains,
Ce me seroit une espèce de blâme.
Ces jours passés, je pris certaine dame
Dont les cheveux sont quelque peu châtains,
Grande de taille, en bon point, jeune et fraîche.
Si cette belle, après vous avoir vu,
Dit être à vous, c'est autant de conclu :
Reprenez-la, rien ne vous en empêche. »
Richard reprit : « Vous parlez sagement,
Et me traitez trop généreusement.
De son métier il faut que chacun vive :
Mettez un prix à la pauvre captive,
Je la paierai comptant, sans hésiter.
Le compliment n'est ici nécessaire :
Voilà ma bourse ; il ne faut que compter.
Ne me traitez que comme on pourroit faire
En pareil cas l'homme le moins connu.
Seroit-il dit que vous m'eussiez vaincu
D'honnêteté ? non sera, sur mon âme !
Vous le verrez. Car, quant à cette dame,
Ne doutez point qu'elle ne soit à moi.
Je ne veux pas que vous m'ajoutiez foi,
Mais aux baisers que de la pauvre femme
Je recevrai ; ne craignant qu'un seul point,
C'est qu'à me voir de joie elle ne meure. »
On fait venir l'épouse tout à l'heure,
Qui, froidement et ne s'émouvant point,
Devant ses yeux voit son mari paroître,
Sans témoigner seulement le connoître,
Non plus qu'un homme arrivé du Pérou.
« Voyez, dit-il, la pauvrette est honteuse
Devant les gens ; et sa joie amoureuse

N'ose éclater : soyez sûr qu'à mon cou,
Si j'étois seul, elle seroit sautée. »

Pagamin dit : « Qu'il ne tienne à cela ;
Dedans sa chambre, allez, conduisez-la. »
Ce qui fut fait ; et, la chambre fermée,
Richard commence. « Eh ! là, Bartholomée,
Comme tu fais ! je suis ton Quinzica,
Toujours le même à l'endroit de sa femme.
Regarde-moi. Trouves-tu, ma chère âme,
En mon visage un si grand changement ?
C'est la douleur de ton enlèvement
Qui me rend tel ; et toi seule en es cause.
T'ai-je jamais refusé nulle chose,
Soit pour ton jeu, soit pour tes vêtements ?
En étoit-il quelqu'une de plus brave [1] ?
De ton vouloir ne me rendois-je esclave ?
Tu le seras, étant avec ces gens.
Et ton honneur, que crois-tu qu'il devienne ?
— Ce qu'il pourra, répondit brusquement
Bartholomée. Est-il temps maintenant
D'en avoir soin ? s'en est-on mis en peine
Quand, malgré moi, l'on m'a jointe avec vous ;
Vous, vieux penard ; moi, fille jeune et drue,
Qui méritois d'être un peu mieux pourvue,
Et de goûter ce qu'hymen a de doux ?
Pour cet effet j'étois assez aimable,
Et me trouvois aussi digne, entre nous,
De ces plaisirs, que j'en étais capable.
Or est le cas allé d'autre façon.
J'ai pris mari qui pour toute chanson
N'a jamais eu que ses jours de férie ;
Mais Pagamin, sitôt qu'il m'eut ravie,

1. Mieux parée.

Me sut donner bien une autre leçon.
J'ai plus appris des choses de la vie
Depuis deux jours qu'en quatre ans avec vous.
Laissez-moi donc, monsieur mon cher époux;
Sur mon retour n'insistez davantage.
Calendriers ne sont point en usage
Chez Pagamin, je vous en avertis.
Vous et les miens avez mérité pis ;
Vous, pour avoir mal mesuré vos forces
En m'épousant ; eux, pour s'être mépris,
En préférant les légères amorces
De quelque bien à cet autre point-là.
Mais Pagamin pour tous y pourvoira.
Il ne sait loi, ni digeste, ni code ;
Et cependant très-bonne est sa méthode.
De ce matin lui-même il vous dira
Du quart en sus comme la chose en va.
Un tel aveu vous surprend et vous touche :
Mais faire ici de la petite bouche [1]
Ne sert de rien : l'on n'en croira pas moins.
Et puisque enfin nous voici sans témoins,
Adieu vous dis, vous et vos jours de fête.
Je suis de chair ; les habits rien n'y font :
Vous savez bien, monsieur, qu'entre la tête
Et le talon d'autres affaires sont. »
A tant se tut. Richard, tombé des nues,
Fut tout heureux de pouvoir s'en aller.
Bartholomée ayant ses hontes bues,
Ne se fit pas tenir pour demeurer.
Le pauvre époux en eut tant de tristesse,
Outre les maux qui suivent la vieillesse,
Qu'il en mourut à quelques jours de là ;
Et Pagamin prit à femme sa veuve.

1. Faire la scrupuleuse, la pincée.

Ce fut bien fait : nul des deux ne tomba
Dans l'accident du pauvre Quinzica,
S'étant choisis l'un et l'autre à l'épreuve.

Belle leçon pour gens à cheveux gris !
Sinon qu'ils soient d'humeur accommodante :
Car, en ce cas, messieurs les favoris
Font leur ouvrage, et la dame est contente.

IX

A FEMME AVARE GALANT ESCROC

NOUVELLE TIRÉE DE BOCCACE [1]

Qu'un homme soit plumé par des coquettes,
Ce n'est pour faire au miracle crier.
Gratis est mort ; plus d'amour sans payer :
En beaux louis se content les fleurettes.
Ce que je dis, des coquettes s'entend.
Pour notre honneur, si me faut-il pourtant
Montrer qu'on peut, nonobstant leur adresse,
En attraper au moins une entre cent,
Et lui jouer quelque tour de souplesse

Je choisirai pour exemple Gulphar.
Le drôle fit un trait de franc soudard ;
Car aux faveurs d'une belle il eut part,
Sans débourser, escroquant la chrétienne.
Notez ceci, et qu'il vous en souvienne
Galants d'épée ; encor bien que ce tour
Pour vous styler soit fort peu nécessaire
Je trouverois maintenant à la cour
Plus d'un Gulphar, si j'en avois affaire.

[1]. Boccacio, *Decameron*, giornata VIII, novella I.

Celui-ci donc chez sire Gasparin
Tant fréquenta, qu'il devint à la fin
De son épouse amoureux sans mesure.
Elle étoit jeune, et belle créature ;
Plaisoit beaucoup, fors [1] un point qui gâtoit
Toute l'affaire, et qui seul rebutoit
Les plus ardents : c'est qu'elle étoit avare.
Ce n'est pas chose en ce siècle fort rare.
Je l'ai jà dit, rien n'y font les soupirs :
Celui-là parle une langue barbare,
Qui, l'or en main, n'explique ses désirs.
Le jeu, la jupe et l'amour des plaisirs
Sont les ressorts que Cupidon emploie :
De leur boutique il sort chez les François
Plus de cocus que du cheval de Troie
Il ne sortit de héros autrefois.
Pour revenir à l'humeur de la belle,
Le compagnon ne put rien tirer d'elle,
Qu'il ne parlât. Chacun sait ce que c'est
Que de parler ; le lecteur, s'il lui plaît,
Me permettra de dire ainsi la chose.
Gulphar donc parle, et si bien qu'il propose
Deux cents écus. La belle l'écouta ;
Et Gasparin à Gulphar les prêta,
(Ce fut le bon), puis aux champs s'en alla,
Ne soupçonnant aucunement sa femme.
Gulphar les donne en présence de gens.
« Voilà, dit-il, deux cents écus comptant,
Qu'à votre époux vous donnerez, madame. »
La belle crut qu'il avoit dit cela
Par politique, et pour jouer son rôle.
Le lendemain elle le régala
Tout de son mieux, en femme de parole.

1. Excepté.

Le drôle en prit, ce jour et les suivants,
Pour son argent, et même avec usure.
A bon payeur on fait bonne mesure.
Quand Gasparin fut de retour des champs,
Gulphar lui dit, son épouse présente :
« J'ai votre argent à madame rendu,
N'en ayant eu pour une affaire urgente
Aucun besoin, comme je l'avois cru :
Déchargez-en votre livre, de grâce. »
A ce propos, aussi froide que glace,
Notre galante avoua le reçu.
Qu'eût-elle fait? on eût prouvé la chose.
Son regret fut d'avoir enflé la dose
De ses faveurs : c'est ce qui la fâchoit.
Voyez un peu la perte que c'étoit!
En la quittant, Gulphar alla tout droit
Conter ce cas, le corner par la ville,
Le publier, le prêcher sur les toits.
De l'en blâmer il seroit inutile :
Ainsi vit-on chez nous autres François.

X

ON NE S'AVISE JAMAIS DE TOUT

CONTE TIRÉ DES CENT NOUVELLES NOUVELLES[1]

Certain jaloux ne dormant que d'un œil,
Interdisoit tout commerce à sa femme.
Dans le dessein de prévenir la dame,
Il avoit fait un fort ample recueil
De tous les tours que le sexe sait faire.
Pauvre ignorant! comme si cette affaire
N'étoit une hydre, à parler franchement!
Il captivoit sa femme cependant,
De ses cheveux vouloit savoir le nombre,
La faisoit suivre, à toute heure, en tous lieux,
Par une vieille au corps tout rempli d'yeux,
Qui la quittoit aussi peu que son ombre.
Ce fou tenoit son recueil fort entier :
Il le portoit en guise de psautier,
Croyant par là cocuage hors de gamme.
Un jour de fête, arrive que la dame,
En revenant de l'église, passa
Près d'un logis d'où quelqu'un lui jeta
Fort à propos plein un panier d'ordure.

[1] Nouvelle xxxvii, *l: Benestrier d'ordures.*

On s'excusa. La pauvre créature,
Toute vilaine, entra dans le logis.
Il lui fallut dépouiller ses habits.
Elle envoya quérir une autre jupe,
Dès en entrant, par cette douagna [1],
Qui hors d'haleine à monsieur raconta
Tout l'accident. « Foin ! dit-il, celui-là
N'est dans mon livre, et je suis pris pour dupe :
Que le recueil au diable soit donné ! »
Il disoit bien ; car on n'avoit jeté
Cette immondice, et la dame gâté,
Qu'afin qu'elle eût quelque valable excuse
Pour éloigner son dragon quelque temps.
Un sien galant, ami de là-dedans,
Tout aussitôt profita de la ruse.

Nous avons beau sur ce sexe avoir l'œil :
Ce n'est coup sûr encontre tous esclandres.
Maris jaloux, brûlez votre recueil,
Sur ma parole, et faites-en des cendres.

[1]. Duègne ; c'est le mot espagnol un peu défiguré.

XI

LE VILLAGEOIS QUI CHERCHE SON VEAU

CONTE TIRÉ DES CENT NOUVELLES NOUVELLES[1]

Un villageois, ayant perdu son veau,
L'alla chercher dans la forêt prochaine.
Il se plaça sur l'arbre le plus beau,
Pour mieux entendre, et pour voir dans la plaine.
Vient une dame avec un jouvenceau.
Le lieu leur plaît, l'eau leur vient à la bouche :
Et le galant qui sur l'herbe la couche,
Crie, en voyant je ne sais quels appas :
« O dieux ! que vois-je ! et que ne vois-je pas ! »
Sans dire quoi ; car c'étoit lettres closes.
Lors le manant les arrêtant tout coi :
« Homme de bien, qui voyez tant de choses,
Voyez-vous point mon veau ? dites-le moi. »

---

1. Nouvelle XII, le Veau. Ce conte se trouve aussi dans le Poggii
Poggii facetiæ. Asinus perditus, t. I, p. 242.

XII

L'ANNEAU D'HANS CARVEL

CONTE TIRE DE RABELAIS

Hans Carvel prit sur ses vieux ans
Femme jeune en toute manière :
Il prit aussi soucis cuisants;
Car l'un sans l'autre ne va guère.
Babeau (c'est la jeune femelle,
Fille du bailli Concordat,)
Fut du bon poil, ardente et belle,
Et propre à l'amoureux combat.
Carvel, craignant de sa nature
Le cocuage et les railleurs,
Alléguoit à la créature
Et la légende et l'écriture,
Et tous les livres les meilleurs;
Blâmoit les visites secrètes ;
Frondoit l'attirail des coquettes,
Et contre un monde de recettes
Et de moyens de plaire aux yeux
Invectivoit tout de son mieux.

---

1. RABELAIS, *Pantagruel*, liv. III, ch. XXVIII. Ce conte est plus ancien que Rabelais, à qui la Fontaine l'a, du reste, emprunté.

XI

LE VILLAGEOIS QUI CHERCHE SON VEAU

CONTE TIRÉ DES CENT NOUVELLES NOUVELLES[1]

Un villageois, ayant perdu son veau,
L'alla chercher dans la forêt prochaine.
Il se plaça sur l'arbre le plus beau,
Pour mieux entendre, et pour voir dans la plaine.
Vient une dame avec un jouvenceau.
Le lieu leur plaît, l'eau leur vient à la bouche :
Et le galant qui sur l'herbe la couche,
Crie, en voyant je ne sais quels appas :
« O dieux ! que vois-je ! et que ne vois-je pas ! »
Sans dire quoi ; car c'étoit lettres closes.
Lors le manant les arrêtant tout coi :
« Homme de bien, qui voyez tant de choses,
Voyez-vous point mon veau ? dites-le moi. »

---

1. Nouvelle XII, le Veau. Ce conte se trouve aussi dans le Poggo Boggii facetiæ. Asinus perditus, t. 1, p. 242.

XII

L'ANNEAU D'HANS CARVEL

CONTE TIRE DE RABELAIS

Hans Carvel prit sur ses vieux ans
Femme jeune en toute manière :
Il prit aussi soucis cuisants ;
Car l'un sans l'autre ne va guère.
Babeau (c'est la jeune femelle,
Fille du bailli Concordat,)
Fut du bon poil, ardente et belle,
Et propre à l'amoureux combat.
Carvel, craignant de sa nature
Le cocuage et les railleurs,
Alléguoit à la créature
Et la légende et l'écriture,
Et tous les livres les meilleurs ;
Blâmoit les visites secrètes ;
Frondoit l'attirail des coquettes,
Et contre un monde de recettes
Et de moyens de plaire aux yeux
Invectivoit tout de son mieux.

---

1. RABELAIS, *Pantagruel*, liv. III, ch. XXVIII. Ce conte est plus ancien que Rabelais, à qui la Fontaine l'a, du reste, emprunté.

A tous ces discours la galande
Ne s'arrêtoit aucunement,
Et de sermons n'étoit friande,
A moins qu'ils fussent d'un amant.
Cela faisoit que le bon sire
Ne savoit tantôt plus qu'y dire :
Eût voulu souvent être mort.
Il eut pourtant dans son martyre
Quelques moments de réconfort :
L'histoire en est très-véritable.
Une nuit qu'ayant tenu table,
Et bu force bon vin nouveau,
Carvel ronfloit près de Babeau,
Il lui fut avis que le diable
Lui mettoit au doigt un anneau;
Qu'il lui disoit : « Je sais la peine
Qui te tourmente et qui te gêne,
Carvel, j'ai pitié de ton cas :
Tiens cette bague, et ne la lâches;
Car, tandis qu'au doigt tu l'auras,
Ce que tu crains point ne seras,
Point ne seras sans que le saches.
— Trop ne puis vous remercier,
Dit Carvel; la faveur est grande :
Monsieur Satan, Dieu vous le rende!
Grand merci, monsieur l'aumônier!
Là-dessus, achevant son somme,
Et les yeux encore aggravés [1],
Il se trouva que le bon homme
Avoit le doigt où vous savez.

1. Appesantis.

XIII

LE GASCON PUNI

NOUVELLE[1]

    Un Gascon, pour s'être vanté
    De posséder certaine belle,
    Fut puni de sa vanité
    D'une façon assez nouvelle.
Il se vantoit à faux, et ne possédoit rien.
Mais quoi! tout médisant est prophète en ce monde
On croit le mal d'abord; mais à l'égard du bien,
    Il faut que la vue en réponde.
La dame cependant du Gascon se moquoit;
Même au logis pour lui rarement elle étoit;
    Et bien souvent qu'il la traitoit
    D'incomparable et de divine,
    La belle aussitôt s'enfuyoit,
    S'allant sauver chez sa voisine.
Elle avait nom Philis; son voisin, Eurilas;
La voisine, Chloris; le Gascon, Dorilas;
Un sien ami, Damon : c'est tout, si j'ai mémoire.

---

1. La Fontaine n'a point dit où il avoit pris l'idée de ce conte, parce que de son temps personne n'ignoroit qu'il formoit un des épisodes les plus plaisants de la nouvelle de Scarron intitulée *la Précaution inutile*. Scarron l'a trouvée dans Bonaventure des Periers.

Ce Damon, de Chloris, à ce que dit l'histoire,
Étoit amant aimé, galant, comme on voudra,
Quelque chose de plus encor que tout cela.
Pour Philis, son humeur libre, gaie et sincère,
    Montroit qu'elle étoit sans affaire,
    Sans secret, et sans passion.
On ignoroit le prix de sa possession :
Seulement à l'user chacun la croyoit bonne.
Elle approchoit vingt ans, et venoit d'enterrer
Un mari, de ceux-là que l'on perd sans pleurer,
Vieux barbon qui laissoit d'écus plein une tonne.
    En mille endroits de sa personne
La belle avoit de quoi mettre un Gascon aux cieux,
    Des attraits par-dessus les yeux,
    Je ne sais quel air de pucelle,
    Mais le cœur tant soit peu rebelle,
Rebelle toutefois de la bonne façon :
    Voilà Philis. Quant au Gascon,
    Il était Gascon, c'est tout dire.
    Je laisse à penser si le sire
Importuna la veuve, et s'il fit des serments.
    Ceux des Gascons et des Normands
    Passent peu pour mots d'évangile.
    C'étoit pourtant chose facile
De croire Dorilas de Philis amoureux ;
Mais il vouloit aussi que l'on le crût heureux.
Philis, dissimulant, dit un jour à cet homme :
    « Je veux un service de vous :
    Ce n'est pas d'aller jusqu'à Rome ;
C'est que vous nous aidiez à tromper un jaloux.
La chose est sans péril, et même fort aisée.
    Nous voulons que cette nuit-ci
    Vous couchiez avec le mari
    De Chloris qui m'en a priée.
    Avec Damon s'étant brouillée,

Il leur faut une nuit entière et par-delà,
Pour démêler entre eux tout ce différend-là.
　　Notre but est qu'Eurilas pense,
Vous sentant près de lui, que ce soit sa moitié.
Il ne lui touche point, vit dedans l'abstinence,
Et, soit par jalousie ou bien par impuissance,
A retranché d'hymen certains droits d'amitié;
　　Ronfle toujours, fait la nuit d'une traite:
C'est assez qu'en son lit il trouve une cornette.
Nous vous ajusterons: enfin ne craignez rien;
　　Je vous récompenserai bien. »

Pour se rendre Philis un peu plus favorable,
Le Gascon eût couché, dit-il, avec le diable.
La nuit vient: on le coiffe; on le met au grand lit;
On éteint les flambeaux; Eurilas prend sa place :
　　Du Gascon la peur se saisit;
　　Il devient aussi froid que glace;
　　N'oseroit tousser ni cracher,
　　Beaucoup moins encor s'approcher;
Se fait petit, se serre, au bord se va nicher,
Et ne tient que moitié de la rive occupée;
Je crois qu'on l'auroit mis dans un fourreau d'épée.
Son coucheur, cette nuit, se retourna cent fois;
Et jusque sur le nez lui porta certains doigts
　　Que la peur lui fit trouver rudes.
　　Le pis de ses inquiétudes,
C'est qu'il craignoit qu'enfin un caprice amoureux
Ne prît à ce mari: tels cas sont dangereux,
Lorsque l'un des conjoints se sent privé du somme.
Toujours nouveaux sujets alarmoient le pauvre homme:
L'on approchoit un pied, l'on étendoit un bras,
Il crut même sentir la barbe d'Eurilas.

Mais voici quelque chose à mon sens de terrible.

Une sonnette étoit près du chevet du lit :
Eurilas, de sonner, et faire un bruit horrible.
    Le Gascon se pâme à ce bruit,
    Cette fois-là se croit détruit,
    Fait un vœu, renonce à sa dame,
    Et songe au salut de son âme.
Personne ne venant, Eurilas s'endormit.
    Avant qu'il fût jour, on ouvrit ;
Philis l'avoit promis : quand voici de plus belle
    Un flambeau, comble de tous maux.
    Le Gascon, après ces travaux,
    Se fût bien levé sans chandelle.
Sa perte étoit alors un point tout assuré.
On approche du lit. Le pauvre homme éclairé
    Prie Eurilas qu'il lui pardonne.
    « Je le veux, » dit une personne
    D'un ton de voix rempli d'appas.
    C'étoit Philis, qui d'Eurilas
Avoit tenu la place, et qui sans trop attendre
    Tout en chemise s'alla rendre
Dans les bras de Chloris qu'accompagnoit Damon :
C'étoit, dis-je, Philis, qui conta du Gascon
    La peine et la frayeur extrême,
Et qui, pour l'obliger à se tuer soi-même,
    Et lui montrant ce qu'il avoit perdu,
    Laissoit son sein à demi nu.

XIV

LA FIANCÉE DU ROI DE GARBE

NOUVELLE[1]

Il n'est rien qu'on ne conte en diverses façons;
On abuse du vrai comme on fait de la feinte :
Je le souffre aux récits qui passent pour chansons;
Chacun y met du sien sans scrupule et sans crainte
Mais, aux événements de qui la vérité
  Importe à la postérité,
  Tels abus méritent censure.
Le fait d'Alaciel est d'une autre nature.
Je me suis écarté de mon original.
On en pourra gloser; on pourra me mécroire :
  Tout cela n'est pas un grand mal;
  Alaciel et sa mémoire
Ne sauroient guère perdre à tout ce changement.
J'ai suivi mon auteur en deux points seulement,
  Points qui font véritablement
  Le plus important de l'histoire :
L'un est que par huit mains Alaciel passa
  Avant que d'entrer dans la bonne;
L'autre, que son fiancé ne s'en embarrassa,

[1] Tirée de Boccace, giornata II. novella.

Ayant peut-être en sa personne
De quoi négliger ce point-là.
Quoi qu'il en soit, la belle, en ses traverses,
Accidents, fortunes diverses,
Eut beaucoup à souffrir, beaucoup à travailler,
Changea huit fois de chevalier.
Il ne faut pas pour cela qu'on l'accuse :
Ce n'étoit, après tout, que bonne intention,
Gratitude ou compassion,
Crainte de pis, honnête excuse.
Elle n'en plut pas moins aux yeux de son fiancé.
Veuve de huit galants, il la prit pour pucelle ;
Et, dans son erreur, par la belle
Apparemment il fut laissé.
Qu'on y puisse être pris, la chose est toute claire ;
Mais après huit, c'est une étrange affaire !
Je me rapporte de cela
A quiconque a passé par là.

Zaïr, soudan d'Alexandrie,
Aima sa fille Alaciel
Un peu plus que sa propre vie.
Aussi ce qu'on se peut figurer sous le ciel
De bon, de beau, de charmant et d'aimable,
D'accommodant, j'y mets encor ce point,
La rendoit d'autant estimable :
En cela je n'augmente point.
Au bruit qui couroit d'elle en toutes ses provinces
Mamolin, roi de Garbe, en devint amoureux.
Il la fit demander, et fut assez heureux
Pour l'emporter sur d'autres princes.
La belle aimoit déjà ; mais on n'en savoit rien :
Filles de sang royal ne se déclarent guères ;
Tout se passe en leur cœur : cela les fâche bien ;
Car elles sont de chair ainsi que les bergères.

Hispal, jeune seigneur de la cour du soudan,
Bien fait, plein de mérite, honneur de l'alcoran,
Plaisoit fort à la dame; et d'un commun martyre
    Tous deux brûloient, sans oser se le dire;
Ou, s'ils se le disoient, ce n'étoit que des yeux.
Comme ils en étoient là, l'on accorda la belle.
Il fallut se résoudre à partir de ces lieux.
Zaïr fit embarquer son amant avec elle.
S'en fier à quelque autre eût peut-être été mieux.
Après huit jours de traite, un vaisseau de corsaires,
    Ayant pris le dessus du vent,
    Les attaqua: le combat fut sanglant;
Chacun des deux partis y fit mal ses affaires.
    Les assaillants, faits aux combats de mer,
Étoient les plus experts en l'art de massacrer;
Joignoient l'adresse au nombre : Hispal par sa vaillance
    Tenoit les choses en balance.
Vingt corsaires pourtant montèrent sur son bord.
    Grifonio le gigantesque
    Conduisoit l'horreur et la mort
    Avecque cette soldatesque.
Hispal en un moment se vit environné :
Maint corsaire sentit son bras déterminé :
De ses yeux il sortoit des éclairs et des flammes.
Cependant qu'il étoit au combat acharné,
Grifonio courut à la chambre des femmes.
Il savoit que l'infante étoit dans ce vaisseau;
Et, l'ayant destinée à ses plaisirs infâmes,
    Il l'emportoit comme un moineau :
Mais la charge pour lui n'étant pas suffisante,
    Il prit aussi la cassette aux bijoux,
    Aux diamants, aux témoignages doux
        Que reçoit et garde une amante:
        Car quelqu'un m'a dit, entre nous,
Qu'Hispal en ce voyage avait fait à l'infante

8

Un aveu dont d'abord elle parut contente,
Faute d'avoir le temps de se mettre en courroux.

Le malheureux corsaire, emportant cette proie,
    N'en eut pas longtemps de la joie.
    Un des vaisseaux, quoiqu'il fût accroché,
        S'étant quelque peu détaché,
Comme Grifonio passoit d'un bord à l'autre,
Un pied sur son navire, un sur celui d'Hispal,
Le héros d'un revers coupe en deux l'animal :
Part du tronc tombe en l'eau, disant sa patenôtre,
Et reniant Mahom, Jupin et Tarvagant [1],
Avec maint autre dieu non moins extravagant ;
Part demeure sur pied en la même posture.
    On auroit ri de l'aventure
Si la belle avec lui n'eût tombé dedans l'eau.
Hispal se jette après : l'un et l'autre vaisseau,
Malmené du combat et privé de pilote,
    Au gré d'Éole et de Neptune flotte.
La mort fit lâcher prise au géant pourfendu.
L'infante, par sa robe en tombant soutenue,
        Fut bientôt d'Hispal secourue.
Nager vers les vaisseaux eût été temps perdu ;
        Ils étoient presque à demi-mille :
        Ce qu'il jugea de plus facile,
        Fut de gagner certains rochers
Qui d'ordinaire étoient la perte des nochers,
Et furent le salut d'Hispal et de l'infante.
Aucuns ont assuré, comme chose constante,
Que même du péril la cassette échappa ;
        Qu'à des cordons étant pendue,
        La belle après soi la tira :
        Autrement, elle étoit perdue.

1. Divinité des Gaulois.

Notre nageur avoit l'infante sur son dos.
Le premier roc gagné, non pas sans quelque peine,
La crainte de la faim suivit celle des flots;
Nul vaisseau ne parut sur la liquide plaine.
   Le jour s'achève; il se passe une nuit;
Point de vaisseau près d'eux par le hasard conduit;
     Point de quoi manger sur ces roches.
     Voilà notre couple réduit
A sentir de la faim les premières approches;
Tous deux privés d'espoir, d'autant plus malheureux
     Qu'aimés aussi bien qu'amoureux
Ils perdoient doublement en leur mésaventure.
Après s'être longtemps regardés sans parler:
« Hispal, dit la princesse, il se faut consoler;
Les pleurs ne peuvent rien près de la Parque dure;
Nous n'en mourrons pas moins: mais il dépend de nous
     D'adoucir l'aigreur de ses coups;
C'est tout ce qui nous reste en ce malheur extrême.
— Se consoler! dit-il; le peut-on, quand on aime?
Ah! si... Mais non, madame, il n'est pas à propos
   Que vous aimiez; vous seriez trop à plaindre.
Je brave, à mon égard, et la faim et les flots:
Mais, jetant l'œil sur vous, je trouve tout à craindre. »
La princesse, à ces mots, ne se put plus contraindre:
    Pleurs de couler, soupirs d'être poussés,
     Regards d'être au ciel adressés;
   Et puis sanglots, et puis soupirs encore.
En ce même langage Hispal lui repartit,
     Tant qu'enfin un baiser suivit:
S'il fut pris ou donné, c'est ce que l'on ignore.

     Après force vœux impuissants,
   Le héros dit : « Puisqu'en cette aventure
     Mourir nous est chose si sûre,
Qu'importe que nos corps des oiseaux ravissants

Ou des monstres marins deviennent la pâture?
Sépulture pour sépulture,
La mer est égale, à mon sens.
Qu'attendons-nous ici qu'une fin languissante?
Seroit-il point plus à propos
De nous abandonner aux flots?
J'ai de la force encor; la côte est peu distante;
Le vent y pousse; essayons d'approcher;
Passons de rocher en rocher :
J'en vois beaucoup où je puis prendre haleine. »
Alaciel s'y résolut sans peine.

Les revoilà sur l'onde ainsi qu'auparavant,
La cassette en laisse suivant,
Et le nageur, poussé du vent,
De roc en roc portant la belle :
Façon de naviguer nouvelle.
Avec l'aide du ciel et de ces reposoirs,
Et du dieu qui préside aux liquides manoirs,
Hispal, n'en pouvant plus de faim, de lassitude,
De travail et d'inquiétude
(Non pour lui, mais pour ses amours),
Après avoir jeûné deux jours,
Prit terre à la dixième traite,
Lui, la princesse, et la cassette.

Pourquoi, me dira-t-on, nous ramener toujours
Cette cassette? est-ce une circonstance
Qui soit de si grande importance?
Oui, selon mon avis; on va voir si j'ai tort.
Je ne prends point ici l'essor,
Ni n'affecte de railleries.
Si j'avois mis nos gens à bord
Sans argent et sans pierreries,
Seroient-ils pas demeurés court?

On ne vit ni d'air ni d'amour.
Les amants ont beau dire et faire,
Il en faut revenir toujours au nécessaire.
La cassette y pourvut avec main diamant.
Hispal vendit les uns, mit les autres en gages ;
Fit achat d'un château le long de ces rivages :
Ce château, dit l'histoire, avoit un parc fort grand ;
 Ce parc, un bois ; ce bois, de beaux ombrages ;
  Sous ces ombrages nos amants
  Passoient d'agréables moments.
Voyez combien voilà de choses enchaînées,
  Et par la cassette amenées !

Or, au fond de ce bois, un certain antre étoit,
 Sourd et muet, et d'amoureuse affaire ;
 Sombre surtout : la nature sembloit
 L'avoir mis là non pour autre mystère.
 Nos deux amants se promenant un jour,
 Il arriva que ce fripon d'Amour
 Guida leurs pas vers ce lieu solitaire.
Chemin faisant, Hispal expliquoit ses désirs,
Moitié par ses discours, moitié par ses soupirs,
 Plein d'une ardeur impatiente :
La princesse écoutoit, incertaine et tremblante.
« Nous voici, disoit-il, en un bord étranger,
 Ignorés du reste des hommes ;
 Profitons-en ; nous n'avons à songer
Qu'aux douceurs de l'amour, en l'état où nous sommes.
 Qui vous retient ? on ne sait seulement
 Si nous vivons ; peut-être en ce moment
Tout le monde nous croit au corps d'une baleine.
 Ou favorisez votre amant,
 Ou qu'à votre époux il vous mène.
Mais pourquoi vous mener ? vous pouvez rendre heureux
Celui dont vous avez éprouvé la constance.

Qu'attendez-vous pour soulager ses feux ?
N'est-il point assez amoureux ?
Et n'avez-vous point fait assez de résistance ? »

Hispal haranguoit de façon
Qu'il auroit échauffé des marbres,
Tandis qu'Alaciel, à l'aide d'un poinçon,
Faisoit semblant d'écrire sur les arbres.
Mais l'amour la faisoit rêver
A d'autres choses qu'à graver
Des caractères sur l'écorce.
Son amant et le lieu l'assuroient du secret :
C'étoit une puissante amorce.
Elle résistoit à regret :
Le printemps, par malheur, étoit lors dans sa force.
Jeunes cœurs sont bien empêchés
A tenir leurs désirs cachés,
Étant pris par tant de manières.
Combien en voyons-nous se laisser pas à pas
Ravir jusqu'aux faveurs dernières,
Qui dans l'abord ne croyoient pas
Pouvoir accorder les premières !
Amour, sans qu'on y pense, amène ces instants :
Mainte fille a perdu ses gants,
Et femme au partir s'est trouvée,
Qui ne sait la plupart du temps
Comme la chose est arrivée.

Près de l'antre venus, notre amant proposa
D'entrer dedans. La belle s'excusa,
Mais malgré soi déjà presque vaincue.
Les services d'Hispal en ce même moment
Lui reviennent devant la vue :
Ses jours sauvés des flots, son honneur d'un géant.
Que lui demandoit son amant ?

Un bien dont elle étoit à sa valeur tenue :
« Il vaut mieux, disoit-il, vous en faire un ami,
Que d'attendre qu'un homme à la mine hagarde
Vous le vienne enlever : madame, songez-y ;
  L'on ne sait pour qui l'on le garde. »
L'infante à ces raisons se rendant à demi,
  Une pluie acheva l'affaire.
  Il fallut se mettre à l'abri :
Je laisse à penser où. Le reste du mystère,
  Au fond de l'antre est demeuré.
Que l'on la blâme ou non, je sais plus d'une belle
  A qui ce fait est arrivé,
Sans en avoir moitié d'autant d'excuses qu'elle.

L'antre ne les vit seul de ces douceurs jouir :
Rien ne coûte en amour que la première peine.
Si les arbres parloient, il feroit bel ouïr
  Ceux de ce bois ; car la forêt n'est pleine
  Que des monuments amoureux
Qu'Hispal nous a laissés, glorieux de sa proie.
On y verroit écrit : « Ici, pâma de joie
  Des mortels le plus heureux :
Là, mourut un amant sur le sein de sa dame :
  En cet endroit, mille baisers de flamme
  Furent donnés, et mille autres rendus. »
Le parc diroit beaucoup, le château beaucoup plus,
  Si châteaux avoient une langue.
La chose en vint au point que, las de tant d'amour,
Nos amants à la fin regrettèrent la cour.
La belle s'en ouvrit, et voici sa harangue :
« Vous m'êtes cher, Hispal ; j'aurois du déplaisir
Si vous ne pensiez pas que toujours je vous aime.
Mais qu'est-ce qu'un amour sans crainte et sans désir ?
  Je vous le demande à vous-même.
  Ce sont des feux bientôt passés

Que ceux qui ne sont point dans leur cours traversés :
　　Il y faut un peu de contrainte.
Je crains fort qu'à la fin ce séjour si charmant
Ne nous soit un désert, et puis un monument.
　　　Hispal, ôtez-moi cette crainte.
　　　Allez-vous-en voir promptement
Ce qu'on croira de moi dedans Alexandrie,
　　Quand on saura que nous sommes en vie.
　　　Déguisez bien notre séjour :
Dites que vous venez préparer mon retour,
Et faire qu'on m'envoie une escorte si sûre,
　　　Qu'il n'arrive plus d'aventure.
　　　Croyez-moi, vous n'y perdrez rien ;
　　　Trouvez seulement le moyen
　　　De me suivre en ma destinée
　　　Ou de fillage[1], ou d'hyménée ;
　　　Et tenez pour chose assurée
　　　Que, si je ne vous fais du bien,
　　　Je serai de près éclairée. »

　　　Que ce fût ou non son dessein,
Pour se servir d'Hispal il falloit tout promettre.
Dès qu'il trouve à propos de se mettre en chemin,
L'infante pour Zaïr le charge d'une lettre.
Il s'embarque, il fait voile ; il vogue, il a bon vent.
Il arrive à la cour, où chacun lui demande
　　　S'il est mort, s'il est vivant,
　　　Tant la surprise fut grande ;
En quels lieux est l'infante, enfin ce qu'elle fait.

　　　Dès qu'il eut à tout satisfait,
　　On fit partir une escorte puissante.
Hispal fut retenu ; non qu'on eût, en effet,

1. Célibat

Le moindre soupçon de l'infante.
Le chef de cette escorte étoit jeune et bien fait.
Abordé près du parc, avant tout il partage
    Sa troupe en deux, laisse l'une au rivage,
    Va droit avec l'autre au château.
La beauté de l'infante étoit beaucoup accrue :
Il en devint épris à la première vue ;
Mais tellement épris, qu'attendant qu'il fît beau,
Pour ne point perdre temps, il lui dit sa pensée.
    Elle s'en tint fort offensée,
    Et l'avertit de son devoir.
Témoigner en tel cas un peu de désespoir
    Est quelquefois une bonne recette.
C'est ce que fait notre homme : il forme le dessein
    De se laisser mourir de faim ;
Car de se poignarder, la chose est trop tôt faite :
    On n'a pas le temps d'en venir
        Au repentir.
D'abord Alaciel rioit de sa sottise.
Un jour se passe entier, lui sans cesse jeûnant,
    Elle toujours le détournant
    D'une si terrible entreprise.
Le second jour commence à la toucher.
    Elle rêve à cette aventure.
Laisser mourir un homme, et pouvoir l'empêcher,
    C'est avoir l'âme un peu trop dure !
    Par pitié donc elle condescendit
        Aux volontés du capitaine,
        Et cet office lui rendit
Gaiement, de bonne grâce, et sans montrer de peine
Autrement le remède eût été sans effet.
Tandis que le galant se trouve satisfait,
    Et remet les autres affaires,
    Disant tantôt que les vents sont contraires,
    Tantôt qu'il faut radouber ses galères

Pour être en état de partir;
Tantôt qu'on vient de l'avertir
　Qu'il est attendu des corsaires :
Un corsaire, en effet, arrive, et surprenant
　Ses gens demeurés à la rade,
Les tue, et va donner au château l'escalade :
Du fier Grifonio c'étoit le lieutenant.
　Il prend le château d'emblée.
　Voilà la fête troublée.
　Le jeûneur maudit son sort.
　Le corsaire apprend d'abord
　L'aventure de la belle ;
　Et, la tirant à l'écart,
　Il en veut avoir sa part.
　Elle fit fort la rebelle.
　Il ne s'en étonna pas,
　N'étant novice en tel cas.
　« Le mieux que vous puissiez faire,
　Lui dit tout franc ce corsaire,
　C'est de m'avoir pour ami ;
　Je suis corsaire et demi.
Vous avez fait jeûner un pauvre misérable
　Qui se mouroit pour vous d'amour ;
　Vous jeûnerez à votre tour,
　Ou vous me serez favorable.
La justice le veut : nous autres gens de mer
Savons rendre à chacun selon ce qu'il mérite ;
　Attendez-vous de n'avoir à manger
Que quand de ce côté vous aurez été quitte.
Ne marchandez point tant, madame, et croyez-moi ! »
Qu'eût fait Alaciel? force n'a point de loi.
S'accommoder à tout est chose nécessaire.
Ce qu'on ne voudroit pas, souvent il le faut faire,
Quand il plaît au destin que l'on en vienne là ;
Augmenter sa souffrance est une erreur extrême :

Si par pitié d'autrui la belle se força,
Que ne point essayer par pitié de soi-même?
Elle se force donc, et prend en gré le tout.
Il n'est affliction dont on ne vienne à bout.
  Si le corsaire eût été sage,
Il eût mené l'infante en un autre rivage.
  Sage en amour? hélas! il n'en est point.
Tandis que celui-ci croit avoir tout à point,
  Vent pour partir, lieu propre pour attendre,
Fortune, qui ne dort que lorsque nous veillons,
  Et veille quand nous sommeillons,
  Lui trame en secret cet esclandre.

Le seigneur d'un château voisin de celui-ci,
  Homme fort ami de la joie,
  Sans nulle attache, et sans souci
Que de chercher toujours quelque nouvelle proie,
  Ayant eu le vent des beautés,
  Perfections, commodités,
  Qu'en sa voisine on disoit être,
Ne songeoit nuit et jour qu'à s'en rendre le maître :
Il avoit des amis, de l'argent, du crédit,
  Pouvoit assembler deux mille hommes.
Il les assemble donc un beau jour, et leur dit :
 « Souffrirons-nous, braves gens que nous sommes,
Qu'un pirate à nos yeux se gorge de butin,
Qu'il traite comme esclave une beauté divine?
  Allons tirer notre voisine
  D'entre les griffes du mâtin.
  Que ce soir chacun soit en armes,
Mais doucement, et sans donner d'alarmes :
  Sous les auspices de la nuit,
  Nous pourrons nous rendre sans bruit
Au pied de ce château, dès la petite pointe
  Du jour.

La surprise, à l'ombre étant jointe,
Nous rendra sans hasard maîtres de ce séjour.
Pour ma part du butin je ne veux que la dame :
Non pas pour en user ainsi que ce voleur ;
  Je me sens un désir en l'âme
De lui restituer ses biens et son honneur.
Tout le reste est à vous, hommes, chevaux, bagage,
Vivres, munitions, enfin tout l'équipage
 Dont ces brigands ont empli la maison.
  Je vous demande encore un don :
C'est qu'on pende aux créneaux, haut et court, le corsaire. »
  Cette harangue militaire
  Leur sut tant d'ardeur inspirer,
Qu'il en fallut une autre afin de modérer
  Le trop grand désir de bien faire.
 Chacun repaît, le soir étant venu :
 L'on mange peu, l'on boit en récompense :
  Quelques tonneaux sont mis sur cu.
  Pour avoir fait cette dépense,
  Il s'est gagné plusieurs combats
  Tant en Allemagne qu'en France.
  Ce seigneur donc n'y manqua pas ;
  Et ce fut un trait de prudence.
Mainte échelle est portée, et point d'autre embarras,
 Point de tambours, force bons coutelas ;
 On part sans bruit, on arrive en silence.
  L'orient venoit de s'ouvrir :
C'est un temps où le somme est dans sa violence,
Et qui par sa fraîcheur nous contraint de dormir.
  Presque tout le peuple corsaire,
 Du sommeil à la mort n'ayant qu'un pas à faire,
  Fut assommé sans le sentir.

 Le chef pendu, l'on amène l'infante.
  Son peu d'amour pour le voleur,

Sa surprise et son épouvante,
Et les civilités de son libérateur,
Ne lui permirent pas de répandre des larmes.
Sa prière sauva la vie à quelques gens.
Elle plaignit les morts, consola les mourants,
Puis quitta sans regret ces lieux remplis d'alarmes.
  On dit même qu'en peu de temps
   Elle perdit la mémoire
   De ses deux derniers galants :
   Je n'ai pas peine à le croire.
Son voisin la reçut en un appartement
 Tout brillant d'or et meublé richement.
On peut s'imaginer l'ordre qu'il y fit mettre :
   Nouvel hôte et nouvel amant,
   Ce n'étoit pas pour rien omettre :
Grande chère surtout, et des vins fort exquis :
  Les dieux ne sont pas mieux servis.
   Alaciel, qui de sa vie,
   Selon sa loi, n'avoit bu vin,
   Goûta ce soir, par compagnie,
   De ce breuvage si divin.
Elle ignoroit l'effet d'une liqueur si douce ;
  Insensiblement fit carrousse [1] :
Et comme amour jadis lui troubla la raison,
  Ce fut lors un autre poison.
  Tous deux sont à craindre des dames.
Alaciel mise au lit par ses femmes,
Ce bon seigneur s'en fut la trouver tout d'un pas.
« Quoi trouver ? dira-t-on ; d'immobiles appas ?
— Si j'en trouvois autant, je saurois bien qu'en faire,
  Disait l'autre jour un certain :

---

1. C'est-à-dire but jusqu'à ce qu'on eût vidé les bouteilles, ou jusqu'à perdre la raison. *Carrousse* est dérivé du mot allemand *garauss* (garaous), qui signifie *fin, issue, ruine,* ou *perte totale.*

Qu'il me vienne une même affaire,
On verra si j'aurai recours à mon voisin. »
Bacchus donc, et Morphée, et l'hôte de la belle,
 Cette nuit disposèrent d'elle.
Les charmes des premiers, dissipés à la fin,
 La princesse, au sortir du somme,
 Se trouva dans les bras d'un homme.
 La frayeur lui glaça la voix :
Elle ne put crier, et de crainte saisie
Permit tout à son hôte, et pour une autre fois
 Lui laissa lier la partie.
« Une nuit, lui dit-il, est de même que cent ;
Ce n'est que la première à quoi l'on trouve à dire. »
Alaciel le crut. L'hôte enfin, se lassant,
 Pour d'autres conquêtes soupire.

 Il part un soir, prie un de ses amis
De faire cette nuit les honneurs du logis,
 Prendre sa place, aller trouver la belle,
Pendant l'obscurité se coucher auprès d'elle,
 Ne point parler ; qu'il étoit fort aisé ;
Et qu'en s'acquittant bien de l'emploi proposé,
L'infante assurément agréeroit son service.
L'autre bien volontiers lui rendit cet office :
Le moyen qu'un ami puisse être refusé !
A ce nouveau venu la voilà donc en proie.
Il ne put sans parler contenir cette joie.
La belle se plaignit d'être ainsi leur jouet :
 « Comment l'entend monsieur mon hôte ?
Dit-elle, et de quel droit me donner comme il fait ? »
 L'autre confessa qu'en effet
 Ils avoient tort ; mais que toute la faute
 Étoit au maître du logis.
 « Pour vous venger de son mépris,
Poursuivit-il, comblez-moi de caresses ;

Enchérissez sur les tendresses
Que vous eûtes pour lui tant qu'il fut votre amant :
Aimez-moi par dépit et par ressentiment,
 Si vous ne pouvez autrement. »
Son conseil fut suivi ; l'on poussa les affaires,
 L'on se vengea ; l'on n'omit rien.
 Que si l'ami s'en trouva bien,
 L'hôte ne s'en tourmenta guères.
 Et de cinq, si j'ai bien compté.
Le sixième incident des travaux de l'infante
 Par quelques-uns est rapporté
 D'une manière différente.
 Force gens concluront de là
Que d'un galant au moins je fais grâce à la belle.
 C'est médisance que cela ;
 Je ne voudrois mentir pour elle :
 Son époux n'eut assurément
 Que huit précurseurs seulement.

 Poursuivons donc notre nouvelle.
 L'hôte revint quand l'ami fut content.
 Alaciel, lui pardonnant,
 Fit entre eux les choses égales.
La clémence sied bien aux personnes royales.
Ainsi de main en main Alaciel passoit,
 Et souvent se divertissoit
 Aux menus ouvrages des filles
 Qui la servoient, toutes assez gentilles.
Elle en aimoit fort une à qui l'on en contoit ;
Et le conteur étoit un certain gentilhomme
 De ce logis, bien fait et galant homme,
 Mais violent dans ses désirs,
 Et grand ménager de soupirs,
Jusques à commencer, près de la plus sévère,
 Par où l'on finit d'ordinaire.

Un jour, au bout du parc, le galant rencontra
    Cette fillette;
Et dans un pavillon fit tant, qu'il l'attira
    Toute seulette.
    L'infante étoit fort près de là ;
Mais il ne la vit point, et crut en assurance
    Pouvoir user de violence.
Sa médisante humeur, grand obstacle aux faveurs,
    Peste d'amour et des douceurs
    Dont il tire sa subsistance,
Avoit de ce galant souvent grêlé[1] l'espoir
La crainte lui nuisoit autant que le devoir.
Cette fille l'auroit selon toute apparence
    Favorisé,
    Si la belle eût osé.
    Se voyant craint de cette sorte,
    Il fit tant qu'en ce pavillon
    Elle entra par occasion :
    Puis le galant ferme la porte ;
Mais en vain, car l'infante avoit de quoi l'ouvrir.
La fille voit sa faute, et tâche de sortir ;
    Il la retient; elle crie, elle appelle :
L'infante vient, et vient comme il falloit,
Quand sur ses fins la demoiselle étoit.
Le galant, indigné de la manquer si belle,
    Perd tout respect, et jure par les dieux
    Qu'avant que sortir de ces lieux
    L'une ou l'autre paiera sa peine,
Quand il devroit leur attacher les mains.
    « Si loin de tous secours humains,
    Dit-il, la résistance est vaine.
    Tirez au sort sans marchander ;
    Je ne saurois vous accorder

---

1. Détruit.

Que cette grâce :
Il faut que l'une ou l'autre passe
Pour aujourd'hui.
— Qu'a fait madame? dit la belle;
Pâtira-t-elle pour autrui?
— Oui, si le sort tombe sur elle,
Dit le galant; prenez-vous-en à lui.
— Non, non, reprit alors l'infante;
Il ne sera pas dit que l'on ait, moi présente,
Violenté cette innocente.
Je me résous plutôt à toute extrémité. »
Ce combat plein de charité
Fut par le sort à la fin terminé.
L'infante en eut toute la gloire :
Il lui donna sa voix, à ce que dit l'histoire.
L'autre sortit, et l'on jura
De ne rien dire de cela.
Mais le galant se seroit laissé pendre,
Plutôt que de cacher un secret si plaisant;
Et, pour le divulguer, il ne voulut attendre
Que le temps qu'il falloit pour trouver seulement
Quelqu'un qui le voulût entendre

Ce changement de favoris
Devint à l'infante une peine;
Elle eut regret d'être l'Hélène
D'un si grand nombre de Pâris.
Aussi l'Amour se jouoit d'elle.
Un jour, entre autres, que la belle
Dans un bois dormoit à l'écart,
Il s'y rencontra par hasard
Un chevalier errant, grand chercheur d'aventures,
De ces sortes de gens que sur des palefrois
Les belles suivoient autrefois,
Et passoient pour chastes et pures.

Celui-ci, qui donnoit à ses désirs l'essor,
Comme faisoient jadis Roger et Galaor,
    N'eut vu la princesse endormie,
Que de prendre un baiser il forma le dessein :
Tout prêt à faire choix de la bouche ou du sein,
Il étoit sur le point d'en passer son envie,
    Quand tout d'un coup il se souvint
    Des lois de la chevalerie.
    A ce penser il se retint,
    Priant toutefois en son âme
    Toutes les puissances d'amour
    Qu'il pût courir en ce séjour
    Quelque aventure avec la dame.
L'infante s'éveilla, surprise au dernier point.
    « Non, non, dit-il, ne craignez point;
    Je ne suis géant ni sauvage,
Mais chevalier errant, qui rends grâces aux dieux
    D'avoir trouvé dans ce bocage
Ce qu'à peine on pourroit rencontrer dans les cieux. »
Après ce compliment, sans plus longue demeure,
Il lui dit en deux mots l'ardeur qui l'embrasoit :
    C'étoit un homme qui faisoit
    Beaucoup de chemin en peu d'heure.
Le refrain fut d'offrir sa personne et son bras,
    Et tout ce qu'en semblable cas
    On a coutume de dire
    A celle pour qui l'on soupire.
Son offre fut reçue, et la belle lui fit
    Un long roman de son histoire.
    Supprimant, comme l'on peut croire,
Les six galants. L'aventurier en prit
    Ce qu'il crut à propos d'en prendre;
Et comme Alaciel de son sort se plaignit,
    Cet inconnu s'engagea de la rendre
Chez Zaïr ou dans Garbe, avant qu'il fût un mois.

« Dans Garbe? non, reprit-elle, et pour cause :
 Si les dieux avoient mis la chose
 Jusques à présent à mon choix,
J'aurois voulu revoir Zaïr et ma patrie.
 — Pourvu qu'Amour me prête vie,
Vous les verrez, dit-il. C'est seulement à vous
 D'apporter remède à vos coups,
 Et consentir que mon ardeur s'apaise :
 Si j'en mourois, (à vos bontés ne plaise!)
Vous demeureriez seule; et, pour vous parler franc,
 Je tiens ce service assez grand
 Pour me flatter d'une espérance
 De récompense. »
Elle en tomba d'accord, promit quelques douceurs,
 Convint du nombre de faveurs
 Qu'afin que la chose fût sûre,
 Cette princesse lui paieroit,
 Non tout d'un coup, mais à mesure
 Que le voyage se feroit,
 Tant chaque jour, sans nulle faute.
 Le marché s'étant ainsi fait,
 La princesse en croupe se met
 Sans prendre congé de son hôte.
 L'inconnu, qui pour quelque temps,
 S'étoit défait de tous ses gens,
Les rencontra bientôt. Il avoit dans sa troupe
Un sien neveu fort jeune, avec son gouverneur.
Notre héroïne prend, en descendant de croupe,
 Un palefroi. Cependant le seigneur
 Marche toujours à côté d'elle.
 Tantôt lui conte une nouvelle,
 Et tantôt lui parle d'amour,
 Pour rendre le chemin plus court.

Avec beaucoup de foi le traité s'exécute

Pas la moindre ombre de dispute :
Point de faute au calcul, non plus qu'entre marchands.
De faveur en faveur (ainsi comptoient ces gens)
Jusqu'au bord de la mer enfin ils arrivèrent,
  Et s'embarquèrent.
 Cet élément ne leur fut pas moins doux
Que l'autre avoit été; certain calme, au contraire,
Prolongeant le chemin, augmenta le salaire.
 Sains et gaillards ils débarquèrent tous
  Au port de Joppe, et là se rafraîchirent;
   Au bout de deux jours en partirent
   Sans autre escorte que leur train.
  Ce fut aux brigands une amorce :
   Un gros d'Arabes en chemin
Les ayant rencontrés, ils cédoient à la force,
Quand notre aventurier fit un dernier effort,
Repoussa les brigands, reçut une blessure
  Qui le mit dans la sépulture,
  Non sur-le-champ; devant sa mort
Il pourvut à la belle, ordonna du voyage,
En chargea son neveu, jeûne homme de courage,
  Lui léguant par même moyen
Le surplus des faveurs, avec son équipage,
  Et tout le reste de son bien.
Quand on fut revenu de toutes ces alarmes,
Et que l'on eut versé certain nombre de larmes,
  On satisfit au testament du mort;
On paya les faveurs, dont enfin la dernière
  Échut justement sur le bord
   De la frontière.
 En cet endroit le neveu la quitta,
  Pour ne donner aucun ombrage;
 Et le gouverneur la guida
  Pendant le reste du voyage.
 Au soudan il la présenta.

D'exprimer ici la tendresse,
Ou, pour mieux dire, les transports
Que témoigna Zaïr en voyant la princesse,
Il faudroit de nouveaux efforts,
Et je n'en puis plus faire : il est bon que j'imite
Phébus qui sur la fin du jour
Tombe d'ordinaire si court,
Qu'on diroit qu'il se précipite.
Le gouverneur aimoit à se faire écouter ;
Ce fut un passe-temps de l'entendre conter
Monts et merveilles de la dame,
Qui rioit sans doute en son âme.

« Seigneur, dit le bonhomme en parlant au soudan,
Hispal étant parti, madame incontinent,
Pour fuir oisiveté, principe de tout vice,
Résolut de vaquer nuit et jour au service
D'un dieu qui chez ces gens a beaucoup de crédit.
Je ne vous aurois jamais dit
Tous ses temples et ses chapelles,
Nommés pour la plupart alcôves et ruelles.
Là les gens pour idole ont un certain oiseau
Qui dans ses portraits est fort beau,
Quoiqu'il n'ait des plumes qu'aux ailes.
Au contraire des autres dieux
Qu'on ne sert que quand on est vieux,
La jeunesse lui sacrifie.
Si vous saviez l'honnête vie
Qu'en le servant menoit madame Alaciel,
Vous béniriez cent fois le ciel
De vous avoir donné fille tant accomplie.
Au reste, en ces pays on vit d'autre façon
Que parmi vous : les belles vont et viennent ;
Point d'eunuques qui les retiennent ;
Les hommes en ces lieux ont tous barbe au menton.

Madame dès l'abord s'est faite à leur méthode,
    Tant elle est de facile humeur;
    Et-je puis dire, à son honneur
    Que de tout elle s'accommode. »

Zaïr étoit ravi. Quelques jours écoulés,
La princesse partit pour Garbe en grande escorte.
Les gens qui la suivoient furent tous régalés
  De beaux présents; et d'une amour si forte
Cette belle toucha le cœur de Mamolin,
Qu'il ne se tenoit pas. On fit un grand festin,
  Pendant lequel, ayant belle audience,
Alaciel conta tout ce qu'elle voulut,
    Dit les mensonges qu'il lui plut.
Mamolin et sa cour écoutoient en silence.
La nuit vint : on porta la reine dans son lit.
    A son honneur elle en sortit :
    Le prince en rendit témoignage.
    Alaciel, à ce qu'on dit,
    N'en demandoit pas davantage.

Ce conte nous apprend que beaucoup de maris
Qui se vantent de voir fort clair en leurs affaires
N'y viennent bien souvent qu'après les favoris,
Et, tout savants qu'ils sont, ne s'y connoissent guères.
Le plus sûr toutefois est de se bien garder,
    Craindre tout, ne rien hasarder.
Filles, maintenez-vous : l'affaire est d'importance.
Rois de Garbe ne sont oiseaux communs en France.
Vous voyez que l'hymen y suit l'accord de près :
    C'est là l'un des plus grands secrets
    Pour empêcher les aventures.
Je tiens vos amitiés fort chastes et fort pures;
Mais Cupidon alors fait d'étranges leçons.
    Rompez-lui toutes ses mesures :

Pourvoyez à la chose aussi bien qu'aux soupçons.
Ne m'allez point conter : « C'est le droit des garçons! »
Les garçons, sans ce droit, ont assez où se prendre.
Si quelqu'une pourtant ne s'en pouvoit défendre,
Le remède sera de rire en son malheur.
 Il est bon de garder sa fleur ;
Mais, pour l'avoir perdue, il ne se faut pas pendre.

XV

L'ERMITE

NOUVELLE TIRÉE DE BOCCACE[1]

Dame Vénus et dame Hypocrisie
Font quelquefois ensemble de bons coups;
Tout homme est homme, et les moines sur tous:
Ce que j'en dis, ce n'est point par envie.
Avez-vous sœur, fille ou femme jolie?
Gardez le froc, c'est un maître gonin[2];
Vous en tenez, s'il tombe sous sa main
Belle qui soit quelque peu simple et neuve.
Pour vous montrer que je ne parle en vain,
Lisez ceci, je ne veux autre preuve.

Un jeune ermite étoit tenu pour saint;
On lui gardoit place dans la légende.
L'homme de Dieu d'une corde étoit ceint,

---

1. Giornata IV, novella II.
2. C'est-à-dire il est fin, rusé. Brantôme parle d'un *maître Gonin*, fameux magicien sous François Ier, et d'un autre maître Gonin, fils du précédent, et beaucoup plus habile, qui vivait sous Charles IX. Le mot *gone*, en ancienne langue romane, signifioit toute sorte d'habillement, et surtout une robe de moine. Je crois que le mot *gonin* en est dérivé.

Pleine de nœuds; mais sous sa houppelande
Logeoit le cœur d'un dangereux paillard.
Un chapelet pendoit à sa ceinture,
Long d'une brasse, et gros outre mesure;
Une clochette étoit de l'autre part.
Au demeurant, il faisoit le cafard;
Se renfermoit, voyant une femelle,
Dedans sa coque, et baissoit la prunelle :
Vous n'auriez dit qu'il eût mangé le lard [1]

Un bourg étoit dedans son voisinage,
Et dans ce bourg une veuve fort sage,
Qui demeuroit tout à l'extrémité.
Elle n'avoit pour tout bien qu'une fille,
Jeune, ingénue, agréable et gentille;
Pucelle encor, mais, à la vérité,
Moins par vertu que par simplicité;
Peu d'entregent, beaucoup d'honnêteté;
D'autre dot point, d'amants pas davantage.
Du temps d'Adam, qu'on naissoit tout vêtu,
Je pense bien que la belle en eût eu,
Car avec rien on montoit un ménage
Il ne falloit matelas ni linceul;
Même le lit n'étoit pas nécessaire.
Ce temps n'est plus; hymen, qui marchoit seul,
Mène à présent à sa suite un notaire.

L'anachorète, en quêtant par le bourg,
Vit cette fille, et dit sous son capuce :
« Voici de quoi! si tu sais quelque tour,
Il te le faut employer, frère Luce. »
Pas n'y manqua : voici comme il s'y prit
Elle logeoit, comme j'ai déjà dit,

---

1. Expression proverbiale qui signifie : Vous l'eussiez cru innocent.

Tout près des champs, dans une maisonnette
Dont la cloison par notre anachorète
Étant percée aisément et sans bruit,
Le compagnon par une belle nuit,
(Belle, non pas : le vent et la tempête
Favorisoient le dessein du galant;)
Une nuit donc, dans le pertuis mettant
Un long cornet tout du haut de la tête
Il leur cria : « Femmes, écoutez-moi. »
A cette voix, toutes pleines d'effroi,
Se blottissant, l'une et l'autre est en transe.
Il continue, et corne à toute outrance :
« Réveillez-vous, créatures de Dieu,
Toi, femme veuve, et toi, fille pucelle;
Allez trouver mon serviteur fidèle
L'ermite Luce, et partez de ce lieu
Demain matin, sans le dire à personne;
Car c'est ainsi que le ciel vous l'ordonne.
Ne craignez point, je conduirai vos pas;
Luce est bénin. Toi, veuve, tu feras
Que de ta fille il ait la compagnie;
Car d'eux doit naître un pape, dont la vie
Réformera tout le peuple chrétien. »

La chose fut tellement prononcée,
Que dans le lit l'une et l'autre enfoncée
Ne laissa pas de l'entendre fort bien.
La peur les tint un quart d'heure en silence.
La fille enfin met le nez hors des draps,
Et puis tirant sa mère par le bras,
Lui dit d'un ton tout rempli d'innocence :
« Mon Dieu! maman, y faudra-t-il aller?
Ma compagnie! hélas! qu'en veut-il faire?
Je ne sais pas comment il faut parler;
Ma cousine Anne est bien mieux son affaire,

Et retiendroit bien mieux tous ses sermons.
— Sotte, tais-toi, lui repartit la mère,
C'est bien cela! va, va, pour ces leçons
Il n'est besoin de tout l'esprit du monde :
Dès la première, ou bien dès la seconde,
Ta cousine Anne en saura moins que toi.
— Oui! dit la fille; eh! mon Dieu! menez-moi :
Partons! bientôt nous reviendrons au gîte.
— Tout doux, reprit la mère en souriant,
Il ne faut pas que nous allions si vite ;
Car que sait-on? le diable est bien méchant
Et bien trompeur. Si c'étoit lui, ma fille,
Qui fût venu pour nous tendre des lacs?
As-tu pris garde? il parloit d'un ton cas [1],
Comme je crois que parle la famille
De Lucifer. Le fait mérite bien
Que, sans courir ni précipiter rien,
Nous nous gardions de nous laisser surprendre.
Si la frayeur t'avoit fait mal entendre...
Pour moi, j'avois l'esprit tout éperdu.
— Non, non, maman, j'ai fort bien entendu,
Dit la fillette. — Or bien, reprit la mère,
Puisque ainsi va, mettons-nous en prière. »

Le lendemain, tout le jour se passa
A raisonner, et par-ci, et par-là,
Sur cette voix et sur cette rencontre.
La nuit venue, arrive le corneur ;
Il leur cria d'un ton à faire peur :
« Femme incrédule, et qui vas à l'encontre
Des volontés de Dieu, ton créateur,
Ne tarde plus, va-t'en trouver l'ermite,

---

1. C'est-à-dire d'un ton cassé ou rauque. *Cas* est ici un adjectif dont le féminin est *casse*.

Ou tu mourras! » La fillette reprit :
« Eh bien, maman! l'avois-je pas bien dit?
Mon Dieu! partons; allons rendre visite
A l'homme saint! je crains tant votre mort,
Que j'y courrois, et tout de mon plus fort,
S'il le falloit. — Allons donc, » dit la mère.
La belle mit son corset des bons jours,
Son demi-ceint [1], ses pendants de velours,
Sans se douter de ce qu'elle alloit faire :
Jeune fillette a toujours soin de plaire.

Notre cagot s'étoit mis aux aguets,
Et, par un trou qu'il avoit fait exprès
A sa cellule, il vouloit que ces femmes
Le pussent voir, comme un brave soldat,
Le fouet en main, toujours en un état
De pénitence et de tirer des flammes
Quelque défunt puni pour ses méfaits;
Faisant si bien, en frappant tout auprès
Qu'on crût ouïr cinquante disciplines.
Il n'ouvrit pas à nos deux pèlerines
Du premier coup; et pendant un moment
Chacune put l'entrevoir s'escrimant
Du saint outil. Enfin la porte s'ouvre;
Mais ce ne fut d'un bon MISERERE.
Le papelard contrefait l'étonné.
Tout en tremblant la veuve lui découvre,
Non sans rougir, le cas comme il étoit.
A six pas d'eux, la fillette attendoit
Le résultat, qui fut que notre ermite
Les renvoya, fit le bon hypocrite.
« Je crains, dit-il, les ruses du malin :
Dispensez-moi; le sexe féminin

1. Ceinture d'argent ou d'autre métal.

L'ERMITE

Ne doit avoir en ma cellule entrée.
Jamais de moi saint père ne naîtra. »
La veuve dit, toute déconfortée :
« Jamais de vous! et pourquoi ne fera? »
Elle ne put en tirer autre chose.
En s'en allant la fillette disoit :
« Hélas! maman, nos péchés en sont cause. »

La nuit revient, et l'une et l'autre étoit
Au premier somme, alors que l'hypocrite
Et son cornet font bruire la maison.
Il leur cria, toujours du même ton :
« Retournez voir Luce le saint ermite;
Je l'ai changé. Retournez dès demain. »
Les voilà donc de rechef en chemin.
Pour ne tirer plus en long cette histoire,
Il les reçut. La mère s'en alla,
Seule s'entend; la fille demeura.
Tout doucement il vous l'apprivoisa;
Lui prit d'abord son joli bras d'ivoire;
Puis s'approcha, puis en vint au baiser,
Puis aux beautés que l'on cache à la vue.
Puis le galant vous la mit toute nue,
Comme s'il eût voulu la baptiser.
O papelards, qu'on se trompe à vos mines!
Tant lui donna du retour de matines,
Que maux de cœur vinrent premièrement,
Et maux de cœur chassés Dieu sait comment.
En fin finale, une certaine enflure
La contraignit d'allonger sa ceinture,
Mais en cachette, et sans en avertir
Le forge-pape, encore moins la mère;
Elle craignoit qu'on ne la fît partir :
Le jeu d'amour commençoit à lui plaire.
Vous me direz : D'où lui vint tant d'esprit?

D'où? de ce jeu; c'est l'arbre de science.
Sept mois entiers la galande attendit;
Elle allégua son peu d'expérience.
Dès que la mère eut indice certain
De sa grossesse, elle lui fit soudain
Trousser bagage, et remercia l'hôte.
Lui de sa part rendit grâce au Seigneur,
Qui soulageoit son pauvre serviteur.
Puis, au départ, il leur dit que sans faute,
Moyennant Dieu, l'enfant viendroit à bien.
« Gardez pourtant, dame, de faire rien
Qui puisse nuire à votre géniture.
Ayez grand soin de cette créature;
Car tout bonheur vous en arrivera :
Vous régnerez, serez la signora;
Ferez monter aux grandeurs tous les vôtres,
Princes les uns, et grands seigneurs les autres,
Vos cousins ducs, cardinaux vos neveux;
Places, châteaux, tant pour vous que pour eux,
Ne manqueront en aucune manière,
Non plus que l'eau qui coule en la rivière. »
Leur ayant fait cette prédiction,
Il leur donna sa bénédiction.

La signora, de retour chez sa mère
S'entretenoit jour et nuit du saint-père,
Préparoit tout, lui faisoit des béguins;
Au demeurant prenoit tous les matins
La couple d'œufs; attendoit en liesse [1]
Ce qui viendroit d'une telle grossesse.
Mais ce qui vint détruisit les châteaux,
Fit avorter les mitres, les chapeaux,
Et les grandeurs de toute la famille
La signora mit au monde une fille.

1. En joie.

XVI

MAZET DE LAMPORECHIO

NOUVELLE TIRÉE DE BOCCACE[1]

Le voile n'est le rempart le plus sûr
Contre l'amour, ni le moins accessible :
Un bon mari, mieux que grille ni mur,
Y pourvoira, si pourvoir est possible.
C'est, à mon sens, une erreur trop visible
A des parents, pour ne dire autrement,
De présumer, après qu'une personne
Bon gré mal gré s'est mise en un couvent,
Que Dieu prendra ce qu'ainsi l'on lui donne :
Abus, abus! je tiens que le malin
N'a revenu plus clair et plus certain,
(Sauf toutefois l'assistance divine).
Encore un coup, ne faut qu'on s'imagine
Que d'être pure et nette de péché
Soit privilége à la guimpe attaché.
Nenni dà, non; je prétends qu'au contraire
Filles du monde ont toujours plus de peur
Que l'on ne donne atteinte à leur honneur;
La raison est qu'elles en ont affaire.

---

[1]. Gioruata III, novella I.

Moins d'ennemis attaquent leur pudeur :
Les autres n'ont pour un seul adversaire.
Tentation, fille d'oisiveté,
Ne manque pas d'agir de son côté :
Puis le désir, enfant de la contrainte.
« Ma fille est nonne, ERGO c'est une sainte ! »
Mal raisonné. Des quatre parts les trois
En ont regret et se mordent les doigts ;
Font souvent pis ; au moins l'ai-je ouï dire,
Car, pour ce point, je parle sans savoir.
Boccace en fait certain conte pour rire,
Que j'ai rimé comme vous allez voir.

Un bon vieillard en un couvent de filles
Autrefois fut : labouroit le jardin.
Elles étoient toutes assez gentilles,
Et volontiers jasoient dès le matin.
Tant ne songeoient au service divin
Qu'à soi montrer ès [1] parloirs aguimpées [2]
Bien blanchement, comme droites poupées,
Prêtes chacune à tenir coup aux gens.
Et n'étoit bruit qu'il se trouvât léans [3]
Fille qui n'eût de quoi rendre le change,
Se renvoyant l'une à l'autre l'éteuf [4].
Huit sœurs étoient, et l'abbesse sont neuf ;
Si mal d'accord que c'étoit chose étrange.
De la beauté, la plupart en avoient ;
De la jeunesse, elles en avoient toutes.
En cettui [5] lieu beaux pères fréquentoient,

1. Dans. Encore usité dans le mot composé *maître ès arts*.
2. Revêtues de guimpes.
3. Là-dedans, en ce lieu.
4. L'*éteuf* est la balle du jeu de longue paume. *Se renvoyer l'éteuf* est une expression proverbiale, pour dire répliquer, riposter vivement.
5. Ce.

Comme on peut croire; et tant bien supputoient
Qu'ils ne manquoient à tomber sur leurs routes.

Le bon vieillard, jardinier dessus dit,
Près de ces sœurs perdoit presque l'esprit;
A leur caprice il ne pouvoit suffire :
Toutes vouloient au vieillard commander :
Dont ne pouvant entre elles s'accorder,
Il souffroit plus que l'on ne sauroit dire.
Force lui fut de quitter la maison :
Il en sortit de la même façon
Qu'étoit entré là dedans le pauvre homme,
Sans croix ne[1] pile[2], et n'ayant rien, en somme,
Qu'un vieil habit. Certain jeune garçon
De Lamporech, si j'ai bonne mémoire,
Dit au vieillard un beau jour, après boire,
Et raisonnant sur le fait des nonnains,
Qu'il passeroit bien volontiers sa vie
Près de ces sœurs, et qu'il avoit envie
De leur offrir son travail et ses mains
Sans demander récompense ni gages.
Le compagnon ne visoit à l'argent :
Trop bien croyoit, ces sœurs étant peu sages,
Qu'il en pourroit croquer[3] une en passant,
Et puis une autre, et puis toute la troupe.
Nuto lui dit (c'est le nom du vieillard) :
« Crois-moi, Mazet, mets-toi quelque autre part.
J'aimerois mieux être sans pain ni soupe
Que d'employer en ce lieu mon travail :

1. Ni.

2. *Être sans croix ni pile*, expression proverbiale qui signifie être sans argent : elle tire son étymologie des monnoies de saint Louis, qui ont d'un côté une croix, et de l'autre des piles ou colonnes.

3. L'emploi du mot *croquer*, dans le sens métaphorique de séduire, etc., était commun dans le siècle de Louis XIV.

Les nonnes sont un étrange bétail :
Qui n'a tâté de cette marchandise
Ne sait encor ce que c'est que tourment.
Je te le dis, laisse là ce couvent ;
Car d'espérer les servir à leur guise,
C'est un abus : l'une voudra du mou :
L'autre du dur ; par quoi je te tiens fou,
D'autant plus fou que ces filles sont sottes :
Tu n'auras pas œuvre faite, entre nous ;
L'une voudra que tu plantes des choux,
L'autre voudra que ce soit des carottes. »
Mazet reprit : « Ce n'est pas là le point.
Vois-tu, Nuto, je ne suis qu'une bête ;
Mais dans ce lieu tu ne me verras point
Un mois entier sans qu'on m'y fasse fête.
La raison est que je n'ai que vingt ans,
Et, comme toi, je n'ai pas fait mon temps.
Je leur suis propre, et ne demande en somme
Que d'être admis. » Dit alors le bonhomme,
« Au factoton tu n'as qu'à t'adresser ;
Allons-nous-en de ce pas lui parler.
— Allons, dit l'autre... Il me vient une chose
Dedans l'esprit ; je ferai le muet
Et l'idiot. — Je pense qu'en effet,
Reprit Nuto, cela peut être cause
Que le pater avec le factoton
N'auront de toi ni crainte ni soupçon. »

La chose alla comme il l'avoit prévue.
Voilà Mazet, à qui pour bien-venue
L'on fait bêcher la moitié du jardin.
Il contrefait le sot et le badin,
Et cependant laboure comme un sire.
Autour de lui les nonnes alloient rire.
Un certain jour le compagnon dormant,

Ou bien feignant de dormir, (il n'importe
Boccace dit qu'il en faisoit semblant),
Deux des nonnains le voyant de la sorte
Seul au jardin, car, sur le haut du jour,
Nulle des sœurs ne faisoit long séjour
Hors le logis, le tout crainte du hâle;
De ces deux donc l'une, approchant Mazet,
Dit à sa sœur : « Dedans ce cabinet
Menons ce sot. » Mazet étoit beau mâle,
Et la galande à le considérer
Avoit pris goût; pour quoi, sans différer,
Amour lui fit proposer cette affaire.
L'autre reprit : « Là dedans? et quoi faire?
— Quoi? dit la sœur; je ne sais... l'on verra;
Ce que l'on fait alors qu'on en est là :
Ne dit-on pas qu'il se fait quelque chose?
— Jésus! reprit l'autre sœur, se signant,
Que dis-tu là? notre règle défend
De tels pensers. S'il nous fait un enfant!
Si l'on nous voit! Tu t'en vas être cause
De quelque mal. — On ne nous verra point,
Dit la première, et, quant à l'autre point,
C'est s'alarmer avant que le coup vienne :
Usons du temps, sans nous tant mettre en peine,
Et sans prévoir les choses de si loin.
Nul n'est ici; nous avons tout à point,
L'heure, et le lieu, si touffu, que la vue
N'y peut passer; et puis sur l'avenue
Je suis d'avis qu'une fasse le guet,
Tandis que l'autre, étant avec Mazet,
A son bel aise aura lieu de s'instruire :
Il est muet, et n'en pourra rien dire.
— Soit fait, dit l'autre; il faut à ton désir
Acquiescer, et te faire plaisir.
Je passerai, si tu veux, la première

Pour t'obliger : au moins, à ton loisir,
Tu t'ébattras puis après, de manière
Qu'il ne sera besoin d'y retourner.
Ce que j'en dis n'est que pour t'obliger.
— Je le vois bien, dit l'autre plus sincère :
Tu ne voudrois sans cela commencer
Assurément, et tu serois honteuse ? »
Disant ces mots, elle éveilla Mazet,
Qui se laissa mener au cabinet.
Tant y resta cette sœur scrupuleuse,
Qu'à la fin l'autre, allant la dégager,
De faction la sut faire changer.
Notre muet fait nouvelle partie :
Il s'en tira, non si gaillardement ;
Cette sœur fut beaucoup plus mal lotie ;
Le pauvre gars acheva simplement
Trois fois le jeu, puis après il fit chasse [1].

Les deux nonnains n'oublièrent la trace
Du cabinet non plus que du jardin ;
Il ne falloit leur montrer le chemin :
Mazet pourtant se ménagea de sorte
Qu'à sœur Agnès, quelques jours ensuivant,
Il fit apprendre une semblable note
En un pressoir, tout au bout du couvent.
Sœur Angélique et sœur Claude suivirent,
L'une au dortoir, l'autre dans un cellier ;
Tant qu'à la fin la cave et le grenier
Du fait des sœurs maintes choses apprirent.
Point n'en resta que le sire Mazet
Ne régalât au moins mal qu'il pouvoit.
L'abbesse aussi voulut entrer en danse :
Elle eut son droit, double et triple pitance ;

1. S'arrêta. Expression empruntée au jeu de paume.

De quoi les sœurs jeûnèrent très-longtemps.
Mazet n'avoit faute de restaurants;
Mais restaurants ne sont pas grande affaire
A tant d'emploi. Tant pressèrent le hère,
Qu'avec l'abbesse un jour venant au choc,
« J'ai toujours ouï, ce dit-il, qu'un bon coq
N'en a que sept; au moins qu'on ne me laisse
Toutes les neuf. — Miracle! dit l'abbesse;
Venez, mes sœurs; nos jeûnes ont tant fait
Que Mazet parle. » A l'entour du muet,
Non plus muet, toutes huit accoururent,
Tinrent chapitre, et sur l'heure conclurent
Qu'à l'avenir Mazet seroit choyé
Pour le plus sûr; car qu'il fût renvoyé,
Cela rendroit la chose manifeste.
Le compagnon, bien nourri, bien payé,
Fit ce qu'il put; d'autres firent le reste.
Il les engea[1] de petits Mazillons,
Desquels on fit de petits moinillons :
Ces moinillons devinrent bientôt pères,
Comme les sœurs devinrent bientôt mères,
A leur regret, pleines d'humilité :
Mais jamais nom ne fut mieux mérité.

1. *Enger* signifie emplir, charger, etc.

FIN DU LIVRE SECOND

LIVRE TROISIÈME

LES OIES DE FRÈRE PHILIPPE

NOUVELLE TIRÉE DE BOCCACE[1]

Je dois trop au beau sexe, il me fait trop d'honneur
De lire ces récits, si tant est qu'il les lise.
Pourquoi non? c'est assez qu'il condamne en son cœur
    Celles qui font quelque sottise.
    Ne peut-il pas, sans qu'il le dise,
    Rire sous cape de ces tours,
    Quelque aventure qu'il y trouve?
    S'ils sont faux, ce sont vains discours;
    S'ils sont vrais, il les désapprouve.
Iroit-il après tout s'alarmer sans raison
    Pour un peu de plaisanterie?
Je craindrois bien plutôt que la cajolerie
    Ne mît le feu dans la maison.
Chassez les soupirants, belles; souffrez mon livre:
    Je réponds de vous corps pour corps.

---

1. *Decameron*, giornata IV.

Mais pourquoi les chasser? Ne sauroit-on bien vivre
    Qu'on ne s'enferme avec les morts?
    Le monde ne vous connoît guères,
S'il croit que les faveurs sont chez vous familières :
    Non pas que les heureux amants
    Soient ni phénix ni corbeaux blancs;
    Aussi ne sont-ce fourmilières.
Ce que mon livre en dit doit passer pour chansons.
J'ai servi des beautés de toutes les façons :
    Qu'ai-je gagné? très-peu de chose;
Rien. Je m'aviserois sur le tard[1] d'être cause
Que la moindre de vous commît le moindre mal!
Contons; mais contons bien, c'est le point principal,
C'est tout; à cela près, censeurs, je vous conseille
De dormir comme moi sur l'une et l'autre oreille.
    Censurez, tant qu'il vous plaira,
    Méchants vers et phrases méchantes :
    Mais pour bons tours, laissez-les là,
    Ce sont choses indifférentes;
    Je n'y vois rien de périlleux.
Les mères, les maris, me prendront aux cheveux
    Pour dix ou douze contes bleus!
    Voyez un peu la belle affaire!
Ce que je n'ai pas fait, mon livre iroit le faire!
Beau sexe, vous pouvez le lire en sûreté.

    Mais je voudrois m'être acquitté
    De cette grâce par avance[2].
    Que puis-je faire en récompense?
Un conte où l'on va voir vos appas triompher :
Nulle précaution ne les put étouffer.
Vous auriez surpassé le printemps et l'aurore

1. La Fontaine avoit alors près de cinquante ans.
2. La grâce que lui fera le beau sexe en lisant son livre.

Dans l'esprit d'un garçon, si, dès ses jeunes ans,
Outre l'éclat des cieux et les beautés des champs,
　　Il eût vu les vôtres encore.
Aussi, dès qu'il les vit, il en sentit les coups ;
Vous surpassâtes tout : il n'eut d'yeux que pour vous ;
Il laissa les palais : enfin votre personne
　　Lui parut avoir plus d'attraits
　　Que n'en auroient, à beaucoup près,
　　Tous les joyaux de la couronne.
On l'avoit, dès l'enfance, élevé dans un bois.
　　Là, son unique compagnie
Consistoit aux oiseaux ; leur aimable harmonie
　　Le désennuyoit quelquefois.
Tout son plaisir étoit cet innocent ramage ;
Encor ne pouvoit-il entendre leur langage.
　　En une école si sauvage
Son père l'amena dès ses plus tendres ans.
　　Il venoit de perdre sa mère ;
Et le pauvre garçon ne connut la lumière
　　Qu'afin qu'il ignorât les gens
Il ne s'en figura, pendant un fort long temps,
　　Point d'autres que les habitants
　　De cette forêt, c'est-à-dire
Que des loups, des oiseaux, enfin ce qui respire
Pour respirer sans plus et ne songer à rien.
Ce qui porta son père à fuir tout entretien,
Ce furent deux raisons, ou mauvaises, ou bonnes :
　　L'une, la haine des personnes ;
　L'autre, la crainte ; et, depuis qu'à ses yeux
Sa femme disparut, s'envolant dans les cieux,
　　Le monde lui fut odieux ;
　　Las d'y gémir et de s'y plaindre,
　　Et partout des plaintes ouïr,
Sa moitié le lui fit par son trépas haïr,
　　Et le reste des femmes craindre.

Il voulut être ermite, et destina son fils
    A ce même genre de vie.
      Ses biens aux pauvres départis,
    Il s'en va seul, sans compagnie
Que celle de ce fils, qu'il portoit dans ses bras :
Au fond d'une forêt il arrête ses pas.
(Cet homme s'appeloit Philippe, dit l'histoire).
Là, par un saint motif, et non par humeur noire,
Notre ermite nouveau cache avec très-grand soin
Cent choses à l'enfant, ne lui dit près ni loin
    Qu'il fût au monde aucune femme,
    Aucuns désirs, aucun amour ;
Au progrès de ses ans réglant en ce séjour
    La nourriture de son âme.
A cinq, il lui nomma des fleurs, des animaux,
    L'entretint de petits oiseaux ;
Et, parmi ce discours aux enfants agréable,
    Mêla des menaces du diable,
Lui dit qu'il étoit fait d'une étrange façon.
La crainte est aux enfants la première leçon.
Les dix ans expirés, matière plus profonde
Se mit sur le tapis : un peu de l'autre monde
    Au jeune enfant fut révélé,
    Et de la femme point parlé.
    Vers quinze ans, lui fut enseigné,
Tout autant que l'on put, l'auteur de la nature,
    Et rien touchant la créature.
Ce propos n'est alors déjà plus de saison
    Pour ceux qu'au monde on veut soustraire ;
Telle idée, en ce cas, est fort peu nécessaire.
Quand ce fils eut vingt ans, son père trouva bon
    De le mener à la ville prochaine.
Le vieillard, tout cassé, ne pouvoit plus qu'à peine
Aller quérir son vivre : et, lui mort, après tout,
Que feroit ce cher fils? comment venir à bout

De subsister sans connoître personne?
Les loups n'étoient pas gens qui donnassent l'aumône.
  Il savoit bien que le garçon
  N'auroit de lui pour héritage
  Qu'une besace et qu'un bâton :
  C'étoit un étrange partage.
Le père à tout cela songeoit sur ses vieux ans.
  Au reste, il étoit peu de gens
  Qui ne lui donnassent la miche[1].
  Frère Philippe eût été riche,
  S'il eût voulu. Tous les petits enfants
Le connoissoient, et, du haut de leur tête,
  Ils crioient : « APPRÊTEZ LA QUÊTE!
VOILA FRÈRE PHILIPPE! » Enfin dans la cité
  Frère Philippe souhaité
Avoit force dévots, de dévotes pas une,
  Car il n'en vouloit point avoir.

Sitôt qu'il crut son fils ferme dans son devoir,
  Le pauvre homme le mène voir
  Les gens de bien, et tente la fortune.
Ce ne fut qu'en pleurant qu'il exposa ce fils.
  Voilà nos ermites partis;
Ils vont à la cité, superbe, bien bâtie
  Et de tous objets assortie :
  Le prince y faisoit son séjour.
  Le jeune homme, tombé des nues,
Demandoit: «Qu'est-ce là?...—Ce sont des gens de cour.
— Et là?...— Ce sont palais...— Ici?...— Ce sont statues. »
Il considéroit tout, quand de jeunes beautés
  Aux yeux vifs, aux traits enchantés,
Passèrent devant lui. Dès lors nulle autre chose
  Ne put ses regards attirer.

1. Une *miche* est un pain d'une ou deux livres.

Adieu palais, adieu ce qu'il vient d'admirer.
  Voici bien pis, et bien une autre cause
    D'étonnement.
Ravi comme en extase à cet objet charmant,
  « Qu'est-ce là, dit-il à son père,
  Qui porte un si gentil habit?
Comment l'appelle-t-on? » Ce discours ne plut guère
  Au bon vieillard, qui répondit :
  « C'est un oiseau qui s'appelle oie.
— O l'agréable oiseau! dit le fils plein de joie.
Oie! hélas! chante un peu; que j'entende ta voix!
  Ne pourroit-on point te connoître?
Mon père, je vous prie et mille et mille fois,
  Menons-en une en notre bois :
  J'aurai soin de la faire paître. »

II

LA MANDRAGORE

NOUVELLE TIRÉE DE MACHIAVEL [1]

Au présent conte on verra la sottise
D'un Florentin. Il avoit femme prise,
Honnête et sage, autant qu'il est besoin,
Jeune pourtant, du reste toute belle :
Et n'eût-on cru de jouissance telle
Dans le pays, ni même encor plus loin.
Chacun l'aimoit, chacun la jugeoit digne
D'un autre époux : car, quant à celui-ci,
Qu'on appeloit Nicia Calfucci,
Ce fut un sot, en son temps, très-insigne.
Bien le montra, lorsque bon gré mal gré
Il résolut d'être père appelé;
Crut qu'il feroit beaucoup pour sa patrie
S'il la pouvoit orner de Calfuccis :
Sainte ni saint n'étoit en paradis
Qui de ses vœux n'eût la tête étourdie;
Tous ne savoient où mettre ses présents.
Il consultoit matrones, charlatans,

---

1. C'est-à-dire d'une comédie en cinq actes de Machiavel, intitulé *la Mandragola*.

Diseurs de mots, experts sur cette affaire :
Le tout en vain ; car il ne put tant faire
Que d'être père. Il étoit buté là,
Quand un jeune homme, après avoir en France
Étudié, s'en revint à Florence,
Aussi leurré[1] qu'aucun de par-delà ;
Propre, galant, cherchant partout fortune,
Bien fait de corps, bien voulu de chacune.
Il sut dans peu la carte du pays ;
Connut les bons et les méchants maris,
Et de quel bois se chauffoient leurs femelles ;
Quels surveillants ils avoient mis près d'elles,
Les *si*, les *car*, enfin tous les détours ;
Comment gagner les confidents d'amours,
Et la nourrice, et le confesseur même,
Jusques au chien : tout y fait, quand on aime ;
Tout tend aux fins, dont un seul iota
N'étant omis, d'abord le personnage
Jette son plomb sur messer Nicia
Pour lui donner l'ordre de cocuage.
Hardi dessein ! L'épouse de léans[2],
A dire vrai, recevoit bien les gens ;
Mais c'étoit tout ; aucun de ses amants
Ne s'en pouvoit promettre davantage.
Celui-ci seul, Callimaque nommé,
Dès qu'il parut, fut très-fort à son gré.
Le galant donc près de la forteresse
Assied son camp, vous investit Lucrèce
Qui ne manqua de faire la tigresse
A l'ordinaire, et l'envoya jouer.

Il ne savoit à quel saint se vouer,

1. Terme de fauconnerie qui veut dire bien dressé, il signifie ici rusé.
2. De ce logis, de ce lieu-là.

LA MANDRAGORE

Quand le mari, par sa sottise extrême,
Lui fit juger qu'il n'étoit stratagème,
Panneau n'étoit, tant étrange semblât,
Où le pauvre homme à la fin ne donnât
De tout son cœur, et ne s'en affublât.
L'amant et lui, comme étant gens d'étude,
Avoient entre eux lié quelque habitude :
Car Nice étoit docteur en droit canon :
Mieux eût valu l'être en autre science,
Et qu'il n'eût pris si grande confiance
En Callimaque. Un jour, au compagnon
Il se plaignit de se voir sans lignée.
A qui la faute? il étoit vert-galant,
Lucrèce, jeune, et drue, et bien taillée.
« Lorsque j'étois à Paris, dit l'amant,
Un curieux y passa d'aventure.
Je l'allai voir : il m'apprit cent secrets,
Entre autres un pour avoir géniture ;
Et n'étoit chose à son compte plus sûre.
Le Grand-Mogol l'avoit avec succès
Depuis deux ans éprouvé sur sa femme :
Mainte princesse et mainte et mainte dame
En avoient fait aussi d'heureux essais.
Il disoit vrai ; j'en ai vu des effets.
Cette recette est une médecine
Faite du jus de certaine racine,
Ayant pour nom mandragore : et ce jus,
Pris par la femme, opère beaucoup plus
Que ne fit onc[1] nulle ombre monacale
D'aucun couvent, de jeunes frères plein :
Dans dix mois d'hui[2] je vous fais père enfin,
Sans demander un plus long intervalle ;

1. Jamais.
2. D'aujourd'hui.

Et touchez là : dans dix mois, et devant,
Nous porterons au baptême l'enfant.
— Dites-vous vrai? repartit messer Nice :
Vous me rendez un merveilleux office.
— Vrai ; je l'ai vu : faut-il répéter tant?
Vous moquez-vous d'en douter seulement!
Par votre foi, le Mogol est-il homme
Que l'on osât de la sorte affronter?
Ce curieux en toucha telle somme
Qu'il n'eut sujet de s'en mécontenter. »
Nice reprit : « Voilà chose admirable,
Et qui doit être à Lucrece agréable!
Quand lui verrai-je un poupon sur le sein?
Notre féal, vous serez le parrain ;
C'est la raison; dès hui[1] je vous en prie.
— Tout doux, reprit alors notre galant;
Ne soyez pas si prompt, je vous supplie :
Vous allez vite ; il faut auparavant
Vous dire tout. Un mal est dans l'affaire ;
Mais ici-bas put-on jamais tant faire
Que de trouver un bien pur et sans mal?
Ce jus, doué de vertu tant insigne
Porte d'ailleurs qualité très-maligne :
Presque toujours il se trouve fatal
A celui-là qui le premier caresse
La patiente ; et souvent on en meurt. »
Nice reprit aussitôt : « Serviteur ;
Plus de votre herbe ; et laissons là Lucrèce
Telle qu'elle est : bien grand merci du soin.
Que servira, moi mort, si je suis père?
Pourvoyez-vous de quelque autre compère :
C'est trop de peine : il n'en est pas besoin. »
L'amant lui dit ; « Quel esprit est le vôtre!

1. Dès ce jour.

Toujours il va d'un excès dans un autre.
Le grand désir de vous voir un enfant
Vous transportoit naguère d'allégresse ;
Et vous voilà, tant vous avez de presse,
Découragé sans attendre un moment.
Oyez le reste ; et sachez que nature
A mis remède à tout, fors à la mort.
Qu'est-il de faire, afin que l'aventure
Nous réussisse, et qu'elle aille à bon port ?
Il nous faudra choisir quelque jeune homme
D'entre le peuple, un pauvre malheureux,
Qui vous précède au combat amoureux,
Tente la voie, attire et prenne en somme
Tout le venin : puis, le danger ôté,
Il conviendra que de votre côté
Vous agissiez sans tarder davantage ;
Car soyez sûr d'être alors garanti.
Il nous faut faire IN ANIMA VILI
Ce premier pas, et prendre un personnage
Lourd et de peu, mais qui ne soit pourtant
Mal fait de corps, ni par trop dégoûtant,
Ni d'un toucher si rude et si sauvage
Qu'à votre femme un supplice ce soit.
Nous savons bien que madame Lucrèce,
Accoutumée à la délicatesse
De Nicia, trop de peine en auroit.
Même il se peut qu'en venant à la chose
Jamais son cœur n'y voudroit consentir.
Or, ai-je dit un jeune homme, et pour cause ;
Car plus sera d'âge pour bien agir,
Moins laissera de venin, sans nul doute ;
Je vous promets qu'il n'en laissera goutte. »

Nice d'abord eut peine à digérer
L'expédient ; allégua le danger,

Et l'infamie : il en seroit en peine :
Le magistrat pourroit le rechercher
Sur le soupçon d'une mort si soudaine.
Empoisonner un de ses citadins !
Lucrèce étoit échappée aux blondins,
On l'alloit mettre entre les bras d'un rustre !
« Je suis d'avis qu'on prenne un homme illustre,
Dit Callimaque, ou quelqu'un qui bientôt
En mille endroits cornera le mystère !
Sottise et peur contiendront ce pitaud :
Au pis aller, l'argent le fera taire.
Votre moitié n'ayant lieu de s'y plaire,
Et le coquin même n'y songeant pas,
Vous ne tombez proprement dans le cas
De cocuage. Il n'est pas dit encore
Qu'un tel paillard ne résiste au poison :
Et ce nous est une double raison
De le choisir tel, que la mandragore
Consume en vain sur lui tout son venin :
Car quand je dis qu'on meurt, je n'entends dire
Assurément. Il vous faudra demain
Faire choisir sur la brune le sire,
Et dès ce soir donner la potion :
J'en ai chez moi de la confection.
Gardez-vous bien au reste, messer Nice,
D'aller paroître en aucune façon.
Ligurio choisira le garçon ;
C'est là son fait, laissez-lui cet office.
Vous vous pouvez fier à ce valet
Comme à vous-même ; il est sage et discret
J'oublie encor que, pour plus d'assurance,
On bandera les yeux à ce paillard ;
Il ne saura qui, quoi, n'en quelle part,
N'en quel logis, ni si dedans Florence,
Ou bien dehors, on vous l'aura mené. »

Par Nicia le tout fut approuvé.
Restoit, sans plus, d'y disposer sa femme.
De prime face elle crut qu'on rioit;
Puis se fâcha; puis jura sur son âme
Que mille fois plutôt on la tueroit.
Que diroit-on si le bruit en couroit?
Outre l'offense et péché trop énorme,
Calfuce et Dieu savoient que de tout temps
Elle avoit craint ces devoirs complaisants,
Qu'elle enduroit seulement pour la forme.
Puis il viendroit quelque mâtin difforme
L'incommoder, la mettre sur les dents!
« Suis-je de taille à souffrir toutes gens?
Quoi ! recevoir un pitaud dans ma couche!
Puis-je y songer qu'avecque du dédain!
Et, par saint Jean, ni pitaud, ni blondin,
Ni roi, ni roc, ne feront qu'autre touche,
Que Nicia, jamais onc à ma peau. »

Lucrèce étant de la sorte arrêtée,
On eut recours à frère Timothée :
Il la prêcha, mais si bien et si beau,
Qu'elle donna les mains par pénitence.
On l'assura de plus qu'on choisiroit
Quelque garçon d'honnête corpulence,
Non trop rustaud, et qui ne lui feroit
Mal ni dégoût. La potion fut prise.
Le lendemain notre amant se déguise,
Et s'enfarine en vrai garçon meunier;
Un faux menton, barbe d'étrange guise :
Mieux ne pouvoit se métamorphoser.
Ligurio qui de la faciende[1]
Et du complot avoit toujours été,
Trouve l'amant tout tel qu'il le demande,

1. Intrigue, affaire.

Et, ne doutant qu'on n'y fût attrapé,
Sur le minuit le mène à messer Nice,
Les yeux bandés, le poil teint, et si bien
Que notre époux ne reconnut en rien
Le compagnon. Dans le lit il se glisse
En grand silence : en grand silence aussi
La patiente attend sa destinée,
Bien blanchement, et, ce soir, atournée.
Voire ce soir! atournée! et pour qui?
Pour qui? j'entends : n'est-ce pas que la dame
Pour un meunier prenoit trop de souci?
Vous vous trompez ; le sexe en use ainsi.
Meuniers ou rois, il veut plaire à toute âme.
C'est double honneur, ce semble, en une femme,
Quand son mérite échauffe un esprit lourd,
Et fait aimer les cœurs nés sans amour.
Le travesti changea de personnage ;
Sitôt qu'il eut dame de tel corsage
A ses côtés, et qu'il fut dans le lit,
Plus de meunier ; la galande sentit
Auprès de soi la peau d'un honnête homme.
Et ne croyez qu'on employât au somme
De tels moments. Elle disoit tout bas :
« Qu'est-ce ci donc? ce compagnon n'est pas
Tel que j'ai cru ; le drôle a la peau fine :
C'est grand dommage; il ne mérite, hélas!
Un tel destin : j'ai regret qu'au trépas
Chaque moment de plaisir l'achemine. »
Tandis, l'époux, enrôlé tout de bon,
De sa moitié plaignoit bien fort la peine.
Ce fut avec une fierté de reine
Qu'elle donna la première façon
De cocuage ; et, pour le décoron[1]

[1] Pour *decorum*, à cause de la rime.

Point ne voulut y joindre ses caresses.
A ce garçon la perle des Lucrèces
Prendroit du goût! Quand le premier venin
Fut emporté, notre amant prit la main
De sa maîtresse; et de baisers de flamme
La parcourant : « Pardon, dit-il, madame;
Ne vous fâchez du tour qu'on vous a fait;
C'est Callimaque; approuvez son martyre :
Vous ne sauriez, ce coup, vous en dédire;
Votre rigueur n'est plus d'aucun effet.
S'il est fatal toutefois que j'expire,
J'en suis content : vous avez dans vos mains
Un moyen sûr de me priver de vie,
Et le plaisir, bien mieux qu'aucuns venins,
M'achèvera; tout le reste est folie. »
Lucrèce avoit jusque-là résisté,
Non par défaut de bonne volonté,
Ni que l'amant ne plût fort à la belle;
Mais la pudeur et la simplicité
L'avoient rendue ingrate en dépit d'elle.
Sans dire mot, sans oser respirer,
Pleine de honte et d'amour tout ensemble,
Elle se met aussitôt à pleurer :
A son amant peut-elle se montrer
Après cela? qu'en pourra-t-il penser?
Dit-elle en soi; et qu'est-ce qu'il lui semble?
J'ai bien manqué de courage et d'esprit.
Incontinent un excès de dépit
Saisit son cœur, et fait que la pauvrette
Tourne la tête, et vers le coin du lit
Se va cacher, pour dernière retraite.
Elle y voulut tenir bon, mais en vain;
Ne lui restant que ce peu de terrain,
La place fut incontinent rendue.
Le vainqueur l'eut à sa discrétion;

Il en usa selon sa passion :
Et plus ne fut de larme répandue.
Honte cessa ; scrupule autant en fit.
Heureux sont ceux qu'on trompe à leur profit!
L'aurore vint trop tôt pour Callimaque ;
Trop tôt encor pour l'objet de ses vœux.
« Il faut, dit-il, beaucoup plus d'une attaque
Contre un venin tenu si dangereux. »
Les jours suivants notre couple amoureux
Y sut pourvoir : l'époux ne tarda guères
Qu'il n'eût atteint tous ses autres confrères.
Pour ce coup-là fallut se séparer.
L'amant courut chez soi se recoucher.
A peine au lit il s'étoit mis encore,
Que notre époux, joyeux et triomphant,
Le va trouver, et lui conte comment
S'étoit passé le jus de mandragore.
« D'abord, dit-il, j'allai tout doucement
Auprès du lit écouter si le sire
S'approcheroit, et s'il en voudroit dire :
Puis je priai notre épouse tout bas
Qu'elle lui fît quelque peu de caresse,
Et ne craignît de gâter ses appas ;
C'étoit au plus une nuit d'embarras.
Et ne pensez, ce lui dis-je, Lucrèce,
Ni l'un ni l'autre en ceci me tromper ;
Je saurai tout : Nice se peut vanter
D'être homme à qui l'on n'en donne à garder ;
Vous savez bien qu'il y va de ma vie.
N'allez donc point faire la renchérie :
Montrez par là que vous savez aimer
Votre mari plus qu'on ne croit encore :
C'est un beau champ. Que si cette pécore
Fait le honteux, envoyez sans tarder
M'en avertir : car je me vais coucher :

Et n'y manquez : nous y mettrons bon ordre. »
Besoin n'en eut : tout fut bien jusqu'au bout.
Savez-vous bien que ce rustre y prit goût?
Le drôle avoit tantôt peine à démordre :
J'en ai pitié; je le plains, après tout.
N'y songeons plus; qu'il meure, et qu'on l'enterre :
Et quant à vous, venez nous voir souvent.
Nargue de ceux qui me faisoient la guerre;
Dans neuf mois d'hui [1] je leur livre un enfant. »

1. A compter de ce jour.

III

LES RÉMOIS

Il n'est cité que je préfère à Reims :
C'est l'ornement et l'honneur de la France ;
Car, sans compter l'ampoule et les bons vins,
Charmants objets y sont en abondance.
Par ce point-là je n'entends, quant à moi,
Tours ni portaux, mais gentilles Galoises [1],
Ayant trouvé telle de nos Rémoises
Friande assez pour la bouche d'un roi.

Une avoit pris un peintre en mariage,
Homme estimé dans sa profession ;
Il en vivoit : que faut-il davantage ?
C'étoit assez pour sa condition.
Chacun trouvoit sa femme fort heureuse :
Le drôle étoit, grâce à certain talent,
Très-bon époux, encor meilleur galant.
De son travail mainte dame amoureuse
L'alloit trouver ; et le tout à deux fins :
C'étoit le bruit, à ce que dit l'histoire :
Moi qui ne suis en cela des plus fins,
Je m'en rapporte à ce qu'il en faut croire.

1. Femmes fringantes, éveillées, galantes.

Dès que le sire avoit donzelle en main,
Il en rioit avecque son épouse.
Les droits d'hymen allant toujours leur train.
Besoin n'étoit qu'elle fît la jalouse.
Même elle eût pu le payer de ses tours,
Et comme lui voyager en amours;
Sauf d'en user avec plus de prudence,
Ne lui faisant la même confidence.

Entre les gens qu'elle sut attirer,
Deux siens voisins se laissèrent leurrer
A l'entretien libre et gai de la dame;
Car c'étoit bien la plus trompeuse femme
Qu'en ce point-là l'on eût su rencontrer;
Sage surtout, mais aimant fort à rire.
Elle ne manque incontinent de dire
A son mari l'amour des deux bourgeois;
Tous deux gens sots, tous deux gens à sornettes;
Lui raconta mot pour mot leurs fleurettes,
Pleurs et soupirs, gémissements gaulois.
Ils avoient lu, ou plutôt ouï dire,
Que d'ordinaire en amour on soupire;
Ils tâchoient donc d'en faire leur devoir,
Que bien, que mal, et selon leur pouvoir.
A frais communs se conduisoit l'affaire :
Ils ne devoient nulle chose se taire.
Le premier d'eux qu'on favoriseroit,
De son bonheur part à l'autre feroit.

Femmes, voilà souvent comme on vous traite!
Le seul plaisir est ce que l'on souhaite;
Amour est mort : le pauvre compagnon
Fut enterré sur les bords du Lignon [1];

1. Petite rivière du Forez, où d'Urfé a placé les principales aventures de *l'Astrée*.

Nous n'en avons ici ni vent ni voie [1].
Vous y servez de jouet et de proie
A jeunes gens indiscrets, scélérats :
C'est bien raison qu'au double on le leur rende :
Le beau premier qui sera dans vos lacs,
Plumez-le-moi, je vous le recommande.
La dame donc pour tromper ses voisins
Leur dit un jour : « Vous boirez de nos vins
Ce soir chez nous. Mon mari s'en va faire
Un tour aux champs; et le bon de l'affaire,
C'est qu'il ne doit au gîte revenir.
Nous nous pourrons à l'aise entretenir.
— « Bon, dirent-ils, nous viendrons sur la brune. »
Or, les voilà compagnons de fortune.
La nuit venue, ils vont au rendez-vous.
Eux introduits, croyant ville gagnée,
Un bruit survint; la fête fut troublée;
On frappe à l'huis [2]. Le logis aux verrous
Étoit fermé : la femme à la fenêtre
Court en disant : « Celui-là frappe en maître!
Seroit-ce point par malheur mon époux?
Oui; cachez-vous, dit-elle; c'est lui-même.
Quelque accident, ou bien quelque soupçon,
Le font venir coucher à la maison. »
Nos deux galants, dans ce péril extrême,
Se jettent vite en certain cabinet :
Car s'en aller, comment auroient-ils fait?
Ils n'avoient pas le pied hors de la chambre,
Que l'époux entre, et voit au feu le membre
Accompagné de maint et maint pigeon;
L'un au hâtier [3], les autres au chaudron.

1. Nous n'en avons point de nouvelles. Métaphore tirée de la vénerie.
2. A la porte.
3. Grand chenet de tournebroche.

« Oh! oh! dit-il, voilà bonne cuisine!
Qui traitez-vous? — Alis, notre voisine,
Reprit l'épouse, et Simonette aussi.
Loué soit Dieu qui vous ramène ici!
La compagnie en sera plus complète.
Madame Alis, madame Simonette,
N'y perdront rien. Il faut les avertir
Que tout est prêt, qu'elles n'ont qu'à venir :
J'y cours moi-même. » Alors la créature
Les va prier. Or, c'étoient les moitiés
De nos galants et chercheurs d'aventure,
Qui, fort chagrins de se voir enfermés,
Ne laissoient pas de louer leur hôtesse
De s'être ainsi tirée avec adresse
De cet apprêt. Avec elle, à l'instant,
Leurs deux moitiés entrent tout en chantant.
On les salue, on les baise, on les loue
De leur beauté, de leur ajustement;
On les contemple, on patine, on se joue.
Cela ne plut aux maris nullement.
Du cabinet la porte à demi close
Leur laissant voir le tout distinctement,
Ils ne prenoient aucun goût à la chose :
Mais passe encor pour ce commencement.
Le souper mis presqu'au même moment,
Le peintre prit par la main les deux femmes,
Les fit asseoir, entre elles se plaça.
« Je bois, dit-il, à la santé des dames. »
Et de trinquer : passe encor pour cela.
On fit raison : le vin ne dura guère.
L'hôtesse, étant alors sans chambrière,
Court à la cave, et, de peur des esprits,
Mène avec soi madame Simonette.
Le peintre reste avec madame Alis,
Provinciale assez belle, et bien faite,

Et s'en piquant, et qui pour le pays
Se pouvoit dire honnêtement coquette.
Le compagnon, vous la tenant seulette,
La conduisit de fleurette en fleurette
Jusqu'au toucher, et puis un peu plus loin;
Puis, tout à coup, levant la collerette,
Prit un baiser dont l'époux fut témoin.
Jusque-là passe : époux, quand ils sont sages,
Ne prennent garde à ces menus suffrages,
Et d'en tenir registre c'est abus.
Bien est-il vrai qu'en rencontre pareille
Simples baisers font craindre le surplus ;
Car Satan lors vient frapper sur l'oreille
De tel qui dort, et fait tant qu'il s'éveille.
L'époux vit donc que, tandis qu'une main
Se promenoit sur la gorge à son aise,
L'autre prenoit tout un autre chemin.
Ce fut alors, dame! ne vous déplaise,
Que, le courroux lui montant au cerveau,
Il s'en alloit, enfonçant son chapeau,
Mettre l'alarme en tout le voisinage,
Battre sa femme, et dire au peintre rage,
Et témoigner qu'il n'avoit les bras gourds.
« Gardez-vous bien de faire une sottise,
Lui dit tout bas son compagnon d'amours;
Tenez-vous coi; le bruit en nulle guise
N'est bon ici, d'autant plus qu'en vos lacs
Vous êtes pris : ne vous montrez donc pas,
C'est le moyen d'étouffer cette affaire.
Il est écrit qu'à nul il ne faut faire
Ce qu'on ne veut à soi-même être fait.
Nous ne devons quitter ce cabinet
Que bien à point, et tantôt, quand cet homme
Étant au lit prendra son premier somme.
Selon mon sens, c'est le meilleur parti.

A tard viendroit aussi bien la querelle.
N'êtes-vous pas cocu plus qu'à demi?
Madame Alis au fait a consenti :
Cela suffit; le reste est bagatelle. »
L'époux goûta quelque peu ces raisons.
Sa femme fit quelque peu de façons,
N'ayant le temps d'en faire davantage.
Et puis? Et puis, comme personne sage,
Elle remit sa coiffure en état.
On n'eût jamais soupçonné ce ménage,
Sans qu'il restoit un certain incarnat
Dessus son teint; mais c'étoit peu de chose :
Dame fleurette en pouvoit être cause.

L'une pourtant des tireuses de vin
De lui sourire au retour ne fit faute :
Ce fut la peintre. On se remit en train
On releva grillades et festin :
On but encore à la santé de l'hôte
Et de l'hôtesse, et de celle des trois
Qui, la première, auroit quelque aventure.
Le vin manqua pour la seconde fois.
L'hôtesse, adroite et fine créature,
Soutient toujours qu'il revient des esprits
Chez les voisins. Ainsi madame Alis
Servit d'escorte. Entendez que la dame
Pour l'autre emploi inclinoit en son âme :
Mais on l'emmène, et, par ce moyen-là,
De faction Simonette changea.
Celle-ci fait d'abord plus la sévère,
Veut suivre l'autre, ou feint le vouloir faire ;
Mais, se sentant par le peintre tirer,
Elle demeure, étant trop ménagère
Pour se laisser son habit déchirer.
L'époux, voyant quel train prenoit l'affaire,

Voulut sortir. L'autre lui dit : « Tout doux !
Nous ne voulons sur vous nul avantage.
C'est bien raison que messer cocuage
Sur son état vous couche ainsi que nous :
Sommes-nous pas compagnons de fortune ?
Puisque le peintre en a caressé l'une,
L'autre doit suivre. Il faut, bon gré mal gré,
Qu'elle entre en danse ; et, s'il est nécessaire,
Je m'offrirai de lui tenir le pied :
Vouliez ou non, elle aura son affaire. »,
Elle l'eut donc ; notre peintre y pourvut
Tout de son mieux : aussi le valoit-elle.
Cette dernière eut ce qu'il lui fallut ;
On en donna le loisir à la belle.
Quand le vin fut de retour, on conclut
Qu'il ne falloit s'attabler davantage.
Il étoit tard, et le peintre avoit fait
Pour ce jour-là suffisamment d'ouvrage.
On dit bonsoir. Le drôle, satisfait,
Se met au lit : nos gens sortent de cage.
L'hôtesse alla tirer du cabinet
Les regardants, honteux, mal contents d'elle,
Cocus de plus. Le pis de leur méchef
Fut qu'aucun d'eux ne put venir à chef[1]
De son dessein, ni rendre à la donzelle
Ce qu'elle avoit à leurs femmes prêté ·
Par conséquent, c'est fait, j'ai tout conté.

1. Venir à bout.

IV

LA COUPE ENCHANTÉE

NOUVELLE TIRÉE DE L'ARIOSTE[1]

Les maux les plus cruels ne sont que des chansons
Près de ceux qu'aux maris cause la jalousie.
Figurez-vous un fou chez qui tous les soupçons
    Sont bien venus, quoi qu'on lui die.
Il n'a pas un moment de repos en sa vie :
Si l'oreille lui tinte, ô dieux! tout est perdu.
Ses songes sont toujours que l'on le fait cocu ;
    Pourvu qu'il songe, c'est l'affaire :
Je ne vous voudrois pas un tel point garantir :
    Car pour songer il faut dormir,
    Et les jaloux ne dorment guère.
Le moindre bruit éveille un mari soupçonneux ;
Qu'à l'entour de sa femme une mouche bourdonne,
    C'est cocuage qu'en personne
    Il a vu de ses propres yeux,
Si bien vu que l'erreur n'en peut être effacée.
Il veut à toute force être au nombre des sots.
Il se maintient cocu, du moins de la pensée,
    S'il ne l'est en chair et en os.
Pauvres gens! dites-moi, qu'est-ce que cocuage?

---

1. *Orlando furioso*, cant. XLII-XLIII.

Quel tort vous fait-il, quel dommage?
Qu'est-ce enfin que ce mal dont tant de gens de bien
    Se moquent avec juste cause?
    Quand on l'ignore, ce n'est rien;
    Quand on le sait, c'est peu de chose.
Vous croyez cependant que c'est un fort grand cas :
Tâchez donc d'en douter et ne ressemblez pas
A celui-là qui but dans la coupe enchantée.
    Profitez du malheur d'autrui.
Si cette histoire peut soulager votre ennui,
    Je vous l'aurai bientôt contée.

    Mais je vous veux premièrement
    Prouver par bon raisonnement
Que ce mal dont la peur vous mine et vous consume
N'est mal qu'en votre idée, et non point dans l'effet.
    En mettez-vous votre bonnet
    Moins aisément que de coutume?
    Cela s'en va-t-il pas tout net?
Voyez-vous qu'il en reste une seule apparence,
Une tache qui nuise à vos plaisirs secrets?
Ne retrouvez-vous pas toujours les mêmes traits?
Vous apercevez-vous d'aucune différence?
    Je tire donc ma conséquence,
Et dis, malgré le peuple ignorant et brutal,
    Cocuage n'est point un mal.
— Oui, mais l'honneur est une étrange affaire!
— Qui vous soutient que non? ai-je dit le contraire?
Eh bien! l'honneur! l'honneur! je n'entends que ce mot
Apprenez qu'à Paris ce n'est pas comme à Rome :
Le cocu qui s'afflige y passe pour un sot,
Et le cocu qui rit pour un fort honnête homme.
Quand on prend comme il faut cet accident fatal,
    Cocuage n'est point un mal.

Prouvons que c'est un bien : la chose et fort facile.

Tout vous rit; votre femme est souple comme un gant;
Et vous pourriez avoir vingt mignonnes en ville,
Qu'on n'en sonneroit pas deux mots en tout un an.
  Quand vous parlez, c'est dit notable;
  On vous met le premier à table;
  C'est pour vous la place d'honneur,
  Pour vous le morceau du seigneur;
Heureux qui vous le sert! la blondine chiorme[1]
Afin de vous gagner n'épargne aucun moyen:
Vous êtes le patron : donc je conclus en forme,
  Cocuage est un bien.
Quand vous perdez au jeu, l'on vous donne revanche;
Même votre homme écarte et ses as et ses rois.
Avez-vous sur les bras quelque monsieur Dimanche[2]?
Mille bourses vous sont ouvertes à la fois.
Ajoutez que l'on tient votre femme en haleine :
Elle n'en vaut que mieux, n'en a que plus d'appas.
Ménélas rencontra des charmes dans Hélène
Qu'avant qu'être à Paris la belle n'avoit pas.
Ainsi de votre épouse : on veut qu'elle vous plaise.
Qui dit prude au contraire, il dit laide ou mauvaise,
Incapable en amour d'apprendre jamais rien.
Pour toutes ces raisons, je persiste en ma thèse :
  Cocuage est un bien[3].
Si ce prologue est long la matière en est cause :
Ce n'est pas en passant qu'on traite cette chose.
Venons à notre histoire. Il étoit un quidam,
Dont je tairai le nom, l'état et la patrie.
  Celui-ci, de peur d'accident,

---

1. La troupe de blondes.

2. Allusion à la scène du *Festin de Pierre*, où figure M. Dimanche.

3. Tout ceci est le développement d'un passage de Rabelais, dans lequel frère Jean dit à Panurge : « Si tu es coquu, ergò ta femme sera belle; ergò tu seras bien traité d'elle, ergò tu auras beaucoup d'amis; ergò tu seras saulvé. »

Avoit juré que de sa vie
Femme ne lui seroit autre que bonne amie,
Nymphe si vous voulez, bergère, et cætera ;
Pour épouse, jamais il n'en vint jusque-là.
S'il eut tort ou raison, c'est un point que je passe.
Quoi qu'il en soit, hymen n'ayant pu trouver grâce
  Devant cet homme, il fallut que l'amour
   Se mêlât seul de ses affaires,
Eût soin de le fournir des choses nécessaires,
  Soit pour la nuit, soit pour le jour.
Il lui procura donc les faveurs d'une belle,
  Qui d'une fille naturelle
Le fit père, et mourut. Le pauvre homme en pleura,
  Se plaignit, gémit, soupira,
  Non comme qui perdroit sa femme,
(Tel deuil n'est bien souvent que changement d'habits)
Mais comme qui perdroit tous ses meilleurs amis,
  Son plaisir, son cœur et son âme.
La fille crût, se fit : on pouvoit déjà voir
  Hausser et baisser son mouchoir.
Le temps coule : on n'est pas sitôt à la bavette
Qu'on trotte, qu'on raisonne : on devient grandelette,
Puis grande tout à fait ; et puis le serviteur.
  Le père, avec raison, eut peur
  Que sa fille, chassant de race,
 Ne le prévînt, et ne prévînt encor
  Prêtre, notaire, hymen, accord ;
Choses qui d'ordinaire ôtent toute la grâce
  Au présent que l'on fait de soi.
  La laisser sur sa bonne foi,
  Ce n'étoit pas chose trop sûre.
  Il vous mit donc la créature
Dans un couvent. Là cette belle apprit
Ce qu'on apprend, à manier l'aiguille.
  Point de ces livres qu'un fille

Ne lit qu'avec danger, et qui gâtent l'esprit :
Le langage d'amour étoit jargon pour elle :
  On n'eût su tirer de la belle
  Un seul mot que de sainteté :
  En spiritualité
Elle auroit confondu le plus grand personnage.
Si l'une des nonnains la louoit de beauté,
« Mon Dieu, fi ! disoit-elle ; ah ! ma sœur, soyez sage ;
Ne considérez point des traits qui périront ;
C'est terre que cela, les vers le mangeront. »
Au reste, elle n'avoit au monde sa pareille
  A manier un canevas,
Filoit mieux que Cloton, brodoit mieux que Pallas,
Tapissoit mieux qu'Arachne, et mainte autre merveille.
Sa sagesse, son bien, le bruit de ses beautés,
Mais le bien, plus que tout, y fit mettre la presse ;
Car la belle étoit là comme en lieux empruntés,
  Attendant mieux, ainsi que l'on y laisse
  Les bons partis, qui vont souvent
  Au moutier[1] sortant du couvent.

Vous saurez que le père avoit, longtemps devant,
  Cette fille légitimée.
Caliste (c'est le nom de notre renfermée),
N'eut pas la clef des champs, qu'adieu les livres saints.
  Il se présenta des blondins,
  De bons bourgeois, des paladins,
Des gens de tous états, de tout poil, de tout âge.
La belle en choisit un, bien fait, beau personnage,
  D'humeur commode, à ce qu'il lui sembla ;
Et pour gendre aussitôt le père l'agréa.
 La dot fut fort ample, ample fut le douaire :
La fille étoit unique, et le garçon aussi.

1. C'est-à-dire qui vont se marier. *Moutier* ou *Moustier*, monastère, église.

Mais ce ne fut pas là le meilleur de l'affaire ;
    Les mariés n'avoient souci
    Que de s'aimer et de se plaire.
Deux ans de paradis s'étant passés ainsi,
    L'enfer des enfers vint ensuite.
Une jalouse humeur saisit soudainement
    Notre époux, qui fort sottement
S'alla mettre en l'esprit de craindre la poursuite
D'un amant qui sans lui se seroit morfondu ;
    Sans lui le pauvre homme eût perdu
    Son temps à l'entour de la dame,
Quoique pour la gagner il tentât tout moyen.

Que doit faire un mari quand on aime sa femme?
    Rien.
    Voici pourquoi je lui conseille
De dormir, s'il se peut, d'un et d'autre côté.
    Si le galant est écouté,
Vos soins ne feront pas qu'on lui ferme l'oreille.
Quant à l'occasion, cent pour une. Mais si
Des discours du blondin la belle n'a souci,
Vous le lui faites naître, et la chance se tourne.
    Volontiers, où soupçon séjourne,
    Cocuage séjourne aussi.
Damon (c'est notre époux) ne comprit pas ceci.
Je l'excuse et le plains, d'autant plus que l'ombrage
    Lui vint par conseil seulement.
    Il eût fait un trait d'homme sage,
    S'il n'eût cru que son mouvement.
    Vous allez entendre comment.

    L'enchanteresse Nérie
    Fleurissoit lors ; et Circé,
    Au prix d'elle, en diablerie
    N'eût été qu'à l'A B C.

LA COUPE ENCHANTÉE

Car Nérie eut à ses gages
Les intendants des orages,
Et tint le destin lié :
Les Zéphyrs étoient ses pages :
Quant à ses valets de pied,
C'étoient messieurs les Borées,
Qui portoient par les contrées
Ses mandats souventes fois[1]
Gens dispos, mais peu courtois.

Avec toute sa science,
Elle ne put trouver de remède à l'amour :
Damon la captiva. Celle dont la puissance
    Eût arrêté l'astre du jour
Brûle pour un mortel qu'en vain elle souhaite
Posséder une nuit à son contentement.
Si Nérie eût voulu des baisers seulement,
    C'étoit une affaire faite;
Mais elle alloit au point, et ne marchandoit pas.
    Damon, quoiqu'elle eût des appas,
Ne pouvoit se résoudre à fausser la promesse
    D'être fidèle à sa moitié,
    Et vouloit que l'enchanteresse
    Se tînt aux marques d'amitié

Où sont-ils ces maris? la race en est cessée,
Et même je ne sais si jamais on en vit.
L'histoire en cet endroit est, selon ma pensée,
    Un peu sujette à contredit.
L'hippogriffe n'a rien qui me choque l'esprit,
    Non plus que la lance enchantée;
Mais ceci, c'est un point qui d'abord me surprit:
Il passera pourtant; j'en ai fait passer d'autres.

1. Nombre de fois.

Les gens d'alors étoient d'autres gens que les nôtres :
  On ne vivoit pas comme on vit.
Pour venir à ses fins, l'amoureuse Nérie
  Employa philtres et brevets,
Eut recours aux regards remplis d'afféterie,
  Enfin n'omit aucuns secrets.
Damon à ces ressorts opposoit l'hyménée.
  Nérie en fut fort étonnée.
Elle lui dit un jour : « Votre fidélité
Vous paroît héroïque et digne de louange ;
Mais je voudrois savoir comment de son côté
  Caliste en use, et lui rendre le change.
Quoi donc ! si votre femme avoit un favori,
Vous feriez l'homme chaste auprès d'une maîtresse ?
Et pendant que Caliste, attrapant son mari,
Pousseroit jusqu'au bout ce qu'on nomme tendresse,
  Vous n'iriez qu'à moitié chemin ?
  Je vous croyois beaucoup plus fin,
Et ne vous tenois pas homme de mariage.
Laissez les bons bourgeois se plaire en leur ménage ;
C'est pour eux seuls qu'hymen fit les plaisirs permis.
Mais, vous, ne pas chercher ce qu'amour a d'exquis !
Les plaisirs défendus n'auront rien qui vous pique !
Et vous les bannirez de votre république !
Non, non ; je veux qu'ils soient désormais vos amis.
  Faites-en seulement l'épreuve ;
Ils vous feront trouver Caliste toute neuve
  Quand vous reviendrez au logis.
Apprenez tout au moins si votre femme est chaste.
  Je trouve qu'un certain Éraste
  Va chez vous fort assidûment.
— Seroit-ce en qualité d'amant,
Reprit Damon, qu'Éraste nous visite ?
Il est trop mon ami pour toucher ce point-là.
— Votre ami tant qu'il vous plaira,

Dit Nérie, honteuse et dépite[1] :
Caliste a des appas, Éraste a du mérite ;
Du côté de l'adresse il ne leur manque rien ;
  Tout cela s'accommode bien. »

Ce discours porta coup, et fit songer notre homme.
Une épouse fringante, et jeune, et dans son feu,
  Et prenant plaisir à ce jeu
  Qu'il n'est pas besoin que je nomme ;
Un personnage expert aux choses de l'amour,
  Hardi comme un homme de cour,
Bien fait, et promettant beaucoup de sa personne :
Où Damon jusqu'alors avoit-il mis ses yeux ?
Car d'amis... moquez-vous ; c'est une bagatelle.
  En est-il de religieux
Jusqu'à désemparer, alors que la donzelle
Montre à demi son sein, sort du lit un bras blanc,
Se tourne, s'inquiète, et regarde un galant
  En cent façons, de qui la moins friponne
Veut dire : « Il y fait bon, l'heure du berger sonne ;
  Êtes-vous sourd ? » Damon a dans l'esprit
Que tout cela s'est fait, du moins qu'il s'est pu faire.
Sur ce beau fondement le pauvre homme bâtit
  Maint ombrage et mainte chimère.
  Nérie en a bientôt le vent ;
  Et, pour tourner en certitude
  Le soupçon et l'inquiétude
Dont Damon s'est coiffé si malheureusement,
  L'enchanteresse lui propose
    Une chose ;
  C'est de se frotter le poignet
D'une eau dont les sorciers ont trouvé le secret,
Et qu'ils appellent l'eau de la métamorphose,

---

1. Pour dépitée, piquée, fâchée.

Ou des miracles autrement.
Cette drogue, en moins d'un moment,
Lui donneroit d'Éraste et l'air et le visage,
Et le maintien et le corsage,
Et la voix; et Damon, sous ce feint personnage,
Pourroit voir si Caliste en viendroit à l'effet.
Damon n'attend pas davantage :
Il se frotte; il devient l'Éraste le mieux fait
Que la nature ait jamais fait.

En cet état il va trouver sa femme,
Met la fleurette au vent[1]; et cachant son ennui,
« Que vous êtes belle aujourd'hui!
Lui dit-il; qu'avez-vous, madame,
Qui vous donne cet air d'un vrai jour de printemps? »
Caliste, qui savoit les propos des amants,
Tourna la chose en raillerie.
Damon changea de batterie.
Pleurs et soupirs furent tentés,
Et pleurs et soupirs rebutés.
Caliste étoit un roc; rien n'émouvoit la belle.
Pour dernière machine, à la fin notre époux
Proposa de l'argent; et la somme fut telle
Qu'on ne s'en mit point en courroux.
La quantité rend excusable.
Caliste enfin l'inexpugnable
Commença d'écouter raison;
Sa chasteté plia : car comment tenir bon
Contre ce dernier adversaire?
Si tout ne s'ensuivit, il ne tint qu'à Damon;
L'argent en auroit fait l'affaire.
Et quelle affaire ne fait point
Ce bienheureux métal, l'argent maître du monde?

---

1. C'est-à-dire prodigue les propos galants.

Soyez beau, bien disant, ayez perruque blonde,
  N'omettez un seul petit point;
Un financier viendra qui sous votre moustache
Enlèvera la belle; et, dès le premier jour,
  Il fera présent du panache;
Vous languirez encore après un an d'amour.

L'argent sut donc fléchir ce cœur inexorable.
Le rocher disparut : un mouton succéda,
  Un mouton qui s'accommoda
A tout ce qu'on voulut, mouton doux et traitable,
Mouton qui, sur le point de ne rien refuser,
  Donna pour arrhes un baiser.
L'époux ne voulut pas pousser plus loin la chose,
Ni de sa propre honte être lui-même cause.
Il reprit donc sa forme, et dit à sa moitié :
« Ah ! Caliste, autrefois de Damon si chérie,
Caliste, que j'aimai cent fois plus que ma vie,
Caliste, qui m'aimas d'une ardente amitié,
L'argent t'est-il plus cher qu'une union si belle?
Je devrois dans ton sang éteindre ce forfait :
Je ne puis; et je t'aime encor tout infidèle :
Ma mort seule expiera le tort que tu m'as fait. »

Notre épouse, voyant cette métamorphose,
Demeura bien surprise; elle dit peu de chose;
  Les pleurs furent son seul recours.
  Le mari passa quelques jours
  A raisonner sur cette affaire.
  Un cocu se pouvoit-il faire
Par la volonté seule, et sans venir au point?
  L'étoit-il? ne l'étoit-il point?
Cette difficulté fut encore éclaircie
    Par Nérie.
« Si vous êtes, dit-elle, en doute de cela,

Buvez dans cette coupe-là :
On la fit par tel art que, dès qu'un personnage
　　Dûment atteint de cocuage
Y veut porter la lèvre, aussitôt tout s'en va ;
Il n'en avale rien, et répand le breuvage
Sur son sein, sur sa barbe et sur son vêtement.
Que s'il n'est point censé cocu suffisamment,
　　Il boit tout sans répandre goutte. »
　　Damon, pour éclaircir son doute,
Porte la lèvre au vase : il ne se répand rien.
« C'est, dit-il, réconfort ; et pourtant je sais bien
Qu'il n'a tenu qu'à moi. Qu'ai-je affaire de coupe ?
　　Faites-moi place en votre troupe,
Messieurs de la grand'bande. » Ainsi disoit Damon,
Faisant à sa femelle un étrange sermon.
« Misérables humains ! si pour des cocuages
Il faut en ces pays faire tant de façon,
　　Allons-nous-en chez les sauvages. »

Damon, de peur de pis, établit des argus
A l'entour de sa femme, et la rendit coquette.
　　Quand les galants sont défendus,
　　C'est alors que l'on les souhaite.
Le malheureux époux s'informe, s'inquiète,
Et de tout son pouvoir court au-devant d'un mal
Que la peur bien souvent rend aux hommes fatal.
De quart d'heure en quart d'heure il consulte la tasse.
　　Il y boit huit jours sans disgrace.
　　Mais à la fin il y boit tant,
　　Que le breuvage se répand.
Ce fut bien là le comble. O science fatale !
Science que Damon eût bien fait d'éviter !
Il jette de fureur cette coupe infernale ;
Lui-même est sur le point de se précipiter.
Il enferme sa femme en une tour carrée ;

LA COUPE ENCHANTÉE

Lui va, soir et matin, reprocher son forfait.
Cette honte, qu'auroit le silence enterrée,
Court le pays, et vit du vacarme qu'il fait.

Caliste cependant mène une triste vie.
Comme on ne lui laissoit argent ni pierrerie,
Le geôlier fut fidèle ; elle eut beau le tenter.
    Enfin la pauvre malheureuse
Prend son temps que Damon, plein d'ardeur amoureuse,
    Étoit d'humeur à l'écouter.
« J'ai, dit-elle, commis un crime inexcusable ;
Mais quoi ! suis-je la seule ? hélas ! non. Peu d'époux
Sont exempts, ce dit-on, d'un accident semblable.
Que le moins entaché se moque un peu de vous.
    Pourquoi donc être inconsolable ?
— Eh bien ! reprit Damon, je me consolerai,
    Et même vous pardonnerai,
    Tout incontinent que j'aurai
Trouvé de mes pareils une telle légende,
Qu'il s'en puisse former une armée assez grande
Pour s'appeler royale. Il ne faut qu'employer
Le vase qui me sut vos secrets révéler. »

Le mari, sans tarder exécutant la chose,
Attire les passants, tient table en son château.
Sur la fin des repas, à chacun il propose
L'essai de cette coupe, essai rare et nouveau.
« Ma femme, leur dit-il, m'a quitté pour un autre ;
    Voulez-vous savoir si la vôtre
    Vous est fidèle ? Il est quelquefois bon
D'apprendre comme tout se passe à la maison.
En voici le moyen : buvez dans cette tasse :
    Si votre femme de sa grâce
    Ne vous donne aucun suffragant,
    Vous ne répandrez nullement ;

Mais si du dieu nommé Vulcan
Vous suivez la bannière, étant de nos confrères
    En ces redoutables mystères,
    De part et d'autre la boisson
    Coulera sur votre menton. »
Autant qu'il s'en rencontre à qui Damon propose
    Cette pernicieuse chose,
Autant en font l'essai : presque tous y sont pris.
Tel en rit, tel en pleure ; et, selon les esprits,
    Cocuage en plus d'une sorte
    Tient sa morgue parmi ses gens.
    Déjà l'armée est assez forte
    Pour faire corps et battre aux champs.
    La voilà tantôt qui menace
    Gouverneurs de petite place,
    Et leur dit qu'ils seront pendus
    Si de tenir ils ont l'audace :
Car, pour être royale, il ne lui manque plus
    Que peu de gens : c'est une affaire
    Que deux ou trois mois peuvent faire.
    Le nombre croît de jour en jour
    Sans que l'on batte le tambour.
Les différents degrés où monte cocuage
    Règlent le pas et les emplois :
Ceux qu'il n'a visités seulement qu'une fois
    Sont fantassins pour tout potage ;
    On fait les autres cavaliers.
    Quiconque est de ses familiers,
    On ne manque pas de l'élire
    Ou capitaine, ou lieutenant,
    Ou l'on lui donne un régiment,
    Selon qu'entre les mains du sire
    Ou plus ou moins subitement
    La liqueur du vase s'épand.
    Un versa tout en un moment ;

Il fut fait général. Et croyez que l'armée
  De hauts officiers ne manqua :
  Plus d'un intendant se trouva ;
  Cette charge fut partagée.

Le nombre des soldats étant presque complet,
Et plus que suffisant pour se mettre en campagne,
  Renaud, neveu de Charlemagne,
Passe par ce château : l'on l'y traite à souhait ;
  Puis le seigneur du lieu lui fait
  Même harangue qu'à la troupe.
Renaud dit à Damon : « Grand merci de la coupe.
Je crois ma femme chaste, et cette foi suffit.
  Quand la coupe me l'aura dit,
Que m'en reviendra-t-il ? Cela sera-t-il cause
De me faire dormir de plus que de deux yeux ?
  Je dors d'autant, grâces aux dieux.
  Puis-je demander autre chose ?
Que sais-je ? par hasard si le vin s'épandoit ;
Si je ne tenois pas votre vase assez droit,
  Je suis quelquefois maladroit :
Si cette coupe enfin me prenoit pour un autre ?
  Messire Damon, je suis vôtre :
  Commandez-moi tout, hors ce point. »
Ainsi Renaud partit, et ne hasarda point.

Damon dit : « Celui-ci, messieurs, est bien plus sage
Que nous n'avons été : consolons-nous pourtant ;
Nous avons des pareils ; c'est un grand avantage. »
  Il s'en rencontra tant et tant,
Que, l'armée à la fin royale devenue,
Caliste eut liberté, selon le convenant[1] ;
  Par son mari chère tenue,

---

1. Le traité, la convention, la promesse.

Tout de même qu'auparavant.

Époux, Renaud vous montre à vivre :
Pour Damon, gardez de le suivre.
Peut-être le premier eût eu charge de l'ost[1] :
Que sait-on? Nul mortel, soit Roland, soit Renaud,
Du danger de répandre exempt ne se peut croire
Charlemagne lui-même auroit eu tort de boire.

1. De l'armée.

V

LE FAUCON

NOUVELLE TIRÉE DE BOCCACE[1]

Je me souviens d'avoir damné jadis
L'amant avare, et je ne m'en dédis.
Si la raison des contraires est bonne,
Le libéral doit être en paradis :
Je m'en rapporte à messieurs de Sorbonne.

Il étoit donc autrefois un amant
Qui dans Florence aima certaine femme.
Comment, aimer ! c'étoit si follement,
Que, pour lui plaire, il eût vendu son âme.
S'agissoit-il de divertir la dame,
A pleines mains il vous jetoit l'argent :
Sachant très-bien qu'en amour, comme en guerre,
On ne doit plaindre un métal qui fait tout ;
Renverse murs, jette portes par terre,
N'entreprend rien dont il ne vienne à bout,
Fait taire chiens, et, quand il veut, servantes,
Et, quand il veut, les rend plus éloquentes
Que Cicéron, et mieux persuadantes ;

1. *Decameron*, giornata v, novella ix.

Bref, ne voudroit avoir laissé debout
Aucune place, et tant forte fût-elle.
Si[1] laissa-t-il sur ses pieds notre belle.
Elle tint bon; Frédéric échoua
Près de ce roc, et le nez s'y cassa;
Sans fruit aucun vendit et fricassa
Tout son avoir, comme l'on pourroit dire
Belles comtés, beau marquisats de Dieu,
Qu'il possédoit en plus et plus d'un lieu.
Avant qu'aimer, on l'appeloit messire
A longue queue; enfin, grâce à l'amour,
Il ne fut plus que messire tout court.
Rien ne resta qu'une ferme au pauvre homme,
Et peu d'amis, même amis Dieu sait comme.
Le plus zélé de tous se contenta,
Comme chacun, de dire : « C'est dommage. »
Chacun le dit, et chacun s'en tint là :
Car de prêter à moins que sur bon gage,
Point de nouvelle : on oublia les dons,
Et le mérite, et les belles raisons
De Frédéric, et sa première vie.
Le protestant[2] de madame Clitie
N'eut de crédit qu'autant qu'il eut de fonds.
Tant qu'il dura, le bal, la comédie
Ne manqua point à cet heureux objet;
De maints tournois elle fut le sujet;
Faisant gagner marchands de toutes guises,
Faiseurs d'habits, et faiseurs de devises,
Musiciens, gens du sacré vallon :
Frédéric eut à sa table Apollon.
Femme n'étoit ni fille dans Florence
Qui n'employât, pour débaucher le cœur

1. Pourtant.
2. Le faiseur de protestations d'amour.

LE FAUCON

Du cavalier, l'une un mot suborneur,
L'autre un coup d'œil, l'autre quelque autre avance :
Mais tout cela ne faisoit que blanchir.
Il aimoit mieux Clitie inexorable
Qu'il n'auroit fait Hélène favorable.
Conclusion, qu'il ne la put fléchir.

Or, en ce train de dépense effroyable,
Il envoya les marquisats au diable
Premièrement; puis en vint aux comtés,
Titres par lui plus qu'aucuns regrettés,
Et dont alors on faisoit plus de compte.
Delà les monts chacun veut être comte,
Ici marquis, baron peut-être ailleurs.
Je ne sais pas lesquels sont les meilleurs;
Mais je sais bien qu'avecque la patente
De ces beaux noms on s'en aille au marché,
L'on reviendra comme on étoit allé :
Prenez le titre, et laissez-moi la rente.
Clitie avoit aussi beaucoup de bien;
Son mari même étoit grand terrien.
Ainsi jamais la belle ne prit rien,
Argent ni dons, mais souffrit la dépense
Et les cadeaux, sans croire, pour cela,
Être obligée à nulle récompense.

S'il m'en souvient, j'ai dit qu'il ne resta
Au pauvre amant rien qu'une métairie,
Chétive encore, et pauvrement bâtie.
Là Frédéric alla se confiner,
Honteux qu'on vît sa misère en Florence;
Honteux encor de n'avoir su gagner,
Ni par amour, ni par magnificence,
Ni par six ans de devoirs et de soins,
Une beauté qu'il n'en aimoit pas moins.

Il s'en prenoit à son peu de mérite,
Non à Clitie; elle n'ouït jamais,
Ni pour froideurs, ni pour autres sujets,
Plainte de lui, ni grande ni petite.
Notre amoureux subsista comme il put
Dans sa retraite, où le pauvre homme n'eut,
Pour le servir, qu'une vieille édentée;
Cuisine froide et fort peu fréquentée;
A l'écurie, un cheval assez bon,
Mais non pas fin; sur la perche, un faucon
Dont à l'entour de cette métairie
Défunt marquis s'en alloit, sans valets,
Sacrifiant à sa mélancolie
Mainte perdrix, qui, las! ne pouvoit mais [1]
Des cruautés de madame Clitie.
Ainsi vivoit le malheureux amant;
Sage s'il eût, en perdant sa fortune,
Perdu l'amour qui l'alloit consumant :
Mais de ses feux la mémoire importune
Le talonnoit; toujours un double ennui
Alloit en croupe à la chasse avec lui [2].

Mort vint saisir le mari de Clitie.
Comme ils n'avoient qu'un fils pour tous enfants,
Fils n'ayant pas pour un pouce de vie,
Et que l'époux, dont les biens étoient grands,
Avoit toujours considéré sa femme,
Par testament il déclare la dame
Son héritière, arrivant le décès

---

1. N'y pouvoit rien, n'étoit pas coupable.

2.   Post equitem sedet atra cura :
Boileau a dit :
    Le chagrin monte en croupe, et galope avec lui.
                      Épitre v, v. 43.

LE FAUCON

De l'enfançon ¹, qui peu de temps après
Devint malade. On sait que d'ordinaire
A ses enfants mère ne sait que faire
Pour leur montrer l'amour qu'elle a pour eux ;
Zèle souvent aux enfants dangereux.
Celle-ci, tendre et fort passionnée,
Autour du sien est toute la journée ;
Lui demandant ce qu'il veut, ce qu'il a ;
S'il mangeroit volontiers de cela ;
Si ce jouet, enfin si cette chose
Est à son gré. Quoi que l'on lui propose,
Il le refuse, et pour toute raison
Il dit qu'il veut seulement le faucon
De Fédéric ; pleure, et mène une vie
A faire gens de bon cœur détester.
Ce qu'un enfant a dans la fantaisie
Incontinent il faut l'exécuter,
Si l'on ne veut l'ouïr toujours crier.
Or il est bon de savoir que Clitie,
A cinq cents pas de cette métairie,
Avoit du bien, possédoit un château :
Ainsi l'enfant avoit pu de l'oiseau
Ouïr parler. On en disoit merveilles :
On en comptoit des choses non pareilles ;
Que devant lui jamais une perdrix
Ne se sauvoit, et qu'il en avoit pris
Tant ce matin, tant cette après-dînée.
Son maître n'eût donné pour un trésor
Un tel faucon. Qui fut bien empêchée ?
Ce fut Clitie. Aller ôter encor
A Fédéric l'unique et seule chose
Qui lui restoit ! et supposé qu'elle ose
Lui demander ce qu'il a pour tout bien,

1. Du petit enfant.

Auprès de lui méritoit-elle rien?
Elle l'avoit payé d'ingratitude;
Point de faveurs; toujours hautaine et rude
En son endroit. De quel front s'en aller
Après cela le voir et lui parler,
Ayant été cause de sa ruine?
D'autre côté, l'enfant s'en va mourir,
Refuse tout; tient tout pour médecine;
Afin qu'il mange, il faut l'entretenir
De ce faucon; il se tourmente, il crie :
S'il n'a l'oiseau, c'est fait que de sa vie.

Ces raisons-ci l'emportèrent enfin.
Chez Fédéric la dame, un beau matin,
S'en va sans suite et sans nul équipage.
Fédéric prend pour un ange des cieux
Celle qui vient d'apparoître à ses yeux;
Mais cependant il a honte, il enrage
De n'avoir pas chez soi pour lui donner
Tant seulement un malheureux dîner.
Le pauvre état où sa dame le treuve[1]
Le rend confus. Il dit donc à la veuve :
« Quoi! venir voir le plus humble de ceux
Que vos beautés ont rendus amoureux,
Un villageois, un hère, un misérable!
C'est trop d'honneur; votre bonté m'accable.
Assurément vous alliez autre part. »
A ce propos notre veuve repart :
« Non, non, seigneur; c'est pour vous la visite;
Je viens manger avec vous ce matin.
— Je n'ai, dit-il, cuisinier ni marmite :
Que vous donner? — N'avez-vous pas du pain? »

1. Le treuve. Nos anciens poëtes offrent beaucoup d'exemples de *reuver* pour *trouver*.

Reprit la dame. Incontinent lui-même
Il va chercher quelque œuf au poulailler,
Quelque morceau de lard en son grenier.
Le pauvre amant, en ce besoin extrême,
Voit son faucon, sans raisonner le prend,
Lui tord le cou, le plume, le fricasse,
Et l'assaisonne, et court de place en place.
Tandis, la vieille a soin du demeurant,
Fouille au bahut, choisit pour cette fête
Ce qu'ils avoient de linge plus honnête,
Met le couvert, va cueillir au jardin
Du serpolet, un peu de romarin,
Cinq ou six fleurs, dont la table est jonchée.
Pour abréger, on sert la fricassée.
La dame en mange, et feint d'y prendre goût.
Le repas fait, cette femme résout
De hasarder l'incivile requête,
Et parle ainsi : « Je suis folle, seigneur,
De m'en venir vous arracher le cœur ;
Encore un coup, il ne m'est guère honnête
De demander à mon défunt amant
L'oiseau qui fait son seul contentement :
Doit-il pour moi s'en priver un moment?
Mais excusez une mère affligée :
Mon fils se meurt : il veut votre faucon.
Mon procédé ne mérite un tel don ;
La raison veut que je sois refusée :
Je ne vous ai jamais accordé rien.
Votre repos, votre honneur, votre bien,
S'en sont allés aux plaisirs de Clitie.
Vous m'aimiez plus que votre propre vie :
A cet amour j'ai très-mal répondu ;
Et je m'en viens, pour comble d'injustice,
Vous demander... et quoi? c'est temps perdu...
Votre faucon. Mais non : plutôt périsse

L'enfant, la mère, avec le demeurant,
Que de vous faire un déplaisir si grand!
Souffrez, sans plus, que cette triste mère,
Aimant d'amour la chose la plus chère
Que jamais femme au monde puisse avoir,
Un fils unique, une unique espérance,
S'en vienne au moins s'acquitter du devoir
De la nature, et pour toute allégeance
En votre sein décharge sa douleur.
Vous savez bien par votre expérience
Que c'est d'aimer; vous le savez, seigneur.
Ainsi je crois trouver chez vous excuse.
— Hélas! reprit l'amant infortuné,
L'oiseau n'est plus; vous en avez dîné.
— L'oiseau n'est plus! dit la veuve confuse.
— Non, reprit-il; plût au ciel vous avoir
Servi mon cœur, et qu'il eût prit la place
De ce faucon! Mais le sort me fait voir
Qu'il ne sera jamais en mon pouvoir
De mériter de vous aucune grâce.
En mon pallier rien ne m'étoit resté :
Depuis deux jours la bête[1] a tout mangé.
J'ai vu l'oiseau; je l'ai tué sans peine :
Rien coûte-t-il quand on reçoit sa reine?
Ce que je puis pour vous est de chercher
Un bon faucon : ce n'est chose si rare
Que dès demain nous n'en puissions trouver.
— Non, Frédéric, dit-elle; je déclare
Que c'est assez. Vous ne m'avez jamais
De votre amour donné plus grande marque.
Que mon fils soit enlevé par la Parque,

---

1. C'est-à-dire le loup, le renard, le putois, le furet, et les autres bêtes sauvages qui s'introduisent dans les basses-cours et détruisent les volailles.

Ou que le ciel le rende à mes souhaits,
J'aurai pour vous de la reconnoissance.
Venez me voir, donnez-m'en l'espérance :
Encore un coup, venez nous visiter. »
Elle partit, non sans lui présenter
Une main blanche, unique témoignage
Qu'amour avoit amolli ce courage.
Le pauvre amant prit la main, la baisa,
Et de ses pleurs quelque temps l'arrosa.

Deux jours après, l'enfant suivit le père.
Le deuil fut grand; la trop dolente mère
Fit dans l'abord force larmes couler.
Mais, comme il n'est peine d'âme si forte
Qu'il ne s'en faille à la fin consoler,
Deux médecins la traitèrent de sorte
Que sa douleur eut un terme assez court :
L'un fut le temps, et l'autre fut l'amour.
On épousa Frédéric en grand'pompe,
Non-seulement par obligation,
Mais, qui plus est, par inclination,
Par amour même. Il ne faut qu'on se trompe
A cet exemple, et qu'un pareil espoir
Nous fasse ainsi consumer notre avoir :
Femmes ne sont toutes reconnoissantes.
A cela près, ce sont choses charmantes;
Sous le ciel n'est un plus bel animal.
Je n'y comprends le sexe en général :
Loin de cela; j'en vois peu d'avenantes.
Pour celles-ci, quand elles sont aimantes,
J'ai les desseins du monde les meilleurs :
Les autres n'ont qu'à se pourvoir ailleurs.

VI

LA COURTISANE AMOUREUSE

Le jeune Amour, bien qu'il ait la façon
D'un dieu qui n'est encor qu'à sa leçon,
Fut de tout temps grand faiseur de miracles :
En gens coquets il change les Catons;
Par lui les sots deviennent des oracles;
Par lui les loups deviennent des moutons :
Il fait si bien que l'on n'est plus le même.
Témoin Hercule, et témoin Polyphême,
Mangeurs de gens : l'un, sur un roc assis,
Chantoit aux vents ses amoureux soucis,
Et, pour charmer sa nymphe joliette,
Tailloit sa barbe, et se miroit dans l'eau :
L'autre changea sa massue en fuseau
Pour le plaisir d'une jeune fillette.
J'en dirois cent : Bocace en rapporte un[1],
Dont j'ai trouvé l'exemple peu commun.
C'est de Chimon, jeune homme tout sauvage,
Bien fait de corps, mais ours quant à l'esprit.
Amour le lèche, et tant qu'il le polit.
Chimon devint un galant personnage.
Qui fit cela? deux beaux yeux seulement.

---

[1]. *Decameron*, giornata v, novella 1.

Pour les avoir aperçus un moment,
Encore à peine, et voilés par le somme,
Chimon aima, puis devint honnête homme.
Ce n'est le point dont il s'agit ici.

Je veux conter comme une de ces femmes
Qui font plaisir aux enfants sans souci
Put en son cœur loger d'honnêtes flammes.
Elle étoit fière, et bizarre surtout :
On ne savoit comme en venir à bout.
Rome, c'étoit le lieu de son négoce :
Mettre à ses pieds la mitre avec la crosse,
C'étoit trop peu ; les simples monseigneurs
N'étoient d'un rang digne de ses faveurs.
Il lui falloit un homme du conclave,
Et des premiers, et qui fût son esclave ;
Et même encore il y profitoit peu,
A moins que d'être un cardinal neveu.
Le pape enfin, s'il se fût piqué d'elle,
N'auroit été trop bon pour la donzelle.
De son orgueil ses habits se sentoient ;
Force brillants sur sa robe éclatoient,
La chamarrure avec la broderie.
Lui voyant faire ainsi la renchérie,
Amour se mit en tête d'abaisser
Ce cœur si haut ; et pour un gentilhomme
Jeune, bien fait, et des mieux mis de Rome,
Jusques au vif il voulut la blesser.
L'adolescent avoit pour nom Camille ;
Elle, Constance. Et bien qu'il fût d'humeur
Douce, traitable, à se prendre facile,
Constance n'eut sitôt l'amour au cœur,
Que la voilà craintive devenue.
Elle n'osa déclarer ses désirs
D'autre façon qu'avecque des soupirs.

Auparavant, pudeur ni retenue
Ne l'arrêtoient; mais tout fut bien changé.
Comme on n'eût cru qu'Amour se fût logé
En cœur si fier, Camille n'y prit garde.
Incessamment Constance le regarde;
Et puis soupirs, et puis regards nouveaux :
Toujours rêveuse au milieu des cadeaux[1] :
Sa beauté même y perdit quelque chose;
Bientôt le lis l'emporta sur la rose.

Avint qu'un soir Camille régala
Des jeunes gens; il eut aussi des femmes :
Constance en fut. La chose se passa
Joyeusement; car peu d'entre ces dames
Étoient d'humeur à tenir des propos
De sainteté ni de philosophie :
Constance seule, étant sourde aux bons mots,
Laissoit railler toute la compagnie.
Le souper fait, chacun se retira.
Tout dès l'abord Constance s'éclipsa,
S'allant cacher en certaine ruelle.
Nul n'y prit garde; et l'on crut que chez elle,
Indisposée, ou de mauvaise humeur,
Ou pour affaire, elle étoit retournée.
La compagnie étant donc retirée,
Camille dit à ses gens, par bonheur,
Qu'on le laissât, et qu'il vouloit écrire.
Le voilà seul, et comme le desire
Celle qui l'aime, et qui ne sait comment
Ni l'aborder, ni par quel compliment
Elle pourra lui déclarer sa flamme.
Tremblante enfin, et par nécessité,
Elle s'en vient. Qui fut bien étonné?

---

1. Des repas et des fêtes qui lui étoient donnés.

Ce fut Camille. « Eh quoi! dit-il, madame,
Vous surprenez ainsi vos bons amis! »
Il la fit seoir. Et puis s'étant remis :
« Qui vous croyoit, reprit-il, demeurée?
Et qui vous a cette cache montrée?
— L'Amour, » dit-elle. A ce seul mot sans plus,
Elle rougit; chose que ne font guère
Celles qui sont prêtresses de Vénus :
Le vermillon leur vient d'autre manière.
Camille avoit déjà quelque soupçon
Que l'on l'aimoit; il n'étoit si novice
Qu'il ne connût ses gens à la façon :
Pour en avoir un plus certain indice,
Et s'égayer, et voir si ce cœur fier
Jusques au bout pourroit s'humilier,
Il fit le froid. Notre amante en soupire;
La violence enfin de son martyre
La fait parler. Elle commence ainsi :
« Je ne sais pas ce que vous allez dire
De voir Constance oser venir ici
Vous déclarer sa passion extrême.
Je ne saurois y penser sans rougir;
Car du métier de nymphe me couvrir,
On n'en est plus dès le moment qu'on aime.
Puis, quelle excuse! Hélas! si le passé
Dans votre esprit pouvoit être effacé!
Du moins, Camille, excusez ma franchise :
Je vois fort bien que, quoi que je vous dise,
Je vous déplais. Mon zèle me nuira.
Mais, nuise ou non, Constance vous adore;
Méprisez-la, chassez-la, battez-la;
Si vous pouvez, faites-lui pis encore;
Elle est à vous. » Alors le jouvenceau :
« Critiquer gens m'est, dit-il, fort nouveau;
Ce n'est mon fait; et, toutefois, madame,

Je vous dirai tout net que ce discours
Me surprend fort, et que vous n'êtes femme
Qui dût ainsi prévenir nos amours.
Outre le sexe, et quelque bienséance
Qu'il faut garder, vous vous êtes fait tort.
A quel propos toute cette éloquence?
Votre beauté m'eût gagné sans effort,
Et de son chef. Je vous le dis encor,
Je n'aime point qu'on me fasse d'avance. »
Ce propos fut à la pauvre Constance
Un coup de foudre. Elle reprit pourtant :
« J'ai mérité ce mauvais traitement.
Mais ose-t-on vous dire sa pensée?
Mon procédé ne me nuiroit pas tant,
Si ma beauté n'étoit point effacée.
C'est compliment, ce que vous m'avez dit;
J'en suis certaine, et lis dans votre esprit :
Mon peu d'appas n'a rien qui vous engage.
D'où me vient-il? je m'en rapporte à vous.
N'est-il pas vrai que naguère, entre nous,
A mes attraits chacun rendoit hommage?
Ils sont éteints ces dons si précieux :
L'amour que j'ai m'a causé ce dommage;
Je ne suis plus assez belle à vos yeux :
Si je l'étois, je serois assez sage.
— Nous parlerons tantôt de ce point-là,
Dit le galant : il est tard, et voilà
Minuit qui sonne; il faut que je me couche. »

Constance crut qu'elle auroit la moitié
D'un certain lit que d'un œil de pitié
Elle voyoit : mais d'en ouvrir la bouche,
Elle n'osa, de crainte de refus.
Le compagnon, feignant d'être confus,
Se tut longtemps; puis dit : « Comment ferai-je?

Je ne me puis tout seul déshabiller.
— Eh bien! monsieur, dit-elle, appellerai-je?
— Non, reprit-il, gardez-vous d'appeler;
Je ne veux pas qu'en ce lieu l'on vous voie,
Ni qu'en ma chambre une fille de joie
Passe la nuit, au su de tous mes gens.
— Cela suffit, monsieur, repartit-elle.
Pour éviter ces inconvénients,
Je me pourrois cacher en la ruelle :
Mais faisons mieux, et ne laissons venir
Personne ici; l'amoureuse Constance
Veut aujourd'hui de laquais vous servir.
Accordez-lui pour toute récompense
Cet honneur-là. » Le jeune homme y consent.
Elle s'approche; elle le déboutonne;
Touchant sans plus à l'habit, et n'osant
Du bout du doigt toucher à la personne.
Ce ne fut tout : elle le déchaussa.
Quoi! de sa main? quoi! Constance elle-même?
Qui fut-ce donc? Est-ce trop que cela?
Je voudrois bien déchausser ce que j'aime.

Le compagnon dans le lit se plaça,
Sans la prier d'être de la partie.
Constance crut dans le commencement
Qu'il la vouloit éprouver seulement,
Mais tout cela passoit la raillerie.
Pour en venir au point plus important :
« Il fait, dit-elle, un temps froid comme glace;
Où me coucher?

CAMILLE.

Partout où vous voudrez.

CONSTANCE.

Quoi! sur ce siége?

CAMILLE.

                Eh bien non ; vous viendrez
Dedans mon lit.

CONSTANCE.

              Délacez-moi, de grâce.

CAMILLE.

Je ne saurois ; il fait froid ; je suis nu :
Délacez-vous. » Notre amante ayant vu,
Près du chevet, un poignard dans sa gaîne,
Le prend, le tire, et coupe ses habits,
Corps piqué d'or, garnitures de prix,
Ajustements de princesse et de reine :
Ce que les gens, en deux mois, à grand'peine,
Avoient brodé périt en un moment ;
Sans regretter ni plaindre aucunement
Ce que le sexe aime plus que sa vie.
Femmes de France, en feriez-vous autant ?
Je crois que non ; j'en suis sûr ; et partant
Cela fut beau sans doute en Italie.

La pauvre amante approche en tapinois,
Croyant tout fait, et que pour cette fois
Aucun bizarre et nouveau stratagème
Ne viendroit plus son aise reculer.
Camille dit : « C'est trop dissimuler ;
Femme qui vient se produire elle-même
N'aura jamais de place à mes côtés :
Si bon vous semble, allez vous mettre aux pieds. »
Ce fut bien là qu'une douleur extrême
Saisit la belle ; et si lors, par hasard,
Elle avoit eu dans ses mains le poignard,
C'en étoit fait, elle eût de part en part

Percé son cœur. Toutefois l'espérance
Ne mourut pas encor dans son esprit.
Camille étoit trop connu de Constance :
Et que ce fût tout de bon qu'il eût dit
Chose si dure, et pleine d'insolence,
Lui qui s'étoit jusque-là comporté
En homme doux, civil, et sans fierté,
Cela sembloit contre toute apparence.
Elle va donc en travers se placer
Aux pieds du sire, et d'abord les lui baise;
Mais point trop fort, de peur de le blesser.
On peut juger si Camille étoit aise.
Quelle victoire ! Avoir mis à ce point
Une beauté si superbe et si fière !
Une beauté !... je ne la décris point,
Il me faudroit une semaine entière :
On ne pouvoit reprocher seulement
Que la pâleur à cet objet charmant,
Pâleur encor dont la cause étoit telle
Qu'elle donnoit du lustre à notre belle.

Camille donc s'étend, et, sur un sein
Pour qui l'ivoire auroit eu de l'envie,
Pose ses pieds, et sans cérémonie,
Il s'accommode et se fait un coussin;
Puis feint qu'il cède aux charmes de Morphée.
Par les sanglots notre amante étouffée
Lâche la bonde aux pleurs; cette fois-là
Ce fut la fin. Camille l'appela
D'un ton de voix qui plut fort à la belle.
« Je suis content, dit-il, de votre amour :
Venez, venez, Constance ; c'est mon tour. »
Elle se glisse. Et lui, s'approchant d'elle :
« M'avez-vous cru si dur et si brutal,
Que d'avoir fait tout de bon le sévère ?

Dit-il d'abord; vous me connoissez mal :
Je vous voulois donner lieu de me plaire.
Or, bien je sais le fond de votre cœur ;
Je suis content, satisfait, plein de joie,
Comblé d'amour : et que votre rigueur,
Si bon lui semble, à son tour se déploie ;
Elle le peut ; usez-en librement.
Je me déclare aujourd'hui votre amant,
Et votre époux ; et ne sais nulle dame,
De quelque rang et beauté que ce soit,
Qui vous valût pour maîtresse et pour femme;
Car le passé rappeler ne se doit
Entre nous deux. Une chose ai-je à dire :
C'est qu'en secret il nous faut marier.
Il n'est besoin de vous spécifier
Pour quel sujet : cela vous doit suffire.
Même il est mieux de cette façon-là ;
Un tel hymen à des amours ressemble :
On est époux et galant tout ensemble. »
L'histoire dit que le drôle ajouta :
« Voulez-vous pas, en attendant le prêtre,
A votre amant vous fier aujourd'hui?
Vous le pouvez, je vous réponds de lui ;
Son cœur n'est pas d'un perfide et d'un traître. »
A tout cela Constance ne dit rien :
C'étoit tout dire ; il le reconnut bien,
N'étant novice en semblables affaires.
Quant au surplus, ce sont de tels mystères
Qu'il n'est besoin d'en faire le récit.

Voilà comment Constance réussit.
Or, faites-en, nymphes, votre profit.
Amour en a dans son académie,
Si l'on vouloit venir à l'examen,
Que j'aimerois pour un pareil hymen,

Mieux que mainte autre à qui l'on se marie.
Femme qui n'a filé toute sa vie
Tâche à passer bien des choses sans bruit :
Témoin Constance, et tout ce qui s'ensuit.
Noviciat d'épreuves un peu dures :
Elle en reçut abondamment le fruit.
Nonnes je sais qui voudroient, chaque nuit,
En faire un tel, à toutes aventures.
Ce que possible on ne croira pas vrai,
C'est que Camille, en caressant la belle,
Des dons d'amour lui fit goûter l'essai.
L'essai ? je faux[1] : Constance en étoit-elle
Aux éléments ? Oui, Constance en étoit
Aux éléments. Ce que la belle avoit
Pris et donné de plaisirs en sa vie,
Compter pour rien jusqu'alors se devoit.
Pourquoi cela ? Quiconque aime le die.

1. Je me trompe.

VII

NICAISE[1]

Un apprenti marchand étoit,
Qu'avec droit Nicaise[2] on nommoit,
Garçon très-neuf hors sa boutique
Et quelque peu d'arithmétique;
Garçon novice dans les tours
Qui se pratiquent en amours.
Bons bourgeois, du temps de nos pères,
S'avisoient tard d'être bons frères ;
Ils n'apprenoient cette leçon
Qu'ayant de la barbe au menton.
Ceux d'aujourd'hui, sans qu'on les flatte,
Ont soin de s'y rendre savants
Aussitôt que les autres gens.
Le jouvenceau de vieille date,
Possible, un peu moins avancé,
Par les degrés n'avoit passé.
Quoi qu'il en soit, le pauvre sire
En très-beau chemin demeura,
Se trouvant court par celui-là :

1. GIROLAMO BRUSONI, *Novelle amorose*, novella seconda, l'*Amante schernito*.

2. Dérivé de *nice*, niais, simple.

C'est par l'esprit que je veux dire.
Une belle pourtant l'aima,
C'étoit la fille de son maître,
Fille aimable autant qu'on peut l'être,
Et ne tournant autour du pot,
Soit par humeur franche et sincère,
Soit qu'il fût force d'ainsi faire,
Étant tombée aux mains d'un sot,
Quelqu'un de trop de hardiesse
Ira la taxer; et moi, non :
Tels procédés ont leur raison.
Lorsque l'on aime une déesse,
Elle fait ces avances-là :
Notre belle savoit cela.
Son esprit, ses traits, sa richesse,
Engageoient beaucoup de jeunesse
A sa recherche; heureux seroit
Celui d'entre eux qui cueilleroit,
En nom d'hymen, certaine chose
Qu'à meilleur titre elle promit
Au jouvenceau ci-dessus dit :
Certain dieu parfois en dispose,
Amour nommé communément.
Il plut à la belle d'élire
Pour ce point l'apprenti marchand.
Bien est vrai, car il faut tout dire,
Qu'il étoit très-bien fait de corps,
Beau, jeune, et frais; ce sont trésors
Que ne méprise aucune dame,
Tant soit son esprit précieux.
Pour une qu'Amour prend par l'âme,
Il en prend mille par les yeux.

Celle-ci donc, des plus galantes,
Par mille choses engageantes

Tâchoit d'encourager le gars,
N'étoit chiche de ses regards,
Le pinçoit, lui venoit sourire,
Sur les yeux lui mettoit la main,
Sur le pied lui marchoit enfin.
A ce langage il ne sut dire
Autre chose que des soupirs,
Interprètes de ses desirs.
Tant fut, à ce que dit l'histoire,
De part et d'autre soupiré,
Que, leur feu dûment déclaré,
Les jeunes gens, comme on peut croire,
Ne s'épargnèrent ni serments,
Ni d'autres points bien plus charmants,
Comme baisers à grosse usure [1] ;
Le tout sans compte et sans mesure :
Calculateur que fût l'amant,
Brouiller falloit incessamment ;
La chose étoit tant infinie,
Qu'il y faisoit toujours abus.
Somme toute, il n'y manquoit plus
Qu'une seule cérémonie.
Bon fait aux filles l'épargner.
Ce ne fut pas sans témoigner
Bien du regret, bien de l'envie.
« Par vous, disoit la belle amie,
Je me la veux faire enseigner,
Ou ne la savoir de ma vie.
Je la saurai, je vous promets ;
Tenez-vous certain désormais
De m'avoir pour votre apprentie.
Je ne puis pour vous que ce point ;

---

1. Ou avec accumulation de forts intérêts, c'est-à-dire en grande quantité.

Je suis franche : n'attendez point
Que, par un langage ordinaire,
Je vous promette de me faire
Religieuse, à moins qu'un jour
L'hymen ne suive notre amour.
Cet hymen seroit bien mon compte,
N'en doutez point; mais le moyen?
Vous m'aimez trop pour vouloir rien
Qui me pût causer de la honte.
Tels et tels m'ont fait demander;
Mon père est prêt de m'accorder :
Moi, je vous permets d'espérer
Qu'à qui que ce soit qu'on m'engage,
Soit conseiller, soit président,
Soit veille ou jour de mariage,
Je serai vôtre auparavant,
Et vous aurez mon pucelage. »

Le garçon la remercia
Comme il put. A huit jours de là,
Il s'offre un parti d'importance.
La belle dit à son ami :
« Tenons-nous-en à celui-ci;
Car il est homme, que je pense,
A passer la chose au gros sas[1]. »
La belle en étant sur ce cas,
On la promet; on la commence :
Le jour des noces se tient prêt.
Entendez ceci, s'il vous plaît.
Je pense voir votre pensée
Sur ce mot-là de commencée.
C'étoit alors, sans point d'abus,
Fille promise, et rien de plus.

1. Laisser passer beaucoup de choses sans y prendre garde. Le sas est un tamis pour le plâtre, pour la farine.

Huit jours donnés à la fiancée,
Comme elle appréhendoit encor
Quelque rupture en cet accord,
Elle diffère le négoce
Jusqu'au propre jour de la noce,
De peur de certain accident
Qui les fillettes va perdant.
On mène au moutier [1] cependant
Notre galande encor pucelle :
Le *oui* fut dit à la chandelle.
L'époux voulut avec la belle
S'en aller coucher, au retour.
Elle demande encor ce jour,
Et ne l'obtient qu'avecque peine ;
Il fallut pourtant y passer.
Comme l'aurore étoit prochaine,
L'épouse, au lieu de se coucher,
S'habille. On eût dit une reine.
Rien ne manquoit aux vêtements,
Perles, joyaux, et diamants :
Son épousé la faisoit dame.
Son ami, pour la faire femme,
Prend heure avec elle au matin :
Ils devoient aller au jardin
Dans un bois propre à telle affaire ;
Une compagne y devoit faire
Le guet autour de nos amants,
Compagne instruite du mystère.
La belle s'y rend la première,
Sous le prétexte d'aller faire
Un bouquet, dit-elle à ses gens.

Nicaise, après quelques moments,

1. Église.

La va trouver; et le bon sire,
Voyant le lieu, se met à dire :
« Qu'il fait ici d'humidité!
Foin! votre habit sera gâté;
Il est beau, ce seroit dommage :
Souffrez, sans tarder davantage,
Que j'aille quérir un tapis.
— Eh! mon Dieu! laissons les habits,
Dit la belle toute piquée;
Je dirai que je suis tombée.
Pour la perte, n'y songez point :
Quand on a temps si fort à point,
Il en faut user; et périssent
Tous les vêtements du pays!
Que plutôt tous les beaux habits
Soient gâtés, et qu'ils se salissent,
Que d'aller ainsi consumer
Un quart d'heure! un quart d'heure est cher.
Tandis que tous les gens agissent
Pour ma noce, il ne tient qu'à vous
D'employer des moments si doux.
Ce que je dis ne me sied guère;
Mais je vous chéris, et vous veux
Rendre honnête homme, si je peux.
— En vérité, dit l'amoureux,
Conserver étoffe si chère
Ne seroit point mal fait à nous.
Je cours; c'est fait; je suis à vous :
Deux minutes feront l'affaire. »
Là-dessus il part, sans laisser
Le temps de lui rien répliquer.

Sa sottise guérit la dame;
Un tel dédain lui vint en l'âme,
Qu'elle reprit dès ce moment

Son cœur, que trop indignement
Elle avoit placé. « Quelle honte !
Prince des sots, dit-elle en soi,
Va, je n'ai nul regret de toi :
Tout autre eût été mieux mon compte.
Mon bon ange a considéré
Que tu n'avois pas mérité
Une faveur si précieuse :
Je ne veux plus être amoureuse
Que de mon mari ; j'en fais vœu.
Et de peur qu'un reste de feu
A le trahir ne me rengage,
Je vais, sans tarder davantage,
Lui porter un bien qu'il auroit
Quand Nicaise en son lieu seroit. »
A ces mots, la pauvre épousée
Sort du bois, fort scandalisée.
L'autre revient, et son tapis :
Mais ce n'est plus comme jadis.
Amants, la bonne heure ne sonne
A toutes les heures du jour.
J'ai lu dans l'alphabet d'amour
Qu'un galant près d'une personne
N'a toujours le temps comme il veut :
Qu'il le prenne donc comme il peut.
Tous délais y font du dommage :
Nicaise en est un témoignage.
Fort essoufflé d'avoir couru,
Et joyeux de telle prouesse,
Il s'en revient, bien résolu
D'employer tapis et maîtresse.
Mais quoi ! la dame en bel habit,
Mordant ses lèvres de dépit,
Retournoit vers la compagnie,
Et, de sa flamme bien guérie,

Possible alloit dans ce moment,
Pour se venger de son amant,
Porter à son mari la chose
Qui lui causoit ce dépit-là.
Quelle chose? c'est celle-là
Que fille dit toujours qu'elle a.
Je le crois; mais d'en mettre jà
Mon doigt au feu, ma foi! je n'ose :
Ce que je sais, c'est qu'en tel cas
Fille qui ment ne pèche pas.
Grâce à Nicaise, notre belle,
Ayant sa fleur en dépit d'elle,
S'en retournoit tout en grondant,
Quand Nicaise, la rencontrant :
« A quoi tient, dit-il à la dame,
Que vous ne m'ayez attendu
Sur ce tapis bien étendu?
Vous seriez en peu d'heure [1] femme.
Retournons donc sans consulter;
Venez cesser d'être pucelle,
Puisque je puis, sans rien gâter,
Vous témoigner quel est mon zèle.
— Non pas cela, reprit la belle;
Mon pucelage dit qu'il faut
Remettre l'affaire à tantôt.
J'aime votre santé, Nicaise,
Et vous conseille auparavant
De reprendre un peu votre vent :
Or, respirez tout à votre aise.
Vous êtes apprenti marchand,
Faites-vous apprenti galant :
Vous n'y serez pas sitôt maître.
A mon égard, je ne puis être

1. En peu de temps.

Votre maîtresse en ce métier.
Sire Nicaise, il vous faut prendre
Quelque servante du quartier.
Vous savez des étoffes vendre,
Et leur prix en perfection;
Mais ce que vaut l'occasion,
Vous l'ignorez, allez l'apprendre.

VIII

LE BÂT[1]

Un peintre étoit, qui, jaloux de sa femme,
Allant aux champs, lui peignit un baudet
Sur le nombril, en guise de cachet.
Un sien confrère, amoureux de la dame,
La va trouver, et l'âne efface net,
Dieu sait comment; puis un autre en remet
Au même endroit, ainsi que l'on peut croire.
A celui-ci, par faute de mémoire,
Il mit un bât; l'autre n'en avoit point.
L'époux revient, veut s'éclaircir du point :
« Voyez, mon fils, dit la bonne commère,
L'âne est témoin de ma fidélité.
— Diantre soit fait, dit l'époux en colère,
Et du témoin, et de qui l'a bâté. »

1. D'Ouville, Contes.

IX

LE BAISER RENDU

Guillot passoit avec sa mariée.
Un gentilhomme à son gré la trouvant :
« Qui t'a, dit-il, donné telle épousée?
Que je la baise, à la charge d'autant.
— Bien volontiers, dit Guillot à l'instant :
Elle est, monsieur, fort à votre service. »
Le monsieur donc fait alors son office
En appuyant. Perronnelle en rougit.
Huit jours après, ce gentilhomme prit
Femme à son tour : à Guillot il permit
Même faveur. Guillot, tout plein de zèle :
« Puisque, dit-il, monsieur est si fidèle,
J'ai grand regret, et je suis bien fâché
Qu'ayant baisé seulement Perronnelle,
Il n'ait encore avec elle couché. »

X

ALIS MALADE[1]

Alis[2] malade, et se sentant presser,
Quelqu'un lui dit : « Il faut se confesser ;
Voulez-vous pas mettre en repos votre âme?
— Oui, je le veux, lui répondit la dame :
Qu'à père André on aille de ce pas ;
Car il entend d'ordinaire mon cas. »
Un messager y court en diligence ;
Sonne au couvent de toute sa puissance.
« Que venez-vous demander? lui dit-on.
— C'est père André, celui qui d'ordinaire
Entend Alis dans sa confession.
— Vous demandez, reprit alors un frère,
Le père André, le confesseur d'Alis?
Il est bien loin : hélas! le pauvre père
Depuis dix ans confesse en paradis. »

---

1. Ce titre se trouve pour la première fois dans l'édition de 1685. La Fontaine avoit mis en tête de cette petite pièce *Épigramme*.

2. La Fontaine a écrit *Alis* et non Alix ; la rime de la fin l'exige.

XI

IMITATION D'ANACRÉON [1]

O toi qui peins d'une façon galante,
Maître passé dans Cythère et Paphos,
Fais un effort; peins-nous Iris absente.
Tu n'as point vu cette beauté charmante,
Me diras-tu : tant mieux pour ton repos.
Je m'en vais donc t'instruire en peu de mots.
Premièrement, mets des lis et des roses;
Après cela, des amours et des ris.
Mais à quoi bon le détail de ces choses?
D'une Vénus tu peux faire une Iris;
Nul ne sauroit découvrir le mystère :
Traits si pareils jamais ne se sont vus.
Et tu pourras à Paphos et Cythère
De cette Iris refaire une Vénus.

[1] Odes XXVII et XXVIII.

XII

L'AMOUR MOUILLÉ

IMITATION D'ANACRÉON [1]

J'étois couché mollement,
Et, contre mon ordinaire,
Je dormois tranquillement,
Quand un enfant s'en vint faire
A ma porte quelque bruit.
Il pleuvoit fort cette nuit,
Le vent, le froid et l'orage,
Contre l'enfant faisoient rage.
« Ouvrez, dit-il, je suis nu. »
Moi, charitable et bon homme,
J'ouvre au pauvre morfondu,
Et m'enquiers comme il se nomme.
« Je te le dirai tantôt,
Repartit-il ; car il faut
Qu'auparavant je m'essuie. »
J'allume aussitôt du feu.
Il regarde si la pluie
N'a point gâté quelque peu
Un arc dont je me méfie.

[1]. Ode III.

Je m'approche toutefois,
Et de l'enfant prends les doigts,
Les réchauffe ; et dans moi-même
Je dis : « Pourquoi craindre tant?
Que peut-il ? c'est un enfant :
Ma couardise est extrême
D'avoir eu le moindre effroi ;
Que seroit-ce si chez moi
J'avois reçu Polyphême? »
L'enfant, d'un air enjoué
Ayant un peu secoué
Les pièces de son armure
Et sa blonde chevelure,
Prend un trait, un trait vainqueur,
Qu'il me lance au fond du cœur.
« Voilà, dit-il, pour ta peine.
Souviens-toi bien de Climène,
Et de l'Amour, c'est mon nom.
— Ah! je vous connois, lui dis-je,
Ingrat et cruel garçon ;
Faut-il que qui vous oblige
Soit traité de la façon! »
Amour fit une gambade ;
Et le petit scélérat
Me dit : « Pauvre camarade,
Mon arc est en bon état,
Mais ton cœur est bien malade. »

XIII

LE PETIT CHIEN

QUI SECOUE DE L'ARGENT ET DES PIERRERIES

CONTE TIRÉ DE L'ARIOSTE

La clef du coffre-fort et des cœurs, c'est la même.
    Que si ce n'est celle des cœurs,
    C'est du moins celle des faveurs :
    Amour doit à ce stratagème
    La plus grand'part de ses exploits.
    A-t-il épuisé son carquois,
Il met tout son salut en ce charme suprême.
Je tiens qu'il a raison : car qui hait les présents?
    Tous les humains en sont friands,
Princes, rois, magistrats. Ainsi, quand une belle
    En croira l'usage permis,
Quand Vénus ne fera que ce que fait Thémis,
    Je ne m'écrirai pas contre elle.
    On a bien plus d'une querelle
    A lui faire, sans celle-là.

Un juge mantouan belle femme épousa.
Il s'appeloit Anselme; on le nommoit Argie :
Lui, déjà vieux barbon; elle, jeune et jolie,
    Et de tous charmes assortie.

L'époux, non content de cela,
Fit si bien par sa jalousie,
Qu'il rehaussa de prix celle-là qui d'ailleurs
Méritoit de se voir servie
Par les plus beaux et les meilleurs.
Elle le lut aussi : d'en dire la manière,
Et comment s'y prit chaque amant,
Il seroit long ; suffit que cet objet charmant
Les laissa soupirer, et ne s'en émut guère.

Amour établissoit chez le juge ses lois,
Quand l'État mantouan, pour chose de grand poids,
Résolut d'envoyer ambassade au saint-père.
Comme Anselme étoit juge, et de plus magistrat,
Vivoit avec assez d'éclat,
Et ne manquoit pas de prudence,
On le députe en diligence.
Ce ne fut pas sans résister
Qu'au choix qu'on fit de lui consentit le bon homme.
L'affaire étoit longue à traiter ;
Il devoit demeurer dans Rome
Six mois, et plus encor ; que savoit-il combien ?
Tant d'honneur pouvoit nuire au conjugal lien.
Longue ambassade et long voyage
Aboutissent à cocuage.
Dans cette crainte, notre époux
Fit cette harangue à sa belle :
« On nous sépare, Argie : adieu ; soyez fidèle
A celui qui n'aime que vous.
Jurez-le-moi ; car, entre nous,
J'ai sujet d'être un peu jaloux.
Que fait autour de notre porte
Cette soupirante cohorte ?
Vous me direz que jusqu'ici
La cohorte a mal réussi :

Je le crois; cependant, pour plus grande assurance,
 Je vous conseille, en mon absence,
De prendre pour séjour notre maison des champs.
 Fuyez la ville et les amants,
  Et leurs présents;
 L'invention en est damnable;
Des machines d'amour c'est la plus redoutable :
 De tout temps le monde a vu Don
 Être le père d'Abandon.
Déclarez-lui la guerre, et soyez sourde, Argie,
 A sa sœur la cajolerie.
Dès que vous sentirez approcher les blondins,
Fermez vite vos yeux, vos oreilles, vos mains.
Rien ne vous manquera; je vous fais la maîtresse
De tout ce que le ciel m'a donné de richesse :
Tenez, voilà les clefs de l'argent, des papiers;
Faites-vous payer des fermiers;
 Je ne vous demande aucun compte :
 Suffit que je puisse sans honte
Apprendre vos plaisirs; je vous les permets tous,
 — Hors ceux d'amour, qu'à votre époux
Vous garderez entiers pour son retour de Rome. »
 C'en étoit trop pour le bon homme;
Hélas! il permettoit tous plaisirs, hors un point
 Sans lequel seul il n'en est point.
Son épouse lui fit promesse solennelle
 D'être sourde, aveugle et cruelle,
 Et de ne prendre aucun présent;
Il la retrouveroit, au retour, toute telle
 Qu'il la laissoit en s'en allant,
 Sans nul vestige de galant.

Anselme étant parti, tout aussitôt Argie
 S'en alla demeurer aux champs;
 Et tout aussitôt les amants

De l'aller voir firent partie.
Elle les renvoya; ces gens l'embarrassoient,
 L'attiédissoient, l'affadissoient,
 L'endormoient en contant leur flamme;
 Ils déplaisoient tous à la dame,
 Hormis certain jeune blondin
 Bien fait, et beau par excellence,
 Mais qui ne put par sa souffrance
Amener à son but cet objet inhumain.
Son nom étoit Atis; son métier, paladin.
 Il ne plaignit, en son dessein,
 Ni les soupirs ni la dépense.
 Tout moyen par lui fut tenté:
Encor si des soupirs il se fût contenté;
 La source en est inépuisable;
 Mais de la dépense, c'est trop.
Le bien de notre amant s'en va le grand galop;
 Voilà notre homme misérable.
Que fait-il? il s'éclipse; il part, il va chercher
 Quelque désert pour se cacher.
 En chemin, il rencontre un homme,
Un manant, qui, fouillant avecque son bâton,
Vouloit faire sortir un serpent d'un buisson.
 Atis s'enquit de la raison.
« C'est, reprit le manant, afin que je l'assomme.
 Quand j'en rencontre sur mes pas,
 Je leur fais de pareilles fêtes.
— Ami, reprit Atis, laisse-le; n'est-il pas
Créature de Dieu comme les autres bêtes? »
Il est à remarquer que notre paladin
N'avoit pas cette horreur commune au genre humain
Contre la gent reptile et toute son espèce.
 Dans ses armes il en portoit;
 Et de Cadmus il descendoit,
Celui-là qui devint serpent sur sa vieillesse.

Force fut au manant de quitter son dessein;
Le serpent se sauva. Notre amant, à la fin,
S'établit dans un bois écarté, solitaire :
Le silence y faisoit sa demeure ordinaire,
  Hors quelque oiseau qu'on entendoit,
  Et quelque écho qui répondoit.
  Là le bonheur et la misère
Ne se distinguoient point, égaux en dignité.
Chez les loups qu'hébergeoit ce lieu peu fréquenté
Atis ne rencontra nulle tranquillité;
Son amour l'y suivit; et cette solitude,
Bien loin d'être un remède à son inquiétude,
  En devint même l'aliment,
Par le loisir qu'il eut d'y plaindre son tourment.
Il s'ennuya bientôt de ne plus voir sa belle.
« Retournons, ce dit-il, puisque c'est notre sort :
  Atis, il t'est plus doux encor
  De la voir ingrate et cruelle
  Que d'être privé de ses traits :
  Adieu, ruisseaux, ombrages frais,
  Chants amoureux de Philomèle;
Mon inhumaine seule attire à soi mes sens;
Éloigné de ses yeux, je ne vois ni n'entends.
L'esclave fugitif se va remettre encore
En ses fers, quoique durs, mais, hélas! trop chéris. »

Il approchoit des murs qu'une fée a bâtis,
Quand sur les bords du Mince, à l'heure que l'aurore
Commence à s'éloigner du séjour de Thétis,
  Une nymphe en habit de reine,
Belle, majestueuse, et d'un regard charmant,
Vint s'offrir tout d'un coup aux yeux du pauvre amant,
  Qui rêvoit alors à sa peine.
« Je veux, dit-elle, Atis, que vous soyez heureux :
Je le veux, je le puis, étant Manto la fée,

Votre amie et votre obligée.
Vous connoissez ce nom fameux;
Mantoue en tient le sien : jadis en cette terre
J'ai posé la première pierre
De ces murs, en durée égaux aux bâtiments
Dont Memphis voit le Nil laver les fondements.
La Parque est inconnue à toutes mes pareilles :
Nous opérons mille merveilles;
Malheureuses pourtant de ne pouvoir mourir;
Car nous sommes d'ailleurs capables de souffrir
Toute l'infirmité de la nature l'humaine.
Nous devenons serpents un jour de la semaine.
Vous souvient-il qu'en ce lieu-ci
Vous en tirâtes un de peine?
C'étoit moi, qu'un manant s'en alloit assommer;
Vous me donnâtes assistance :
Atis, je veux, pour récompense,
Vous procurer la jouissance
De celle qui vous fait aimer.
Allons-nous-en la voir : je vous donne assurance
Qu'avant qu'il soit deux jours de temps
Vous gagnerez par vos présents
Argie et tous ses surveillants.
Dépensez, dissipez, donnez à tout le monde;
A pleines mains répandez l'or,
Vous n'en manquerez point : c'est pour vous le trésor
Que Lucifer me garde en sa grotte profonde.
Votre belle saura quel est notre pouvoir.
Même pour m'approcher de cette inexorable,
Et vous la rendre favorable,
En petit chien vous m'allez voir
Faisant mille tours sur l'herbette;
Et vous, en pèlerin jouant de la musette,
Me pourrez, à ce son, mener chez la beauté
Qui tient votre cœur enchanté.»

LE PETIT CHIEN

Aussitôt fait que dit ; notre amant et la fée
    Changent de forme en un instant :
Le voilà pèlerin chantant comme un Orphée,
Et Manto petit chien faisant tours et sautant.
    Ils vont au château de la belle.
Valets et gens du lieu s'assemblent autour d'eux :
Le petit chien fait rage ; aussi fait l'amoureux ;
Chacun danse, et Guillot fait sauter Perronnelle.
Madame entend ce bruit, et sa nourrice y court.
On lui dit qu'elle vienne admirer à son tour
Le roi des épagneuls, charmante créature,
    Et vrai miracle de Nature.
Il entend tout, il parle, il danse, il fait cent tours :
    Madame en fera ses amours ;
Car, veuille ou non son maître, il faut qu'il le lui vende,
    S'il n'aime mieux le lui donner.
    La nourrice en fait la demande.
    Le pèlerin, sans tant tourner,
Lui dit tout bas le prix qu'il veut mettre à la chose ;
    Et voici ce qu'il lui propose :
« Mon chien n'est point à vendre ; à donner, encor moins ;
    Il fournit à tous mes besoins :
    Je n'ai qu'à dire trois paroles,
Sa patte entre mes mains fait tomber à l'instant,
    Au lieu de puces, des pistoles,
Des perles, des rubis, avec maint diamant :
C'est un prodige enfin. Madame cependant
    En a, comme on dit, la monnoie.
    Pourvu que j'aie cette joie
De coucher avec elle une nuit seulement,
Favori sera sien dès le même moment. »

La proposition surprit fort la nourrice.
    « Quoi ! madame l'ambassadrice !
Un simple pèlerin ! Madame à son chevet

Pourroit voir un bourdon! Et si l'on le savoit¹
Si cette même nuit quelque hôpital avoit
　　Hébergé le chien et son maître!
Mais ce maître est bien fait, et beau comme le jour;
　　Cela fait passer en amour
　　Quelque bourdon que ce puisse être. »
Atis avoit changé de visage et de traits :
On ne le connut pas; c'étoient d'autres attraits.
La nourrice ajoutoit : « A gens de cette mine
　　Comment peut-on refuser rien?
　　Puis, celui-ci possède un chien
　　Que le royaume de la Chine
　　Ne paieroit pas de tout son or.
Une nuit de Madame aussi, c'est un trésor. »
　　J'avois oublié de vous dire
Que le drôle à son chien feignit de parler bas :
　　Il tombe aussitôt dix ducats
　　Qu'à la nourrice offre le sire.
　　Il tombe encore un diamant :
　　Atis en riant le ramasse.
« C'est, dit-il, pour Madame; obligez-moi, de grâce,
De le lui présenter avec mon compliment.
　　Vous direz à son Excellence
Que je lui suis acquis. » La nourrice, à ces mots,
　　Court annoncer en diligence
　　Le petit chien et sa science,
　　Le pèlerin et son propos.

　　Il ne s'en fallut rien qu'Argie
Ne battît sa nourrice. Avoir l'effronterie
De lui mettre en l'esprit une telle infamie!
Avec qui? Si c'étoit encor le pauvre Atis!
« Hélas! mes cruautés sont cause de sa perte.
Il ne me proposa jamais de tels partis.
Je n'aurois pas d'un roi cette chose soufferte.

Quelque don que l'on pût m'offrir ;
Et d'un porte-bourdon [1] je la pourrois souffrir,
Moi qui suis une ambassadrice !

— Madame, reprit la nourrice,
Quand vous seriez impératrice,
Je vous dis que ce pèlerin
A de quoi marchander, non pas une mortelle,
Mais la déesse la plus belle.
Atis, votre beau paladin,
Ne vaut pas seulement un doigt du personnage.
— Mais mon mari m'a fait jurer...
— Et quoi? de lui garder la foi de mariage?
Bon ! jurer ! ce serment vous lie-t-il davantage
Que le premier n'a fait? qui l'ira déclarer?
Qui le saura? J'en vois marcher tête levée,
Qui n'iroient pas ainsi, j'ose vous l'assurer,
Si sur le bout du nez tache pouvoit montrer
Que telle chose est arrivée.
Cela nous fait-il empirer
D'un ongle ou d'un cheveu? Non, madame, il faut être
Bien habile pour reconnoître
Bouche ayant employé son temps et ses appas,
D'avec bouche qui s'est tenue à ne rien faire.
Donnez-vous, ne vous donnez pas,
Ce sera toujours même affaire.
Pour qui ménagez-vous les trésors de l'amour?
Pour celui qui, je crois, ne s'en servira guère ;
Vous n'aurez pas grand'peine à fêter son retour. »

La fausse vieille sut tant dire,
Que tout se réduisit seulement à douter
Des merveilles du chien et des charmes du sire.

1. D'un pèlerin.

Pour cela, l'on les fit monter :
La belle étoit au lit encore.
L'univers n'eut jamais d'aurore
Plus paresseuse à se lever.
Notre feint pèlerin traversa la ruelle
Comme un homme ayant vu d'autres gens que des saints.
Son compliment parut galant et des plus fins :
Il surprit et charma la belle.
« Vous n'avez pas, ce lui dit-elle,
La mine de vous en aller
A Saint-Jacques de Compostelle. »
Cependant, pour la régaler,
Le chien à son tour entre en lice.
On eût vu sauter Favori
Pour la dame et pour la nourrice,
Mais point du tout pour le mari.
Ce n'est pas tout; il se secoue :
Aussitôt perles de tomber,
Nourrice de les ramasser,
Soubrettes de les enfiler,
Pèlerin de les attacher
A de certains bras, dont il loue
La blancheur et le reste. Enfin il fait si bien,
Qu'avant que partir de la place,
On traite avec lui de son chien.
On lui donne un baiser pour arrhes de la grâce
Qu'il demandoit, et la nuit vint.
Aussitôt que le drôle tint
Entre ses bras madame Argie,
Il redevint Atis. La dame en fut ravie :
C'étoit avec bien plus d'honneur
Traiter monsieur l'ambassadeur.
Cette nuit eut des sœurs, et même en très-bon nombre.
Chacun s'en aperçut; car d'enfermer sous l'ombre
Une telle aise, le moyen ?

LE PETIT CHIEN

Jeunes gens font-ils jamais rien
Que le plus aveugle ne voie?

A quelques mois de là, le saint-père renvoie
    Anselme avec force pardons,
    Et beaucoup d'autres menus dons.
Les biens et les honneurs pleuvoient sur sa personne.
De son vice-gérant il apprend tous les soins :
    Bons certificats des voisins.
    Pour les valets, nul ne lui donne
    D'éclaircissements sur cela.
    Monsieur le juge interrogea
    La nourrice avec les soubrettes,
    Sages personnes et discrètes;
    Il n'en put tirer ce secret.
    Mais, comme parmi les femelles
    Volontiers le diable se met,
    Il survint de telles querelles,
La dame et la nourrice eurent de tels débats,
    Que celle-ci ne manqua pas
A se venger de l'autre, et déclarer l'affaire :
Dût-elle aussi se perdre, il fallut tout conter.
    D'exprimer jusqu'où la colère
Ou plutôt la fureur de l'époux put monter,
    Je ne tiens pas qu'il soit possible.
Ainsi je m'en tairai : on peut par les effets
Juger combien Anselme étoit homme sensible.
    Il choisit un de ses valets,
Le charge d'un billet, et mande que Madame
Vienne voir son mari malade en la cité.
La belle n'avoit point son village quitté :
L'époux alloit, venoit, et laissoit là sa femme.
« Il te faut en chemin écarter tous ses gens,
Dit Anselme au porteur de ses ordres pressants.
La perfide a couvert mon front d'ignominie :

Pour satisfaction je veux avoir sa vie.
  Poignarde-la : mais prends ton temps;
Tâche de te sauver : voilà pour ta retraite;
Prends cet or : si tu fais ce qu'Anselme souhaite,
  Et punis cette offense-là,
Quelque part que tu sois, rien ne te manquera. »

  Le valet va trouver Argie,
  Qui par son chien est avertie.
Si vous me demandez comme un chien avertit,
  Je crois que par la jupe il tire;
  Il se plaint, il jappe, il soupire,
Il en veut à chacun : pour peu qu'on ait d'esprit,
  On entend bien ce qu'il veut dire.
Favori fit bien plus; et tout bas il apprit
  Un tel péril à sa maîtresse.
« Partez pourtant, dit-il; on ne vous fera rien :
Reposez-vous sur moi; j'en empêcherai bien
  Ce valet à l'âme traîtresse. »

Ils étoient en chemin, près d'un bois qui servoit
  Souvent aux voleurs de refuge :
Le ministre cruel des vengeances du juge
Envoie un peu devant le train qui les suivoit,
  Puis il dit l'ordre qu'il avoit.
La dame disparoît aux yeux du personnage;
  Manto la cache en un nuage.
Le valet étonné retourne vers l'époux,
Lui conte le miracle; et son maître en courroux
Va lui-même à l'endroit. O prodige! ô merveille!
Il y trouve un palais, de beauté sans pareille :
Une heure auparavant c'étoit un champ tout nu.
  Anselme, à son tour éperdu,
Admire ce palais bâti non pour des hommes,
  Mais apparemment pour des dieux;

Appartements dorés, meubles très-précieux,
  Jardins et bois délicieux :
On auroit peine à voir, en ce siècle où nous sommes,
Chose si magnifique et si riante aux yeux.
  Toutes les portes sont ouvertes ;
  Les chambres sans hôte et désertes ;
Pas une âme en ce louvre ; excepté qu'à la fin
Un More très-lippu, très-hideux, très-vilain,
S'offre aux regards du juge, et semble la copie
  D'un Ésope d'Éthiopie.
  Notre magistrat l'ayant pris
  Pour le balayeur du logis,
Et croyant l'honorer, lui donnant cet office :
« Cher ami, lui dit-il, apprends-nous à quel dieu
  Appartient un tel édifice ;
  Car de dire un roi, c'est trop peu.
  — Il est à moi, reprit le More. »
Notre juge, à ces mots, se prosterne, l'adore,
Lui demande pardon de sa témérité.
« Seigneur, ajouta-t-il, que votre déité
  Excuse un peu mon ignorance.
Certes, tout l'univers ne vaut pas la chevance [1]
Que je rencontre ici. » Le More lui répond :
  « Veux-tu que je t'en fasse un don ?
De ces lieux enchantés je te rendrai le maître,
  A certaine condition.
  Je ne ris point ; tu pourras être
  De ces lieux absolu seigneur,
Si tu me veux servir deux jours d'enfant d'honneur.
  ..... Entends-tu ce langage ?
  Et sais-tu quel est cet usage ?
  Il te le faut expliquer mieux.
Tu connois l'échanson du monarque des dieux ?

1. Les richesses, les biens.

15.

ANSELME.

Ganymède?

LE MORE.

Celui-là même.
Prends que je sois Jupin le monarque suprême,
    Et que tu sois le jouvenceau :
Tu n'es pas tout à fait si jeune ni si beau.

ANSELME.

Ah! seigneur, vous raillez, c'est chose par trop sûre :
Regardez la vieillesse et la magistrature.

LE MORE.

Moi railler ! point du tout.

ANSELME.

Seigneur...

LE MORE.

Ne veux-tu poin ?

ANSELME.

Seigneur... » Anselme ayant examiné ce point,
    Consent à la fin au mystère.
Maudit amour des dons, que ne fais-tu pas faire !
En page incontinent son habit est changé :
Toque au lieu de chapeau, haut-de-chausses troussé :
La barbe seulement demeure au personnage.
L'enfant d'honneur Anselme, avec cet équipage,
Suit le More partout. Argie avoit ouï
Le dialogue entier, en certain coin cachée.
Pour le More lippu, c'étoit Manto la fée,
    Par son art métamorphosée,

Et par son art ayant bâti
Ce louvre en un moment; par son art fait un page
Sexagénaire et grave. A la fin, au passage
D'une chambre en une autre, Argie à son mari
Se montre tout d'un coup : « Est-ce Anselme, dit-elle,
    Que je vois ainsi déguisé ?
Anselme ! il ne se peut; mon œil s'est abusé.
Le vertueux Anselme à la sage cervelle
Me voudroit-il donner une telle leçon ?
C'est lui pourtant. Oh ! oh ! monsieur notre barbon,
Notre législateur, notre homme d'ambassade,
Vous êtes à cet âge homme de mascarade !
Homme de... la pudeur me défend d'achever.
Quoi ! vous jugez les gens à mort pour mon affaire,
    Vous qu'Argie a pensé trouver
    En un fort plaisant adultère !
Du moins n'ai-je pas pris un More pour galant :
Tout me rend excusable, Atis et son mérite,
    Et la qualité du présent.
    Vous verrez tout incontinent
Si femme qu'un tel don à l'amour sollicite,
    Peut résister un seul moment.
More, devenez chien. » Tout aussitôt le More
    Redevint petit chien encore.
« Favori, que l'on danse. » A ces mots, Favori
    Danse, et tend la patte au mari.
    « Qu'on fasse tomber des pistoles. »
    Pistoles tombent à foison.
« Eh bien ! qu'en dites-vous ? sont-ce choses frivoles ?
    C'est de ce chien qu'on m'a fait don.
    Il a bâti cette maison.
Puis faites-moi trouver au monde une Excellence
    Une Altesse, une Majesté,
    Qui refuse sa jouissance
    A dons de cette qualité,

Surtout quand le donneur est bien fait, et qu'il aime,
 Et qu'il mérite d'être aimé !
En échange du chien, l'on me vouloit moi-même :
Ce que vous possédez de trop, je l'ai donné,
Bien entendu, monsieur; suis-je chose si chère ?
Vraiment, vous me croiriez bien pauvre ménagère,
Si je laissois aller tel chien à ce prix-là.
Savez-vous qu'il a fait le louvre que voilà ?
Le louvre pour lequel... Mais oublions cela,
 Et n'ordonnez plus qu'on me tue,
Moi qu'Atis seulement en ses lacs a fait choir :
Je le donne à Lucrèce, et voudrois bien la voir
 Des mêmes armes combattue.
Touchez là, mon mari; la paix ! car aussi bien
 Je vous défie, ayant ce chien :
Le fer ni le poison pour moi ne sont à craindre;
Il m'avertit de tout; il confond les jaloux,
Ne le soyez donc point : plus on veut nous contraindre,
 Moins on doit s'assurer de nous. »
Anselme accorda tout : qu'eût fait le pauvre sire ?
 On lui promit de ne pas dire
Qu'il avoit été page. Un tel cas étant tu,
 Cocuage, s'il eût voulu,
 Auroit eu ses franches coudées.
Argie en rendit grâce; et, compensations
 D'une et d'autre part accordées,
On quitta la campagne à ces conditions.
Que devint le palais ? dira quelque critique.
— Le palais ? que m'importe ? il devint ce qu'il put.
A moi ces questions ! suis-je homme qui se pique
D'être si régulier ? Le palais disparut.
— Et le chien ? — Le chien fit ce que l'amant voulut.
— Mais que voulut l'amant ? — Censeur, tu m'importune
Il voulut par ce chien tenter d'autres fortunes.
D'une seule conquête est-on jamais content ?

Favori se perdoit souvent :
Mais chez sa première maîtresse
Il revenoit toujours. Pour elle, sa tendresse
Devint bonne amitié. Sur ce pied, notre amant
    L'alloit voir fort assidûment;
    Et même en l'accommodement
Argie à son époux fit un serment sincère
    De n'avoir plus aucune affaire [1].
    L'époux jura, de son côté,
    Qu'il n'auroit plus aucun ombrage,
    Et qu'il vouloit être fouetté
    Si jamais on le voyoit page.

1. Intrigue, galanterie.

LIVRE QUATRIÈME

I

COMMENT L'ESPRIT VIENT AUX FILLES

Il est un jeu divertissant sur tous,
Jeu dont l'ardeur souvent se renouvelle ;
Il divertit et la laide et la belle ;
Soit jour, soit nuit, à toute heure il est doux :
Or, devinez comment ce jeu s'appelle.
Le beau du jeu n'est connu de l'époux ;
C'est chez l'amant que ce plaisir excelle :
De regardants, pour y juger des coups,
Il n'en faut point ; jamais on n'y querelle :
Or, devinez comment ce jeu s'appelle.

Qu'importe-t-il ? Sans s'arrêter au nom,
Ni badiner là-dessus davantage,
Je vais encor vous en dire un usage :
Il fait venir l'esprit et la raison ;
Nous le voyons en mainte bestiole.
Avant que Lise allât en cette école,
Lise n'étoit qu'un misérable oison ;
Coudre et filer, c'étoit son exercice,

Non pas le sien, mais celui de ses doigts.
Car que l'esprit eût part à cet office,
Ne le croyez : il n'étoit nuls emplois
Où Lise pût avoir l'âme occupée ;
Lise songeoit autant que sa poupée.
Cent fois le jour sa mère lui disoit :
« Va-t'en chercher de l'esprit, malheureuse ! »
La pauvre fille aussitôt s'en alloit
Chez les voisins, affligée et honteuse,
Leur demandant où se vendoit l'esprit.
On en rioit; à la fin on lui dit :
« Allez trouver père Bonaventure,
Car il en a bonne provision. »
Incontinent la jeune créature
S'en va le voir, non sans confusion;
Elle craignoit que ce ne fût dommage
De détourner ainsi tel personnage.
Me voudroit-il faire de tels présents,
A moi qui n'ai que quatorze ou quinze ans ?
Vaux-je cela ? disoit en soi la belle.
Son innocence augmentoit ses appas.
Amour n'avoit à son croc de pucelle
Dont il crût faire un aussi bon repas.

« Mon révérend, dit-elle au béat homme,
Je viens vous voir; des personnes m'ont dit
Qu'en ce couvent on vendoit de l'esprit :
Votre plaisir seroit-il qu'à crédit
J'en pusse avoir ? non pas pour grosse somme,
A gros achat mon trésor ne suffit;
Je reviendrai, s'il m'en faut davantage :
Et cependant prenez ceci pour gage.. »
A ce discours, je ne sais quel anneau,
Qu'elle tiroit de son doigt avec peine,
Ne venant point, le père dit : « Tout beau !

Nous pourvoirons à ce qui vous amène,
Sans exiger nul salaire de vous :
Il est marchande et marchande, entre nous;
A l'une on vend ce qu'à l'autre l'on donne.
Entrez ici, suivez-moi hardiment;
Nul ne nous voit, aucun ne nous entend;
Tous sont au chœur; le portier est personne
Entièrement à ma dévotion,
Et ces murs ont de la discrétion. »

Elle le suit; ils vont à sa cellule.
Mon révérend la jette sur un lit,
Veut la baiser. La pauvrette recule
Un peu la tête; et l'innocente dit :
« Quoi ! c'est ainsi qu'on donne de l'esprit ?
— Et vraiment oui ! » repart sa Révérence;
Puis il lui met la main sur le teton.
« Encore ainsi ? — Vraiment, oui ! Comment donc ? »
La belle prend le tout en patience.
Il suit sa pointe, et d'encor en encor,
Toujours l'esprit s'insinue et s'avance,
Tant et si bien, qu'il arrive à bon port.
Lise rioit du succès de la chose.
Bonaventure, à six moments de là,
Donne d'esprit une seconde dose.
Ce ne fut tout, une autre succéda;
La charité du beau père étoit grande.
« Eh bien ! dit-il, que vous semble du jeu ?
— A nous venir l'esprit tarde bien peu, »
Reprit la belle. Et puis elle demande :
« Mais s'il s'en va ? — S'il s'en va, nous verrons;
D'autres secrets se mettent en usage.
— N'en cherchez point, dit Lise, davantage;
De celui-ci nous nous contenterons.
— Soit fait, dit-il; nous recommencerons,

Au pis aller, tant et tant qu'il suffise. »
Le pis aller sembla le mieux à Lise.
Le secret même encor se répéta
Par le PATER : il aimoit cette danse.
Lise lui fait une humble révérence,
Et s'en retourne en songeant à cela.
Lise songer! Quoi! déjà Lise songe!
Elle fait plus, elle cherche un mensonge,
Se doutant bien qu'on lui demanderoit,
Sans y manquer, d'où ce retard venoit.
Deux jours après, sa compagne Nanette
S'en vient la voir : pendant leur entretien
Lise rêvoit. Nanette comprit bien,
Comme elle étoit clairvoyante et finette,
Que Lise alors ne rêvoit pas pour rien.
Elle fait tant, tourne tant son amie,
Que celle-ci lui déclare le tout;
L'autre n'étoit à l'ouïr endormie.
Sans rien cacher, Lise de bout en bout,
De point en point, lui conte le mystère,
Dimensions de l'esprit du beau père,
Et les *encore*, enfin tout le phœbé [1].

« Mais vous, dit-elle, apprenez-nous, de grâce,
Quand et par qui l'esprit vous fut donné. »
Anne reprit : « Puisqu'il faut que je fasse
Un libre aveu, c'est votre frère Alain
Qui m'a donné de l'esprit un matin.
— Mon frère Alain! Alain! s'écria Lise,
Alain mon frère! ah! je suis bien surprise;
Il n'en a point; comme en donneroit-il?
— Sotte, dit l'autre, hélas! tu n'en sais guère :
Apprends de moi que pour pareille affaire

1. Ce qui étoit obscur ou caché.

Il n'est besoin que l'on soit si subtil.
Ne me crois-tu? sache-le de ta mère;
Elle est experte au fait dont il s'agit :
Sur ce point-là l'on t'aura bientôt dit :
— Vivent les sots pour donner de l'esprit! »

II

L'ABBESSE MALADE[1]

L'exemple sert, l'exemple nuit aussi.
Lequel des deux doit l'emporter ici?
Ce n'est mon fait : l'un dira que l'abbesse
En usa bien, l'autre au contraire mal;
Selon les gens : bien ou mal, je ne laisse
D'avoir mon compte, et montre en général,
Par ce que fit tout un troupeau de nonnes,
Que brebis sont la plupart des personnes :
Qu'il en passe une, il en passera cent;
Tant sur les gens est l'exemple puissant!
Agnès passa, puis autre sœur, puis une;
Tant qu'à passer s'entre-pressant chacune
On vit enfin celle qui les gardoit
Passer aussi : c'est en gros tout le conte.
Voici comment en détail on le conte :

Certaine abbesse un certain mal avoit,
Pâles couleurs nommé parmi les filles;
Mal dangereux, et qui des plus gentilles
Détruit l'éclat, fait languir les attraits.
Notre malade avoit la face blême
Tout justement comme un saint de carême;

1. *Les Cent nouvelles nouvelles*, nouvelle XXI, *l'Abbesse guérie*.

Bonne d'ailleurs, et gente [1], à cela près.
La faculté, sur ce point consultée,
Après avoir la chose examinée,
Dit que bientôt madame tomberoit
En fièvre lente, et puis qu'elle mourroit.
Force sera que cette humeur la mange,
A moins que de... (l'à moins est bien étrange),
A moins enfin qu'elle n'ait à souhait
Compagnie d'homme. Hippocrate ne fait
Choix de ses mots, et tant tourner ne sait.
« Jésus! reprit toute scandalisée
Madame abbesse : Eh! que dites-vous là?
Fi! — Nous disons, repartit à cela
La faculté, que, pour chose assurée,
Vous en mourrez, à moins d'un bon galant :
Bon le faut-il; c'est un point important;
Et, si bon n'est, deux en prendrez, madame. »
Ce fut bien pis : non pas que dans son âme
Ce bon ne fût par elle souhaité;
Mais le moyen que sa communauté
Lui vînt sans peine approuver telle chose?
Honte souvent est de dommage cause.
Sœur Agnès dit : « Madame, croyez-les;
Un tel remède est chose bien mauvaise,
S'il a le goût méchant à beaucoup près
Comme la mort. Vous faites cent secrets [2],
Faut-il qu'un seul vous choque et vous déplaise?
— Vous en parlez, Agnès, bien à votre aise,
Reprit l'abbesse; or çà, par votre Dieu,
Le feriez-vous? mettez-vous en mon lieu.
— Oui-dà, madame; et dis bien davantage :
Votre santé m'est chère jusque-là

1. Gentille, agréable.
2. Remèdes employés secrètement.

Que, s'il falloit pour vous souffrir cela,
Je ne voudrois que dans ce témoignage
D'affection pas une de céans
Me devançât. » Mille remercîments
A sœur Agnès donnés par son abbesse.
La faculté dit adieu là-dessus,
Et protesta de ne revenir plus.

Tout le couvent se trouvoit en tristesse,
Quand sœur Agnès, qui n'étoit de ce lieu
La moins sensée, au reste bonne lame [1],
Dit à ses sœurs : « Tout ce qui tient madame
Est seulement belle honte de Dieu :
Par charité n'en est-il point quelqu'une
Pour lui montrer l'exemple et le chemin ? »
Cet avis fut approuvé de chacune ;
On l'applaudit, il court de main en main.
Pas une n'est qui montre en ce dessein
De la froideur, soit nonne, soit nonnette,
Mère prieure, ancienne ou discrète.
Le billet trotte; on fait venir des gens
De toute guise, et des noirs, et des blancs,
Et des tannés. L'escadron, dit l'histoire,
Ne fut petit, ni, comme l'on peut croire,
Lent à montrer de sa part le chemin.
Ils ne cédoient à pas une nonnain
Dans le désir de faire que Madame
Ne fût honteuse, ou bien n'eût dans son âme
Tel récipé [2], possible, à contre-cœur.
De ses brebis à peine la première
A fait le saut, qu'il suit une autre sœur :
Une troisième entre dans la carrière ;

1. Fine, adroite. Métaphore tirée de l'art de l'escrime.
2. Ordonnance de médecin.

Nulle ne veut demeurer en arrière :
Presse se met pour n'être la dernière.
Que dirai plus? Enfin l'impression
Qu'avoit l'abbesse encontre ce remède,
Sage rendue, à tant d'exemples cède.
Un jouvenceau fait l'opération
Sur la malade. Elle redevient rose,
Œillet, aurore, et si quelque autre chose
De plus riant se peut imaginer.

O doux remède! ô remède à donner!
Remède ami de mainte créature,
Ami des gens, ami de la nature,
Ami de tout, point d'honneur excepté!
Point d'honneur est une autre maladie :
Dans ses écrits madame Faculté
N'en parle point. Que de maux en la vie!

III

DINDENAUT ET PANURGE[1]

Je le répète, et dis, vaille que vaille,
Le monde n'est que franche moutonnaille.
Du premier coup ne croyez que l'on aille
A ses périls le passage sonder;
On est longtemps à s'entre-regarder;
Les plus hardis ont-ils tenté l'affaire,
Le reste suit, et fait ce qu'il doit faire.
Qu'un seul mouton se jette à la rivière,
Vous ne verrez nulle âme moutonnière
Rester au bord; tous se noieront à tas.
Maître François en conte un plaisant cas.
Ami lecteur, ne te déplaira pas,
Si, sursoyant ma principale histoire [2],
Je te remets cette chose en mémoire.
Panurge alloit l'oracle consulter;
Il navigeoit, ayant dans la cervelle
Je ne sais quoi qui vint l'inquiéter.
Dindenaut passe et médaille l'appelle
De vrai cocu. Dindenaut dans sa nef [1]

1. RABELAIS, *Pantagruel*, liv. IV, ch. VIII.
2. Celle de *l'Abbesse malade*, dans laquelle ce conte figurait d'abord.
3. Navire.

Menoit moutons. « Vendez-m'en un ? » dit l'autre.
« Voire¹, reprit Dindenaut, l'ami nôtre,
Penseriez-vous qu'on pût venir à chef²
D'assez priser ni vendre telle aumaille³ ? »
Panurge dit : « Notre ami, coûte et vaille,
Vendez-m'en un pour or ou pour argent. »
Un fut vendu : Panurge incontinent
Le jette en mer; et les autres de suivre.
Au diable l'un, à ce que dit le livre,
Qui demeura. Dindenaut au collet
Prend un bélier, et le bélier l'entraîne.
Adieu mon homme : il va boire au godet⁴.
Or, revenons : ce prologue me mène
Un peu bien loin. J'ai posé dès l'abord
Que tout exemple est de force très-grande,
Et ne me suis écarté par trop fort
En rapportant la moutonnière bande ;
Car notre histoire est d'ouailles encor.

1. En vérité.
2. Qu'on pût accomplir son dessein, réussir.
3. Troupeau de bêtes.
4. A la grande tasse, à la mer.

IV

LES TROQUEURS [1]

Le changement de mets réjouit l'homme :
Quand je dis l'homme, entendez qu'en ceci
La femme doit être comprise aussi :
Et ne sais pas comme il ne vient de Rome
Permission de troquer en hymen,
Non si souvent qu'on en auroit envie,
Mais tout au moins une fois en sa vie.
Peut-être un jour nous l'obtiendrons. Amen,
Ainsi soit-il! Semblable indult en France
Viendroit fort bien, j'en réponds; car nos gens
Sont grands troqueurs : Dieu nous créa changeants.

Près de Rouen, pays de sapience [2],
Deux villageois avoient chacun chez soi
Forte femelle et d'assez bon aloi
Pour telles gens qui n'y raffinent guère,
Chacun sait bien qu'il n'est pas nécessaire
Qu'amour les traite ainsi que des prélats.

---

1. Ce conte fut d'abord imprimé séparément en caractères italiques, in-8° de huit pages. C'étoit, lorsque la Fontaine le versifia, un fait récemment arrivé.

2. De prudence et de sagesse. Phrase proverbiale pour désigner la Normandie.

Avint pourtant que, tous deux étant las
De leurs moitiés, leur voisin le notaire
Un jour de fête avec eux chopinoit.
Un des manants lui dit : « Sire Oudinet,
J'ai dans l'esprit une plaisante affaire.
Vous avez fait sans doute en votre temps
Plusieurs contrats de diverse nature;
Ne peut-on point en faire un où les gens
Troquent de femme ainsi que de monture?
Notre pasteur a bien changé de cure :
La femme est-elle un cas si différent?
Et pargué non; car messire Grégoire
Disoit toujours, si j'ai bonne mémoire :
Mes brebis sont ma femme. Cependant
Il a changé : changeons aussi, compère.
— Très-volontiers, reprit l'autre manant;
Mais tu sais bien que notre ménagère
Est la plus belle : or çà, sire Oudinet,
Sera-ce trop s'il donne son mulet
Pour le retour? — Mon mulet? — eh! parguenne,
Dit le premier des villageois susdits,
Chacune vaut en ce monde son prix;
La mienne ira but à but pour la tienne :
On ne regarde aux femmes de si près.
Point de retour, vois-tu, compère Étienne.
Mon mulet, c'est... c'est le roi des mulets.
Tu ne devrois me demander mon âne
Tant seulement : troc pour troc, touche là. »
Sire Oudinet, raisonnant sur cela,
Dit : « Il est vrai que Tiennette a sur Jeanne
De l'avantage, à ce qu'il semble aux gens;
Mais le meilleur de la bête, à mon sens,
N'est ce qu'on voit : femmes ont maintes choses
Que je préfère, et qui sont lettres closes;
Femmes aussi trompent assez souvent;

Jà ne les faut éplucher trop avant.
Or, sus, voisins, faisons les choses nettes.
Vous ne voulez chat en poche donner;
Ni l'un ni l'autre; allons donc confronter
Vos deux moitiés comme Dieu les a faites. »
L'expédient ne fut goûté de tous.
Trop bien voilà messieurs les deux époux
Qui sur ce point triomphent de s'étendre :
« Tiennette n'a ni suros ni malandre [1], »
Dit le second. « Jeanne, dit le premier,
A le corps net comme un petit denier [2];
Ma foi, c'est bâme [3]. — Et Tiennette est ambroise [4],
Dit son époux; telle je la maintien. »
L'autre reprit : « Compère, tiens-toi bien;
Tu ne connois Jeanne ma villageoise;
Je t'avertis qu'à ce jeu... m'entends-tu? »
L'autre manant jura : « Par la vertu [5].
Tiennette et moi nous n'avons qu'une noise,
C'est qui des deux y sait de meilleurs tours;
Tu m'en diras quelques mots dans deux jours.
A toi, compère! » Et de prendre la tasse,
Et de trinquer. « Allons, sire Oudinet,
A Jeanne; top. Puis à Tiennette; mâsse [6]! »
Somme qu'enfin la soute [7] du mulet

1. Expression proverbiale tirée de l'art vétérinaire. Le *suros* est une tumeur qui vient à la jambe du cheval, et la *malandre* une crevasse au genou.
2. Expression proverbiale pour dire très-propre.
3. C'est du baume, c'est de l'excellent.
4. Est ambroisie, divine.
5. *Par la vertugoy*, ou *vertubleu*, ou *vertudieu*; jurons populaires.
6. L'enjeu. Comme le mari de Tiennette demande du retour, il ne dit pas *tope* quand on trinque à son sujet; mais il prononce le mot *mâsse*, indiquant par là qu'il attend l'offre d'un enjeu qui égale le sien.
7. Somme payée pour rendre les lots égaux.

Fut accordée, et voilà marché fait.
Notre notaire assura l'un et l'autre
Que tels traités alloient leur grand chemin.
Sire Oudinet étoit un bon apôtre :
Qui se fit bien payer son parchemin.
Par qui payer? par Jeanne et par Tiennette :
Il ne voulut rien prendre des maris.

Les villageois furent tous deux d'avis
Que pour un temps la chose fût secrète ;
Mais il en vint au curé quelque vent.
Il prit aussi son droit : je n'en assure,
Et n'y étois; mais la vérité pure
Est que curés y manquent peu souvent.
Le clerc, non plus, ne fit du sien remise :
Rien ne se perd entre les gens d'église.
Les permuteurs ne pouvoient bonnement
Exécuter un pareil changement
Dans ce village, à moins que de scandale :
Ainsi bientôt l'un et l'autre détale,
Et va planter le piquet en un lieu
Où tout fut bien d'abord, moyennant Dieu.
C'étoit plaisir que de les voir ensemble.
Les femmes même, à l'envi des maris,
S'entre-disoient en leurs menus devis,
« Bon fait troquer, commère ; à ton avis?
Si nous troquions de valet? que t'en semble? »
Ce dernier troc, s'il se fit, fut secret.
L'autre d'abord eut un très-bon effet ;
Le premier mois très-bien ils s'en trouvèrent :
Mais à la fin nos gens se dégoûtèrent.
Compère Étienne, ainsi qu'on peut penser,
Fut le premier des deux à se lasser,
Pleurant Tiennette : il y perdoit sans doute.
Compère Gille eut regret à sa soute,

16.

Il ne voulut retroquer toutefois.
Qu'en avint-il? Un jour, parmi les bois,
Étienne vit toute fine seulette,
Près d'un ruisseau, sa défunte Tiennette,
Qui, par hasard, dormoit sous la coudrette [1].
Il s'approcha, l'éveillant en sursaut.
Elle du troc ne se souvint pour l'heure,
Dont le galant, sans plus longue demeure,
En vint au point. Bref, ils firent le saut.
Le conte dit qu'il la trouva meilleure
Qu'au premier jour. Pourquoi cela? Pourquoi?
Belle demande! En l'amoureuse loi,
Pain qu'on dérobe et qu'on mange en cachette
Vaut mieux que pain qu'on cuit et qu'on achète :
Je m'en rapporte aux plus savants que moi.
Il faut pourtant que la chose soit vraie,
Et qu'après tout Hyménée et l'Amour
Ne soient pas gens à cuire en même four :
Témoin l'ébat qu'on prit sous la coudraie.
On y fit chère; il ne s'y servit plat
Où maître Amour, cuisinier délicat,
Et plus friand que n'est maître Hyménée,
N'eût mis la main. Tiennette retournée,
Compère Étienne, homme neuf en ce fait,
Dit à part soi : « Gille a quelque secret;
J'ai retrouvé Tiennette plus jolie
Quelle ne fut onc [2] en jour de sa vie.
Reprenons-la, faisons tour de Normand;
Dédisons-nous; usons du privilége. »
Voilà l'exploit qui trotte incontinent,
Aux fins de voir le troc et changement
Déclaré nul, et cassé nettement

1. La coudraie, ou les noisetiers.
2. Jamais.

Gille, assigné, de son mieux se défend.
Un promoteur intervient pour le siége
Épiscopal, et vendique le cas.
Grand bruit partout, ainsi que d'ordinaire;
Le parlement évoque à soi l'affaire.
Sire Oudinet, le faiseur de contrats,
Est amené; l'on l'entend sur la chose.
Voilà l'état où l'on dit qu'est la cause;
Car c'est un fait arrivé depuis peu.
Pauvre ignorant que le compère Étienne!
Contre ses fins cet homme, en premier lieu,
Va de droit fil; car s'il prit à ce jeu
Quelque plaisir, c'est qu'alors la chrétienne
N'étoit à lui : le bon sens vouloit donc
Que, pour toujours, il la laissât à Gille;
Sauf la coudraie, où Tiennette, dit-on,
Alloit souvent en chantant sa chanson :
L'y rencontrer étoit chose facile;
Et supposé que facile ne fût,
Falloit qu'alors son plaisir d'autant crût.
Mais allez-moi prêcher cette doctrine
A des manants : ceux-ci pourtant avoient
Fait un bon tour, et très-bien s'en trouvoient,
Sans le dédit; c'étoit pièce assez fine
Pour en devoir l'exemple à d'autres gens.
J'ai grand regret de n'en avoir les gants.

V

LE CAS DE CONSCIENCE

Les gens du pays des fables
Dornent ordinairement
Noms et titres agréables
Assez libéralement;
Cela ne leur coûte guère :
Tout leur est nymphe ou bergère,
Et déesse bien souvent.
Horace n'y faisoit faute :
Si la servante de l'hôte
Au lit de notre homme alloit,
C'étoit aussitôt Ilie ;
C'étoit la nymphe Égérie ;
C'étoit tout ce qu'on vouloit [1].
Dieu, par sa bonté profonde,
Un beau jour mit dans le monde
Apollon son serviteur,
Et l'y mit justement comme

---

1. Allusion aux vers suivants d'Horace, dont la Fontaine rend fidèlement la pensée :

> Hæc ubi supposuit dextram corpus mihi lævo,
> Ilia et Egeria est : do nomen quod libet illi.
>
> Lib. I, sat. II, v. 125-126.

LE CAS DE CONSCIENCE

Adam le nomenclateur,
Lui disant : « Te voilà ; nomme! »
Suivant cette antique loi,
Nous sommes parrains du roi.
De ce privilége insigne,
Moi, faiseur de vers indigne,
Je pourrois user aussi
Dans les contes que voici ;
Et s'il me plaisoit de dire,
Au lieu d'Anne, Sylvanire,
Et, pour messire Thomas,
Le grand druide Adamas,
Me mettroit-on à l'amende?
Non ; mais tout considéré,
Le présent conte demande
Qu'on dise Anne et le curé.

Anne, puisqu'ainsi va, passoit dans son village
    Pour la perle et le parangon [1].
    Étant un jour près d'un rivage,
    Elle vit un jeune garçon
Se baigner nu : la fillette étoit drue,
Honnête toutefois : l'objet plut à sa vue.
Nuls défauts ne pouvoient être au gars reprochés :
Puis, dès auparavant aimé de la bergère,
Quand il en auroit eu, l'Amour les eût cachés ;
Jamais tailleur n'en sut, mieux que lui, la manière.
Anne ne craignoit rien : des saules la couvroient
    Comme eût fait une jalousie ;
Çà et là ses regards en liberté couroient
    Où les portoit leur fantaisie ;
Çà et là, c'est-à-dire aux différents attraits
    Du garçon au corps jeune et frais,

---

1. Le modèle.

Blanc, poli, bien formé, de taille haute et drète[1],
    Digne enfin des regards d'Annette.
      D'abord une honte secrète
      La fit quatre pas reculer;
      L'amour, huit autres avancer:
Le scrupule survint, et pensa tout gâter.
    Anne avoit bonne conscience;
Mais comment s'abstenir? Est-il quelque défense
      Qui l'emporte sur le désir,
Quand le hasard fait naître un sujet de plaisir?
La belle à celui-ci fit quelque résistance;
      A la fin, ne comprenant pas
      Comme on peut pécher de cent pas,
Elle s'assit sur l'herbe, et, très-fort attentive,
      Annette la contemplative
Regarda de son mieux. Quelqu'un n'a-t-il point vu
      Comme on dessine sur nature?
      On vous campe une créature,
Une Ève, ou quelque Adam, j'entends un objet nu;
Puis force gens, assis comme notre bergère,
Font un crayon conforme à cet original.
Au fond de sa mémoire Anne en sut fort bien faire
      Un qui ne ressembloit pas mal.
Elle y seroit encor, si Guillot (c'est le sire)
Ne fût sorti de l'eau. La belle se retire
A propos; l'ennemi n'étoit plus qu'à vingt pas,
Plus fort qu'à l'ordinaire; et c'eût été grand cas
      Qu'après des semblables idées
      Amour en fût demeuré là:
      Il comptoit pour siennes déjà
      Les faveurs qu'Anne avoit gardées.

---

1. Pour droite. Dans notre ancien langage on disoit *dret*, *drète* et *drèture*, pour droit, droite et droiture. Voyez Roquefort, *Glossaire*, t. I, p. 412.

Qui ne s'y fût trompé? Plus je songe à cela,
Moins je le puis comprendre. Anne la scrupuleuse
N'osa, quoi qu'il en soit, le garçon régaler,
Ne laissant pas pourtant de récapituler
Les points qui la rendoient encor toute honteuse.
Pâques vint, et ce fut un nouvel embarras.
Anne, faisant passer ses péchés en revue,
Comme un passe-volant mit en un coin ce cas :
    Mais la chose fut aperçue.
    Le curé, messire Thomas,
Sut relever le fait; et, comme l'on peut croire,
En confesseur exact il fit conter l'histoire,
Et circonstancier le tout fort amplement,
    Pour en connoître l'importance,
Puis faire aucunement cadrer la pénitence;
Chose où ne doit errer un confesseur prudent.
    Celui-ci malmena la belle :
« Être dans ses regards à tel point sensuelle!
    C'est, dit-il, un très-grand péché;
Autant vaut l'avoir vu que de l'avoir touché. »
    Cependant la peine imposée
    Fut à souffrir assez aisée;
Je n'en parlerai point : seulement on saura
Que messieurs les curés, en tous ces cantons-là,
Ainsi qu'au nôtre, avoient des dévots et dévotes,
    Qui, pour l'examen de leurs fautes,
Leur payoient un tribut, qui plus, qui moins, selon
    Que le compte à rendre étoit long.
Du tribut de cet an Anne étant soucieuse,
  Arrive que Guillot pêche un brochet fort grand :
    Tout aussitôt le jeune amant
Le donne à sa maîtresse; elle, toute joyeuse,
    Le va porter du même pas
    Au curé messire Thomas.
Il reçoit le présent, il l'admire; et le drôle

                D'un petit coup sur l'épaule
                La fillette régala,
                Lui sourit; lui dit : « Voilà
                Mon fait, » joignant à cela
                D'autres petites affaires.
C'étoit jour de calende[1], et nombre de confrères
Devoient dîner chez lui. « Voulez-vous doublement
        M'obliger? dit-il à la belle;
Accommodez chez vous ce poisson promptement,
        Puis l'apportez incontinent :
        Ma servante est un peu nouvelle. »
Anne court; et voilà les prêtres arrivés.
Grand bruit, grande cohue : en cave on se transporte.
        Aucuns des vins sont approuvés;
        Chacun en raisonne à sa sorte.
        On met sur table, et le doyen
Prend place, en saluant toute la compagnie.
Raconter leurs propos seroit chose infinie;
        Puis le lecteur s'en doute bien.
On permuta cent fois, sans permuter pas une.
Santés, Dieu sait combien! chacun à sa chacune
But en faisant de l'œil : nul scandale. On servit
Potages, menus mets, et même jusqu'au fruit,
Sans que le brochet vînt; tout le dîner s'achève
Sans brochet, pas un brin. Guillot, sachant ce don,
L'avoit fait rétracter pour plus d'une raison.
Légère de brochet la troupe enfin se lève.
Qui fut bien étonné? qu'on le juge. Il alla
        Dire ceci, dire cela,
        A madame Anne, le jour même,

---

1. C'est un jour où les curés du diocèse s'assemblent, pour parler des affaires communes, chez quelqu'un d'eux, qui leur donne à dîner ordinairement; et cela se fait tous les mois.

Note de la Fontaine.

L'appela cent fois sotte; et dans sa rage extrême,
Lui pensa reprocher l'aventure du bain.
« Traiter votre curé, dit-il, comme un coquin !
Pour qui nous prenez-vous? Pasteurs, sont-ce canailles?»
  Alors, par droit de représailles,
  Anne dit au prêtre outragé :
« Autant vaut l'avoir vu que de l'avoir mangé. »

VI

LE DIABLE DE PAPEFIGUIÈRE [1]

Maître François [2] dit que Papimanie
Est un pays où les gens sont heureux ;
Le vrai dormir ne fut fait que pour eux :
Nous n'en avons ici que la copie.
Et, par saint Jean ! si Dieu me prête vie
Je le verrai ce pays où l'on dort.
On y fait plus, on n'y fait nulle chose :
C'est un emploi que je recherche encor.
Ajoutez-y quelque petite dose
D'amour honnête, et puis me voilà fort.
Tout au rebours, il est une province
Où les gens sont haïs, maudits de Dieu :
On les connoît à leur visage mince ;
Le long dormir est exclus de ce lieu.
Partant, lecteurs, si quelqu'un se présente
A vos regards ayant face riante,
Couleur vermeille, et visage replet,
Taille non pas de quelque maigrelet,
Dire pourrez, sans que l'on vous condamne
« Cettui [3] me semble, à le voir, Papimane. »

1. Tiré de Rabelais, *Pantagruel*, liv. IV, chap. XLV, XLVII.
2. François Rabelais.
3. Celui-ci.

Si, d'autre part, celui que vous verrez
N'a l'œil riant, le corps rond, le teint frais,
Sans hésiter, qualifiez cet homme
Papefiguier. Papefigue se nomme
L'île et province où les gens autrefois
Firent la figue [1] au portrait du saint-père.
Punis en sont : rien chez eux ne prospère :
Ainsi nous l'a conté maître François.
L'île fut lors donnée en apanage
A Lucifer; c'est sa maison des champs.
On voit courir par tout cet héritage
Ses commensaux, rudes à pauvres gens,
Peuple ayant queue, ayant cornes et griffes,
Si maints tableaux ne sont point apocryphes.
Avint un jour qu'un de ces beaux messieurs
Vit un manant rusé, des plus trompeurs,
Verser [2] un champ, dans l'île dessus dite.
Bien paroissoit la terre être maudite,
Car le manant avec peine et sueur
La retournoit, et faisoit son labeur.
Survient un diable à titre de seigneur;
Ce diable étoit des gens de l'Évangile [3],
Simple, ignorant, à tromper très-facile,
Bon gentilhomme, et qui, dans son courroux,
N'avoit encor tonné que sur les choux [4],
Plus ne savoit apporter de dommage.
« Vilain, dit-il, vaquer à nul ouvrage
N'est mon talent; je suis un diable issu
De noble race, et qui n'a jamais su
Se tourmenter ainsi que font les autres.

---

1. C'est-à-dire firent la grimace au portrait du saint-père.
2. Retourner, remuer, labourer.
3. Ceux qui sont appelés *les pauvres d'esprit*.
4. C'est-à-dire : innocent, novice. Expression tirée de Rabelais.

Tu sais, vilain, que tous ces champs sont nôtres;
Ils sont à nous dévolus par l'édit
Qui mit jadis cette île en interdit.
Vous y vivez dessous notre police :
Partant, vilain, je puis avec justice
M'attribuer tout le fruit de ce champ;
Mais je suis bon, et veux que dans un an
Nous partagions sans noise et sans querelle.
Quel grain veux-tu répandre dans ces lieux? »
Le manant dit : « Monseigneur, pour le mieux,
Je crois qu'il faut les couvrir de touselle[1],
Car c'est un grain qui vient fort aisément.
— Je ne connois ce grain-là nullement, »
Dit le lutin. « Comment dis-tu?... Touselle?...
Mémoire n'ai d'aucun grain qui s'appelle
De cette sorte : or, emplis-en ce lieu :
Touselle soit, touselle, de par Dieu!
J'en suis content. Fais donc vite, et travaille;
Manant, travaille; et travaille, vilain :
Travailler est le fait de la canaille.
Ne t'attends pas que je t'aide un seul brin[2],
Ni que par moi ton labeur se consomme :
Je t'ai ja dit que j'étois gentilhomme,
Né pour chômer, et pour ne rien savoir.
Voici comment ira notre partage :
Deux lots seront, dont l'un, c'est à savoir
Ce qui hors terre et dessus l'héritage
Aura poussé, demeurera pour toi;
L'autre dans terre est réservé pour moi. »
L'août[3] arrivé, la touselle est sciée,
Et tout d'un temps sa racine arrachée,

1. Sorte de froment.
2. D'aucune manière.
3. La Fontaine écrivoit oust.

Pour satisfaire au lot du diableteau.
Il y croyoit la semence attachée,
Et que l'épi, non plus que le tuyau,
N'étoit qu'une herbe inutile et séchée.
Le laboureur vous la serra très-bien.
L'autre au marché porta son chaume vendre.
On le hua, pas un n'en offrit rien :
Le pauvre diable étoit prêt à se pendre.
Il s'en alla chez son copartageant :
Le drôle avoit la touselle vendue,
Pour le plus sûr, en gerbe, et non battue,
Ne manquant pas de bien cacher l'argent.
Bien le cacha; le diable en fut la dupe.
« Coquin, dit-il, tu m'as joué d'un tour;
C'est ton métier, je suis diable de cour,
Qui, comme vous, à tromper ne m'occupe.
Quel grain veux-tu semer pour l'an prochain? »
Le manant dit : « Je crois qu'au lieu de grain
Planter me faut ou navets ou carottes :
Vous en aurez, monseigneur, pleines hottes,
Si mieux n'aimez raves dans la saison.
— Raves, navets, carottes, tout est bon,
Dit le lutin : mon lot sera hors terre;
Le tien dedans. Je ne veux point de guerre
Avecque toi, si tu ne m'y contrains.
Je vais tenter quelques jeunes nonnains. »
L'auteur ne dit ce que firent les nonnes.

Le temps venu de recueillir encor,
Le manant prend raves belles et bonnes;
Feuilles sans plus tombent pour tout trésor
Au diableteau, qui, l'épaule chargée,
Court au marché. Grande fut la risée;
Chacun lui dit son mot cette fois-là :
« Monsieur le diable, où croît cette denrée?

Où mettrez-vous ce qu'on en donnera? »
Plein de courroux, et vide de pécune,
Léger d'argent, et chargé de rancune,
Il va trouver le manant, qui rioit
Avec sa femme, et se solacioit[1].
« Ah! par la mort! par le sang! par la tête!
Dit le démon, il le paiera, parbleu!
Vous voici donc, Phlipot, la bonne bête!
Çà, çà, galons-le[2] en enfant de bon lieu.
Mais il vaut mieux remettre la partie;
J'ai sur les bras une dame jolie
A qui je dois faire franchir le pas :
Elle le veut, et puis ne le veut pas.
L'époux n'aura dedans la confrérie
Sitôt un pied, qu'à vous je reviendrai,
Maître Phlipot, et tant vous galerai[3]
Que ne jouerez ces tours de votre vie.
A coups de griffe il faut que nous voyions
Lequel aura de nous deux belle amie,
Et jouira du fruit de ces sillons.
Prendre pourrois d'autorité suprême
Touselle et grain, champ et rave, enfin tout;
Mais je les veux avoir par le bon bout.
N'espérez plus user de stratagème.
Dans huit jours d'hui je suis à vous, Phlipot;
Et touchez là, ceci sera mon arme. »

Le villageois, étourdi du vacarme,
Au farfadet ne put répondre un mot.
Perrette en rit : c'étoit sa ménagère;
Bonne galande en toutes les façons,

1. Se divertissoit, se consoloit.
2. Étrillons-le, rossons-le.
3. Et vous rosserai.

Et qui sut plus que garder les moutons,
Tant qu'elle fut en âge de bergère.
Elle lui dit : « Phlipot, ne pleure point
Je veux d'ici renvoyer de tout point
Ce diableteau : c'est un jeune novice
Qui n'a rien vu; je t'en tirerai hors :
Mon petit doigt sauroit plus de malice,
Si je voulois, que n'en sait tout son corps. »
Le jour venu, Phlipot, qui n'étoit brave,
Se va cacher, non point dans une cave;
Trop bien va-t-il se plonger tout entier
Dans un profond et large bénitier.
Aucun démon n'eût su par où le prendre,
Tant fut subtil; car d'étole, dit-on,
Il s'affubla le chef pour s'en défendre,
S'étant plongé dans l'eau jusqu'au menton.
Or le laissons, il n'en viendra pas faute.
Tout le clergé chante autour, à voix haute :
VADE RETRO[1]. Perrette cependant
Est au logis, le lutin attendant.
Le lutin vient : Perrette échevelée
Sort, et se plaint de Phlipot, en criant :
« Ah! le bourreau! le traître! le méchant!
Il m'a perdue; il m'a tout affolée[2]!
Au nom de Dieu, monseigneur, sauvez-vous;
A coups de griffe il m'a dit en courroux
Qu'il se devoit contre votre excellence
Battre tantôt, et battre à toute outrance.
Pour s'éprouver, le perfide m'a fait
Cette balafre. » A ces mots, au follet
Elle fait voir... Et quoi? Chose terrible.
Le diable en eut une peur tant horrible,

1. Retire-toi, va-t'en.
2. Blessée, meurtrie.

Qu'il se signa, pensa presque tomber :
Onc[1] n'avoit vu, ne lu, n'ouï conter
Que coups de griffe eussent semblable forme.
Bref, aussitôt qu'il aperçut l'énorme
Solution de continuité,
Il demeura si fort épouvanté,
Qu'il prit la fuite, et laissa là Perrette.
Tous les voisins chômèrent[2] la défaite
De ce démon : le clergé ne fut pas
Des plus tardifs à prendre part au cas.

1. Jamais.
2. Célébrèrent, fêtèrent.

VII

FÉRONDE, OU LE PURGATOIRE[1]

Vers le Levant, le Vieil de la Montagne[2]
Se rendit craint par un moyen nouveau :
Craint n'étoit-il pour l'immense campagne
Qu'il possédât, ni pour aucun monceau
D'or ou d'argent, mais parcequ'au cerveau
De ses sujets il imprimoit des choses
Qui de maint fait courageux étoient causes.
Il choisissoit entre eux les plus hardis,
Et leur faisoit donner du paradis
Un avant-goût à leurs sens perceptible,

---

1. Cette nouvelle est tirée de Boccace, *Decameron*, giorn. III, novel. VIII.

2. Le Vieux de la Montagne étoit le chef d'une secte d'Ismaélites, redouté en tous lieux par les meurtres qu'il faisoit commettre. Les prestiges qu'il employoit pour fanatiser ses sectateurs sont décrits par le voyageur Marc-Paul, et par les historiens des croisades, de la même manière que notre poëte le fait ici. Cette secte fut fondée, vers l'an 1090, par Hasan, fils de Sabah, qui s'empara de la forteresse d'Alamont, près de Kaswin, en Perse. Il y fit sa résidence. De là cette secte étendit sa domination jusqu'en Syrie, et s'empara de Meswa : elle détruisoit les mosquées, et elle abolissoit tout le culte extérieur de la religion musulmane, permettant le vin, ainsi que toutes les jouissances des sens, et interprétant le Coran dans un sens purement allégorique. (WALCKENAER.)

Du paradis de son législateur :
Rien n'en a dit ce prophète menteur
Qui ne devînt très-croyable et sensible
A ces gens-là. Comment s'y prencit-on?
On les faisoit boire tous de façon
Qu'ils s'enivroient, perdoient sens et raison.
En cet état, privés de connoissance,
On les portoit en d'agréables lieux,
Ombrages frais, jardins délicieux.
Là se trouvoient tendrons en abondance,
Plus que maillés, et beaux par excellence
Chaque réduit en avoit à couper [1].
Si [2] se venoient joliment attrouper
Près de ces gens, qui, leur boisson cuvée,
S'émerveilloient de voir cette couvée,
Et se croyoient habitants devenus
Des champs heureux qu'assigne à ses élus
Le faux Mahom [3]. Lors de faire accointance,
Turcs d'approcher, tendrons d'entrer en danse,
Au gazouillis des ruisseaux de ces bois,
Au son des luths accompagnant les voix
Des rossignols : il n'est plaisir au monde
Qu'on ne goûtât dedans ce paradis.
Les gens trouvoient en son charmant pourpris
Les meilleurs vins de la machine ronde,
Dont ne manquoient encor de s'enivrer,
Et de leur sens perdre l'entier usage.
On les faisoit aussitôt reporter.
Au premier lieu. De tout ce tripotage
Qu'arrivoit-il? Ils croyoient fermement
Que quelques jours de semblables délices

1. En masse, en grande quantité.
2. Ainsi.
3. Le faux prophète Mahomet.

FÉRONDE, OU LE PURGATOIRE

Les attendoient, pourvu que hardiment,
Sans redouter la mort ni les supplices,
Ils fissent chose agréable à Mahom,
Servant leur prince en toute occasion.
Par ce moyen leur prince pouvoit dire
Qu'il avoit gens à sa dévotion,
Déterminés, et qu'il n'étoit empire
Plus redouté que le sien ici-bas.

Or, ai-je été prolixe sur ce cas
Pour confirmer l'histoire de Féronde.
Féronde étoit un sot de par le monde,
Riche manant, ayant soin du tracas,
Dîmes et cens, revenus et ménage
D'un abbé blanc [1]. J'en sais de ce plumage
Qui valent bien les noirs à mon avis,
En fait que d'être aux maris secourables,
Quand forte tâche ils ont en leur logis,
Si qu'il y faut moines et gens capables.
Au lendemain celui-ci ne songeoit,
Et tout son fait dès la veille mangeoit,
Sans rien garder, non plus qu'un droit apôtre;
N'ayant autre œuvre, autre emploi, penser autre,
Que de chercher où gisoient les bons vins,
Les bons morceaux, et les bonnes commères,
Sans oublier les gaillardes nonnains,
Dont il faisoit peu de part à ses frères.
Féronde avoit un joli chaperon [2]
Dans son logis, femme sienne : et dit-on
Que parentelle étoit entre la dame
Et notre abbé; car son prédécesseur,
Oncle et parrain, dont Dieu veuille avoir l'âme,

---

1. Abbé de moines blancs, prémontrés, dominicains.
2. Une jolie femme. *Chaperon*, ornement de la coiffure des femmes.

En étoit père, et la donna pour femme
A ce manant, qui tint à grand honneur
De l'épouser. Chacun sait que de race
Communément fille bâtarde chasse.
Celle-ci donc ne fit mentir le mot.
Si n'étoit pas l'époux homme si sot
Qu'il n'en eût doute, et ne vît en l'affaire
Un peu plus clair qu'il n'étoit nécessaire.
Sa femme alloit toujours chez le prélat,
Et prétextoit ses allées et venues
Des soins divers de cet économat.
Elle alléguoit mille affaires menues;
C'étoit un compte, ou c'était un achat;
C'étoit un rien, tant peu plaignoit sa peine;
Bref, il n'étoit nul jour en la semaine,
Nulle heure au jour, qu'on ne vît en ce lieu
La receveuse. Alors le père en Dieu
Ne manquoit pas d'écarter tout son monde.
Mais le mari, qui se doutoit du tour,
Rompoit les chiens [1], ne manquoit au retour
D'imposer mains sur madame Féronde :
Onc [2] il ne fut un moins commode époux.
Esprits ruraux volontiers sont jaloux,
Et sur ce point à chausser difficiles [3],
N'étant pas faits aux coutumes des villes.
Monsieur l'abbé trouvoit cela bien dur,
Comme prélat qu'il étoit, partant homme
Fuyant la peine, aimant le plaisir pur,
Ainsi que fait tout bon suppôt de Rome.

1. C'est-à-dire troubloit, interrompoit cette intrigue; expression métaphorique tirée du vocabulaire des chasseurs.
2. Jamais.
3. Expression proverbiale, pour dire qu'ils sont difficiles à accommoder, à satisfaire.

Ce n'est mon goût; je ne veux de plein saut
Prendre la ville, aimant mieux l'escalade;
En amour dà, non en guerre : il ne faut
Prendre ceci pour guerrière bravade,
Ni m'enrôler là-dessus malgré moi.
Que l'autre usage ait la raison pour soi,
Je m'en rapporte, et reviens à l'histoire
Du receveur qu'on mit en purgatoire
Pour le guérir; et voici comme quoi.
Par le moyen d'une poudre endormante,
L'abbé le plonge en un très-long sommeil.
On le croit mort; on l'enterre; l'on chante.
Il est surpris de voir, à son réveil,
Autour de lui gens d'étrange manière;
Car il étoit au large dans sa bière,
Et se pouvoit lever de ce tombeau
Qui conduisoit en un profond caveau.
D'abord la peur se saisit de notre homme.
« Qu'est-ce cela? songe-t-il? est-il mort?
Seroit-ce point quelque espèce de sort? »
Puis il demande aux gens comme on les nomme,
Ce qu'ils font là, d'où vient que dans ce lieu
L'on le retient; et qu'a-t-il fait à Dieu?
L'un d'eux lui dit : « Console-toi, Féronde;
Tu te verras citoyen du haut monde
Dans mille ans d'hui [1], complets et bien comptés;
Auparavant il faut d'aucuns péchés
Te nettoyer en ce saint purgatoire :
Ton âme un jour plus blanche que l'ivoire
En sortira. » L'ange consolateur
Donne, à ces mots, au pauvre receveur
Huit ou dix coups de forte discipline,
En lui disant : « C'est ton humeur mutine,

1. A compter d'aujourd'hui.

Et trop jalouse, et déplaisante à Dieu,
Qui te retient pour mille ans en ce lieu. »
Le receveur, s'étant frotté l'épaule,
Fait un soupir : « mille ans ! c'est bien du temps ! »
Vous noterez que l'ange étoit un drôle,
Un frère Jean, novice de léans [1].
Ses compagnons jouoient chacun un rôle
Pareil au sien, dessous un feint habit.
Le receveur requiert pardon, et dit :
« Las ! si jamais je rentre dans la vie,
Jamais soupçon, ombrage et jalousie,
Ne rentreront dans mon maudit esprit :
Pourrois-je point obtenir cette grâce ? »
On la lui fait espérer, non sitôt ;
Force est qu'un an dans ce séjour se passe ;
Là cependant il aura ce qu'il faut
Pour sustenter son corps, rien davantage,
Quelque grabat, du pain pour tout potage,
Vingt coups de fouet chaque jour, si l'abbé,
Comme prélat rempli de charité,
N'obtint du ciel qu'au moins on lui remette,
Non le total des coups, mais quelque quart,
Voire [2] moitié, voire la plus grand'part :
Douter ne faut qu'il ne s'en entremette,
A ce sujet disant mainte oraison.
L'ange, en après, lui fait un long sermon :
« A tort, dit-il, tu conçus du soupçon ;
Les gens d'église ont-ils de ces pensées ?
Un abbé blanc ! c'est trop d'ombrage avoir ;
Il n'écherroit que dix coups pour un noir.
Défais-toi donc de tes erreurs passées. »
Il s'y résout. Qu'eût-il fait ? Cependant

---

1. De ce lieu.
2. Même.

Sire prélat et madame Féronde
Ne laissent perdre un seul petit moment.
Le mari dit : — « Que fait ma femme au monde?
— Ce qu'elle y fait? Tout bien. Notre prélat
L'a consolée ; et ton économat
S'en va son train toujours à l'ordinaire.
— Dans le couvent toujours a-t-elle affaire?
— Où donc? Il faut qu'ayant seule à présent
Le faix entier sur soi, la pauvre femme
Bon gré, mal gré, léans aille souvent,
Et plus encor que pendant ton vivant. »
Un tel discours ne plaisoit point à l'âme.
Ame j'ai cru le devoir appeler,
Ses pourvoyeurs ne le faisant manger
Ainsi qu'un corps. Un mois à cette épreuve
Se passe entier, lui jeûnant, et l'abbé
Multipliant œuvres de charité,
Et mettant peine à consoler la veuve.
Tenez pour sûr qu'il y fit de son mieux;
Son soin ne fut longtemps infructueux;
Pas ne semoit en une terre ingrate.
PATER ABBAS, avec juste sujet,
Appréhenda d'être père en effet.
Comme il n'est bon que telle chose éclate,
Et que le fait ne puisse être nié,
Tant et tant fut par sa paternité
Dit d'oraisons, qu'on vit du purgatoire
L'âme sortir, légère, et n'ayant pas
Once de chair. Un si merveilleux cas
Surprit les gens. Beaucoup ne vouloient croire
Ce qu'ils voyoient. L'abbé passa pour saint.
L'époux pour sien le fruit posthume tint,
Sans autrement de calcul oser faire.
Double miracle étoit en cette affaire,
Et la grossesse, et le retour du mort.

LIVRE IV

On en chanta Te Deum à renfort.
Stérilité régnoit en mariage
Pendant cet an, et même au voisinage
De l'abbaye, encor bien que léans
On se vouât pour obtenir enfants.
A tant laissons l'économe et sa femme;
Et ne soit dit que nous autres époux
Nous méritions ce qu'on fit à cette âme
Pour la guérir de ses soupçons jaloux.

VIII

LE PSAUTIER[1]

Nonnes, souffrez pour la dernière fois
Qu'en ce recueil, malgré moi je vous place.
De vos bons tours les contes ne sont froids;
Leur aventure a ne sais quelle grâce
Qui n'est ailleurs; ils emportent les voix.
Encore un donc, et puis c'en seront trois.
Trois! je faux[2] d'un; c'en seront au moins quatre.
Comptons-les bien : Mazet le compagnon;
L'Abbesse ayant besoin d'un bon garçon
Pour la guérir d'un mal opiniâtre;
Ce conte-ci, qui n'est le moins fripon;
Quant à sœur Jeanne ayant fait un poupon,
Je ne tiens pas qu'il la faille rabattre.
Les voilà tous : quatre, c'est compte rond.
Vous me direz : « C'est une étrange affaire
Que nous ayons tant de part en ceci! »
Que voulez-vous? je n'y saurois que faire :
Ce n'est pas moi qui le souhaite ainsi.
Si vous teniez toujours votre bréviaire,
Vous n'auriez rien à démêler ici;
Mais ce n'est pas votre plus grand souci.

1. Cette nouvelle est tirée de Boccace, *Decameron*, giornata IX. novella II.
2. Je me trompe.

Passons donc vite à la présente histoire.
Dans un couvent de nonnes fréquentoit
Un jouvenceau, friand, comme on peut croire,
De ces oiseaux. Telle pourtant prenoit
Goût à le voir, et des yeux le couvoit,
Lui sourioit, faisoit la complaisante,
Et se disoit sa très-humble servante,
Qui, pour cela, d'un seul point n'avançoit.
Le conte dit que léans [1] il n'étoit
Vieille ni jeune à qui le personnage
Ne fît songer quelque chose à part soi;
Soupirs trottoient : bien voyoit le pourquoi,
Sans qu'il s'en mît en peine davantage.
Sœur Isabeau, seule, pour son usage
Eut le galant : elle le méritoit,
Douce d'humeur, gentille de corsage,
Et n'en étant qu'à son apprentissage,
Belle de plus. Ainsi l'on l'envioit
Pour deux raisons : son amant et ses charmes.
Dans ses amours chacune l'épioit :
Nul bien sans mal, nul plaisir sans alarmes.
Tant et si bien l'épièrent les sœurs,
Qu'une nuit sombre et propre à ces douceurs
Dont on confie aux ombres le mystère,
En sa cellule on ouït certains mots,
Certaine voix, enfin certains propos
Qui n'étoient pas sans doute en son bréviaire.
« C'est le galant, ce dit-on; il est pris. »
Et de courir; l'alarme est aux esprits;
L'essaim frémit; sentinelle se pose.
On va conter en triomphe la chose
A mère abbesse; et heurtant à grands coups
On lui cria : « Madame, levez-vous;

1. Dans ce lieu.

Sœur Isabelle a dans sa chambre un homme.
Vous noterez que madame n'étoit
En oraison, ni ne prenoit son somme;
Trop bien alors dans son lit elle avoit
Messire Jean, curé du voisinage.
Pour ne donner aux sœurs aucun ombrage,
Elle se lève en hâte étourdiment,
Cherche son voile; et malheureusement
Dessous sa main tombe du personnage
Le haut-de-chausse, assez bien ressemblant,
Pendant la nuit, quand on n'est éclairée,
A certain voile aux nonnes familier,
Nommé pour lors entre elles leur *psautier*.
La voilà donc de grègues[1] affublée.
Ayant sur soi ce nouveau couvre-chef,
Et s'étant fait raconter de rechef
Tout le catus[2], elle dit irritée :
« Voyez un peu la petite effrontée,
Fille du diable, et qui nous gâtera
Notre couvent! Si Dieu plaît, ne fera;
S'il plaît à Dieu, bon ordre s'y mettra;
Vous la verrez tantôt bien chapitrée. »

Chapitre donc, puisque chapitre y a,
Fut assemblé. Mère abbesse entourée
De son sénat, fit venir Isabeau,
Qui s'arrosoit de pleurs tout le visage,
Se souvenant qu'un maudit jouvenceau
Venoit d'en faire un différent usage.
« Quoi! dit l'abbesse, un homme dans ce lieu!
Un tel scandale en la maison de Dieu!
N'êtes-vous point morte de honte encore?

1. Culottes.
2. Le cas, le fait. Le mot *catus* appartient à notre ancienne langue romane.

Qui vous a fait recevoir parmi nous
Cette voirie [1]? Isabeau, savez-vous,
(Car désormais qu'ici l'on vous honore
Du nom de sœur, ne le prétendez pas),
Savez-vous, dis-je, à quoi, dans un tel cas,
Notre institut condamne une méchante?
Vous l'apprendrez devant qu'il soit demain.
Parlez, parlez! » Lors la pauvre nonnain,
Qui jusque-là, confuse et repentante,
N'osoit branler, et la vue abaissoit,
Lève les yeux, par bonheur aperçoit
Le haut-de-chausse, à quoi toute la bande,
Par un effet d'émotion trop grande,
N'avoit pris garde, ainsi qu'on voit souvent.
Ce fut hasard qu'Isabelle à l'instant
S'en aperçut. Aussitôt la pauvrette
Reprend courage, et dit tout doucement :
« Votre psautier a ne sais quoi qui pend;
Raccommodez-le. » Or, c'étoit l'aiguillette :
Assez souvent pour bouton l'on s'en sert.
D'ailleurs, ce voile avoit beaucoup de l'air
D'un haut-de-chausse; et la jeune nonnette,
Ayant l'idée encor fraîche des deux,
Ne s'y méprit : non pas que le messire
Eût chausse faite ainsi qu'un amoureux,
Mais à peu près; cela devoit suffire.
L'abbesse dit : « Elle ose encore rire!
Quelle insolence! Un péché si honteux
Ne la rend pas plus humble et plus soumise!
Veut-elle point que l'on la canonise?
Laissez mon voile, esprit de Lucifer ;
Songez, songez, petit tison d'enfer,
Comme on pourra raccommoder votre âme. »

1. Cet être immonde, digne d'être jeté à la voirie.

Pas ne finit mère abbesse sa gamme
Sans sermonner et tempêter beaucoup.
Sœur Isabeau lui dit encore un coup :
« Raccommodez votre psautier, madame. »
Tout le troupeau se met à regarder :
Jeunes de rire, et vieilles de gronder.
La voix manquant à notre sermonneuse,
Qui, de son troc bien fâchée et honteuse,
N'eut pas le mot à dire en ce moment,
L'essaim fit voir par son bourdonnement
Combien rouloient de diverses pensées
Dans les esprits. Enfin l'abbesse dit :
« Devant qu'on eût tant de voix ramassées,
Il seroit tard ; que chacune en son lit
S'aille remettre. A demain toute chose. »

Le lendemain ne fut tenu, pour cause,
Aucun chapitre ; et le jour ensuivant,
Tout aussi peu. Les sages du couvent
Furent d'avis que l'on se devoit taire ;
Car trop d'éclat eût pu nuire au troupeau.
On n'en vouloit à la pauvre Isabeau
Que par envie : ainsi, n'ayant pu faire
Qu'elle lâchât aux autres le morceau,
Chaque nonnain, faute de jouvenceau,
Songe à pourvoir d'ailleurs à son affaire.
Les vieux amis reviennent de plus beau.
Par préciput [1] à notre belle on laisse
Le jeune fils, le pasteur à l'abbesse :
Et l'union alla jusques au point
Qu'on en prêtoit à qui n'en avoit point.

1. Par droit acquis avant le partage de la communauté.

IX

LE ROI CANDAULE[1]

ET LE MAITRE EN DROIT

Force gens ont été l'instrument de leur mal :
    Candaule en est un témoignage.
Ce roi fut en sottise un très-grand personnage ;
    Il fit pour Gygès son vassal
Une galanterie imprudente et peu sage.
« Vous voyez, lui dit-il, le visage charmant
Et les traits délicats dont la reine est pourvue ;
Je vous jure ma foi que l'accompagnement
Est d'un tout autre prix, et passe infiniment ;
    Ce n'est rien qui ne l'a vue
        Toute nue.
Je vous la veux montrer, sans qu'elle en sache rien,
    Car j'en sais un très-bon moyen ;
Mais à condition... vous m'entendez fort bien
    Sans que j'en dise davantage :
    Gygès, il vous faut être sage ;
    Point de ridicule désir :
    Je ne prendrois pas de plaisir

---

1. L'histoire de Gygès et de Candaule se trouve dans Hérodote, *Histor.*, I, 7-12.

Aux vœux impertinents qu'une amour sotte et vaine
    Vous feroit faire pour la reine.
Proposez-vous de voir tout ce corps si charmant
    Comme un beau marbre seulement.
Je veux que vous disiez que l'art, que la pensée,
Que même le souhait ne peut aller plus loin.
    Dedans le bain je l'ai laissée :
Vous êtes connoisseur; venez être témoin
    De ma félicité suprême. »
Ils vont : Gygès admire. Admirer c'est trop peu :
    Son étonnement est extrême.
    Ce doux objet joua son jeu.
Gygès en fut ému, quelque effort qu'il pût faire.
    Il auroit voulu se taire,
Et ne point témoigner ce qu'il avoit senti ;
Mais son silence eût fait soupçonner du mystère :
L'exagération fut le meilleur parti.
    Il s'en tint donc pour averti ;
Et, sans faire le fin, le froid ni le modeste,
Chaque point, chaque article eut son fait, fut loué.
« Dieux ! disoit-il au roi, quelle félicité !
Le beau corps! le beau cuir ! ô ciel ! et tout le reste ! »
    De ce gaillard entretien
    La reine n'entendit rien ;
    Elle l'eût pris pour outrage :
    Car, en se siècle ignorant,
    Le beau sexe étoit sauvage.
    Il ne l'est plus maintenant,
    Et des louanges pareilles
    De nos dames d'à présent
    N'écorchent point les oreilles.
Notre examinateur soupiroit dans sa peau ;
L'émotion croissoit, tant tout lui sembloit beau.
Le prince, s'en doutant, l'emmena ; mais son âme
    Emporta cent traits de flamme :

Chaque endroit lança le sien.
Hélas! fuir n'y sert de rien;
Tourments d'amour font si bien
Qu'ils sont toujours de la suite.
Près du prince, Gygès eut assez de conduite :
Mais de sa passion la reine s'aperçut.
   Elle sut
L'origine du mal : le roi, prétendant rire
   S'avisa de lui tout dire.
      Ignorant! savoit-il point
      Qu'une reine sur ce point
      N'ose entendre raillerie?
      Et supposé qu'en son cœur
      Cela lui plaise, elle rie,
      Il lui faut, pour son honneur,
      Contrefaire la furie.
      Celle-ci le fut vraiment,
      Et réserva dans soi-même
      De quelque vengeance extrême
      Le désir très-véhément.
      Je voudrois pour un moment,
      Lecteur, que tu fusses femme;
      Tu ne saurois autrement
      Concevoir jusqu'où la dame
      Porta son secret dépit.
      Un mortel eut le crédit
      De voir de si belles choses,
      A tous mortels lettres closes [1] !
      Tels dons étoient pour des dieux;
      Pour des rois, voulois-je dire;
      L'un et l'autre y vient de cire [2]
      Je ne sais quel est le mieux.

1. Tenues secrètes.
2. Expression proverbiale, pour dire : y vient fort à propos.

Ces pensers incitoient la reine à la vengeance.
Honte, dépit, courroux, son cœur employa tout;
Amour même, dit-on, fut de l'intelligence :
    De quoi ne vient-il point à bout?
Gygès étoit bien fait; on l'excusa sans peine :
Sur le montreur d'appas tomba toute la haine.
    Il étoit mari, c'est son mal;
    Et les gens de ce caractère
    Ne sauroient en aucune affaire
Commettre de péché qui ne soit capital.
Qu'est-il besoin d'user d'un plus ample prologue?
Voilà le roi haï, voilà Gygès aimé;
    Voilà tout fait et tout formé
    Un époux du grand catalogue [1],
Dignité peu briguée, et qui fleurit pourtant.
La sottise du prince étoit d'un tel mérite
Qu'il fut fait *in petto* confrère de Vulcan;
De là jusqu'au bonnet la distance est petite.
Cela n'étoit que bien; mais la Parque maudite
Fut aussi de l'intrigue, et, sans perdre de temps,
    Le pauvre roi par nos amants
    Fut député vers le Cocyte;
    On le fit trop boire d'un coup :
    Quelquefois, hélas! c'est beaucoup.
    Bientôt un certain breuvage
    Lui fit voir le noir rivage;
    Tandis qu'aux yeux de Gygès
    S'étaloient de blancs objets :
    Car, fût-ce amour, fût-ce rage,
    Bientôt la reine le mit
    Sur le trône et dans son lit.

Mon dessein n'étoit pas d'étendre cette histoire,

---

1. Celui des cocus.

On la savoit assez. Mais je me sais bon gré,
　　Car l'exemple a très-bien cadré ;
Mon texte y va tout droit : même j'ai peine à croire
Que le docteur en lois, dont je vais discourir,
Puisse mieux que Candaule à mon but concourir.
Rome, pour ce coup-ci me fournira la scène ;
Rome, non celle-là que les mœurs du vieux temps
Rendoient triste, sévère, incommode aux galants,
　　Et de sottes femelles pleine ;
Mais Rome d'aujourd'hui, séjour charmant et beau,
　　Où l'on suit un train plus nouveau.
　　Le plaisir est la seule affaire
　　Dont se piquent ses habitants :
　　Qui n'auroit que vingt ou trente ans,
　　Ce seroit un voyage à faire.

Rome donc eut naguère un maître dans cet art
Qui du Tien et du Mien tire son origine ;
Homme qui hors de là faisoit le goguenard :
　　Tout passoit par son étamine [1] ;
　　Aux dépens du tiers et du quart
Il se divertissoit. Avint que le légiste,
Parmi ses écoliers, dont il avoit toujours
　　Longue liste,
Eut un François, moins propre à faire en droit un cours
　　Qu'en amours.
Le docteur, un beau jour, le voyant sombre et triste,
Lui dit : « Notre féal, vous voilà de relais,
Car vous avez la mine, étant hors de l'école,
　　De ne lire jamais
　　Barthole.
Que ne vous poussez-vous ? Un François être ainsi
　　Sans intrigue et sans amourettes !

[1] Par son examen.

Vous avez des talents ; nous avons des coquettes,
Non pas pour une, Dieu merci. »
L'étudiant reprit : « Je suis nouveau dans Rome ;
Et puis, hors les beautés qui font plaisir aux gens
Pour la somme [1],
Je ne vois pas que les galants
Trouvent ici beaucoup à faire.
Toute maison est monastère ;
Double porte, verrous, une matrone austère,
Un mari, des Argus. Qu'irai-je, à votre avis,
Chercher en de pareils logis?
Prendre la lune aux dents seroit moins difficile.
— Ha! ha! la lune aux dents! repartit le docteur ;
Vous nous faites beaucoup d'honneur.
J'ai pitié des gens neufs comme vous. Notre ville
Ne vous est pas connue, en tant que je puis voir.
Vous croyez donc qu'il faille avoir
Beaucoup de peine à Rome en fait que d'aventures?
Sachez que nous avons ici des créatures
Qui feront leurs maris cocus
Sous la moustache des Argus :
La chose est chez nous très-commune.
Témoignez seulement que vous cherchez fortune;
Placez-vous dans l'église auprès du bénitier :
Présentez sur le doigt aux dames l'eau sacrée ;
C'est d'amourettes les prier.
Si l'air du suppliant à quelque dame agrée,
Celle-là, sachant son métier,
Vous enverra faire un message.
Vous serez déterré, logeassiez-vous en lieu
Qui ne fût connu que de Dieu :
Une vieille viendra, qui, faite au badinage,
Vous saura ménager un secret entretien :

---

1. C'est-à-dire hors les courtisanes, que l'on obtient à prix d'argent.

Ne vous embarrassez de rien.
De rien, c'est un peu trop ; j'excepte quelque chose :
Il est bon de vous dire en passant, notre ami,
Qu'à Rome il faut agir en galant et demi.
En France on peut conter des fleurettes, l'on cause ;
Ici tous les moments sont chers et précieux :
Romaines vont au but. » L'autre reprit : « Tant mieux !
   Sans être Gascon je puis dire
   Que je suis un merveilleux sire. »
   Peut-être ne l'étoit-il point :
Tout homme est Gascon sur ce point.

Les avis du docteur furent bons : le jeune homme
Se campe en une église où venoit tous les jours
   La fleur et l'élite de Rome,
Des Grâces, des Vénus, avec un grand concours
   D'Amours,
C'est-à-dire, en chrétien, beaucoup d'anges femelles :
Sous leur voile brilloient des yeux pleins d'étincelles.
Bénitiers, le lieu saint n'étoit pas sans cela :
Notre homme en choisit un chanceux pour ce point-là ;
A chaque objet qui passe adoucit ses prunelles ;
Révérences, le drôle en faisoit des plus belles,
   Des plus dévotes : cependant
Il offroit l'eau lustrale. Un ange, entre les autres,
En prit de bonne grâce. Alors l'étudiant
   Dit en son cœur : « Elle est des nôtres. »
Il retourne au logis : vieille vient ; rendez-vous :
D'en conter le détail, vous vous en doutez tous.
   Il s'y fit nombre de folies.
   La dame étoit des plus jolies ;
   Le passe-temps fut des plus doux.
Il le conte au docteur. Discrétion françoise
Est chose outre nature et d'un trop grand effort :
   Dissimuler un tel transport,

Cela sent son humeur bourgeoise.
Du fruit de ses conseils le docteur s'applaudit,
Rit en jurisconsulte, et des maris se raille.
    Pauvres gens qui n'ont pas l'esprit
    De garder du loup leur ouaille!
Un berger en a cent; des hommes ne sauront
    Garder la seule qu'ils auront!
Bien lui sembloit ce soin chose un peu malaisée,
Mais non pas impossible; et, sans qu'il eût cent yeux,
    Il défioit, grâces aux cieux,
    Sa femme, encor que très-rusée.
    A ce discours, ami lecteur,
Vous ne croiriez jamais, sans avoir quelque honte,
    Que l'héroïne de ce conte
    Fût propre femme du docteur :
Elle l'étoit pourtant. Le pis fut que mon homme,
En s'informant de tout, et des si et des cas,
Et comme elle étoit faite, et quels secrets appas,
    Vit que c'étoit sa femme en somme.
Un seul point l'arrêtoit; c'étoit certain talent
Qu'avoit en sa moitié trouvé l'étudiant,
Et que pour le mari n'avoit pas la donzelle.
    « A ce signe, ce n'est pas elle,
    Disoit en soi le pauvre époux :
    Mais les autres points y sont tous;
C'est elle. Mais ma femme au logis est rêveuse;
    Et celle-ci paroît causeuse
    Et d'un agréable entretien;
    Assurément, c'en est une autre :
    Mais du reste il n'y manque rien;
Taille, visage, traits, même poil; c'est la nôtre. »
    Après avoir bien dit tout bas:
    « Ce l'est, » et puis : « Ce ne l'est pas ! »
Force fut qu'au premier en demeurât le sire.
    Je laisse à penser son courroux,

        Sa fureur, afin de mieux dire.
   « Vous vous êtes donné un second rendez-vous ? »
     Poursuivit-il. « Oui, reprit notre apôtre ;
Elle et moi n'avons eu garde de l'oublier,
        Nous trouvant trop bien du premier,
           Pour n'en pas ménager un autre,
Très-résolus tous deux de ne nous rien devoir
— La résolution, dit le docteur, est belle.
Je saurois volontiers quelle est cette donzelle. »
L'écolier repartit : « Je ne l'ai pu savoir ;
Mais qu'importe ? il suffit que je sois content d'elle.
        Dès à présent je vous réponds
Que l'époux de la dame a toutes ses façons :
Si quelqu'une manquoit, nous la lui donnerons
Demain, en tel endroit, à telle heure, sans faute.
        On doit m'attendre entre deux draps,
Champ de bataille propre à de pareils combats.
Le rendez-vous n'est point dans une chambre haute :
           Le logis est propre et paré.
On m'a fait à l'abord traverser un passage
           Où jamais le jour n'est entré ;
Mais, aussitôt après, la vieille du message
M'a conduit en des lieux où loge, en bonne foi,
           Tout ce qu'amour a de délices :
           On peut s'en rapporter à moi. »
A ce discours, jugez quels étoient les supplices
Qu'enduroit le docteur. Il forme le dessein
        De s'en aller le lendemain
Au lieu de l'écolier, et, sous ce personnage,
Convaincre sa moitié, lui faire un vasselage [1]
        Dont il fût à jamais parlé.
   N'en déplaise au nouveau confrère,
   Il n'étoit pas bien conseillé ;

---

1. Correction, réprimande.

Mieux valoit pour le coup se taire,
Sauf d'apporter en temps et lieu
Remède au cas, moyennant Dieu.
Quand les épouses font un récipiendaire
    Au benoît état de cocu,
S'il en peut sortir franc, c'est à lui beaucoup faire ;
    Mais, quand il est déjà reçu,
Une façon de plus ne fait rien à l'affaire.
Le docteur raisonna d'autre sorte, et fit tant
Qu'il ne fit rien qui vaille. Il crut qu'en prévenant
    Son parrain en cocuage,
    Il feroit tour d'homme sage :
    Son parrain, cela s'entend,
    Pourvu que sous ce galant
    Il eût fait apprentissage ;
Chose dont à bon droit le lecteur peut douter.
Quoi qu'il en soit, l'époux ne manque pas d'aller
    Au logis de l'aventure,
    Croyant que l'allée obscure,
Son silence, et le soin de se cacher le nez,
Sans qu'il fût reconnu, le feroient introduire
    En ces lieux si fortunés.
Mais, par malheur, la vieille avoit pour se conduire
Une lanterne sourde ; et, plus fine cent fois
    Que le plus fin docteur en lois,
Elle reconnut l'homme, et, sans être surprise,
    Elle lui dit : « Attendez là ;
    Je vais trouver madame Élise.
Il la faut avertir ; je n'ose sans cela
Vous mener dans sa chambre ; et puis vous devez être
    En autre habit pour l'aller voir,
C'est-à-dire, en un mot, qu'il n'en faut point avoir.
Madame attend au lit. » A ces mots, notre maître,
Poussé dans quelque bouge, y voit d'abord paroître
Tout un déshabillé, des mules, un peignoir,

Bonnet, robe de chambre, avec chemise d'homme,
Parfums sur la toilette, et des meilleurs de Rome,
Le tout propre, arrangé, de même qu'on eût fait
Si l'on eût attendu le cardinal préfet.
Le docteur se dépouille; et cette gouvernante
Revient, et par la main le conduit en des lieux
Où notre homme, privé de l'usage des yeux,
  Va d'une façon chancelante.
  Après ces détours ténébreux,
La vieille ouvre une porte, et vous pousse le sire
  En un fort mal-plaisant endroit,
  Quoique ce fût son propre empire :
  C'étoit en l'école de droit.
En l'école de droit! Là même. Le pauvre homme,
Honteux, surpris, confus, non sans quelque raison,
  Pensa tomber en pâmoison.
  Le conte en courut par tout Rome.
Les écoliers alors attendoient leur régent :
Cela seul acheva sa mauvaise fortune.
Grand éclat de risée et grand chuchillement [1],
  Universel étonnement.
« Est-il fou? qu'est-ce là? vient-il de voir quelqu'une! »
Ce ne fut pas le tout; sa femme se plaignit.
Procès. La parenté se joint en cause, et dit
Que du docteur venoit tout le mauvais ménage;
Que cet homme étoit fou; que sa femme étoit sage.

  On fit casser le mariage;
  Et puis la dame se rendit
  Belle et bonne religieuse,
  A Saint-Croissant en Vavoureuse;
  Un prélat lui donna l'habit.

---

1. Chuchotement.

X

LE DIABLE EN ENFER[1]

Qui craint d'aimer a tort, selon mon sens,
S'il ne fuit pas, dès qu'il voit une belle.
Je vous connois, objets doux et puissants ;
Plus ne m'irai brûler à la chandelle.
Une vertu sort de vous, ne sais quelle,
Qui dans le cœur s'introduit par les yeux :
Ce qu'elle y fait, besoin n'est de le dire ;
On meurt d'amour, on languit, on soupire :
Pas ne tiendroit aux gens qu'on ne fît mieux.
A tels périls ne faut qu'on s'abandonne.
J'en vais donner pour preuve une personne
Dont la beauté fit trébucher Rustic.
Il en avint un fort plaisant trafic :
Plaisant fut-il, au péché près, sans faute ;
Car, pour ce point, je l'excepte, et je l'ôte,
Et ne suis pas du goût de celle-là
Qui, buvant frais (ce fut, je pense à Rome),
Disoit : « que n'est-ce un péché que cela ! »
Je la condamne, et veux prouver en somme

1. Cette nouvelle est tirée de Boccace, *Decameron*, giorn. III, novell. X. Mais La Fontaine a beaucoup atténué les crudités choquantes du modèle.

Qu'il fait bon craindre, encor que l'on soit saint
Rien n'est plus vrai : si Rustic avoit craint,
Il n'auroit pas retenu cette fille,
Qui, jeune et simple, et pourtant très-gentille,
Jusques au vif vous l'eut bientôt atteint.
Alibech fut son nom, si j'ai mémoire;
Fille un peu neuve, à ce que dit l'histoire.
Lisant un jour comme quoi certains saints,
Pour mieux vaquer à leurs pieux desseins,
Se séquestroient, vivoient comme des anges,
Qui çà, qui là, portant toujours leurs pas
En lieux cachés, choses qui, bien qu'étranges,
Pour Alibech avoient quelques appas :
« Mon Dieu! dit-il, il me prend une envie
D'aller mener une semblable vie. »
Alibech donc s'en va sans dire adieu;
Mère, ni sœur, nourrice, ni compagne
N'est avertie. Alibech en campagne
Marche toujours, n'arrête en pas un lieu;
Tant court enfin, qu'elle entre en un bois sombre;
Et dans ce bois elle trouve un vieillard,
Homme (possible), autrefois plus gaillard,
Mais n'étant lors qu'un squelette et qu'une ombre.
« Père, dit-elle, un mouvement m'a pris,
C'est d'être sainte, et mériter pour prix
Qu'on me révère, et qu'on chôme ma fête.
Oh! quel plaisir j'aurois, si tous les ans,
La palme en main, les rayons sur la tête,
Je recevois des fleurs et des présents!
Votre métier est-il si difficile?
Je sais déjà jeûner plus d'à demi.
— Abandonnez ce penser inutile,
Dit le vieillard; je vous parle en ami.
La sainteté n'est chose si commune
Que le jeûner suffise pour l'avoir.

Dieu gard[1] de mal fille et femme qui jeûne
Sans pour cela guère mieux en valoir !
Il faut encor pratiquer d'autres choses,
D'autres vertus, qui me sont lettres closes[2],
Et qu'un ermite, habitant de ces bois,
Vous apprendra mieux que moi mille fois.
Allez le voir, ne tardez davantage ;
Je ne retiens tels oiseaux dans ma cage. »
Disant ces mots, le vieillard la quitta,
Ferma sa porte, et se barricada.
Très-sage fut d'agir ainsi, sans doute,
Ne se fiant à vieillesse, ni goutte,
Jeûne, ni haire, enfin à rien qui soit.

Non loin de là, notre sainte aperçoit
Celui de qui ce bon vieillard parloit,
Homme ayant l'âme en Dieu tout occupée,
Et se faisant tout blanc de son épée.
C'étoit Rustic, jeune saint très-fervent :
Ces jeunes-là s'y trompent bien souvent.
En peu de mots, l'appétit d'être sainte
Lui fut d'abord par la belle expliqué ;
Appétit tel qu'Alibech avoit crainte
Que quelque jour son fruit n'en fût marqué.
Rustic sourit d'une telle innocence :
« Je n'ai, dit-il, que peu de connoissance
En ce métier ; mais ce peu-là que j'ai
Bien volontiers vous sera partagé ;
Nous vous rendrons la chose familière. »
Maître Rustic eût dû donner congé,
Tout dès l'abord, à semblable écolière.
Il ne le fit ; en voici les effets.

---

1. Pour *garde* : vieux mot.
2. C'est-à-dire qui me sont inconnues.

Comme il vouloit être des plus parfaits,
Il dit en soi : « Rustic, que sais-tu faire?
Veiller, prier, jeûner, porter la haire.
Qu'est-ce cela? moins que rien, tous le font.
Mais d'être seul auprès de quelque belle,
Sans la toucher, il n'est victoire telle;
Triomphes grands chez les anges en sont :
Méritons-les; retenons cette fille :
Si je résiste à chose si gentille,
J'atteins le comble, et me tire du pair. »
Il la retint, et fut si téméraire,
Qu'outre Satan il défia la chair,
Deux ennemis toujours prêts à mal faire.

Or sont nos saints logés sous même toit :
Rustic apprête en un petit endroit,
Un petit lit de jonc pour la novice;
Car, de coucher sur la dure d'abord,
Quelle apparence? elle n'étoit encor
Accoutumée à si rude exercice.
Quant au souper, elle eut pour tout service
Un peu de fruit, du pain non pas trop beau.
Faites état que la magnificence
De ce repas ne consista qu'en l'eau,
Claire, d'argent, belle par excellence.
Rustic jeûna; la fille eut appétit.
Couchés à part, Alibech s'endormit;
L'ermite non. Une certaine bête,
Diable nommée, un vrai serpent maudit,
N'eut point de paix qu'il ne fût de la fête.
On l'y reçoit. Rustic roule en sa tête,
Tantôt les traits de la jeune beauté,
Tantôt sa grâce, et sa naïveté,
Et ses façons, et sa manière douce,
  'âge, la taille et surtout l'embonpoint

Et certain sein ne se reposant point,
Allant, venant; sein qui pousse et repousse
Certain corset, en dépit d'Alibech
Qui tâche en vain de lui clore le bec :
Car toujours parle; il va, vient, et respire :
C'est son patois; Dieu sait ce qu'il veut dire.
Le pauvre ermite, ému de passion,
Fit de ce point sa méditation.
Adieu la haire, adieu la discipline.
Et puis voilà de ma dévotion!
Voilà mes saints! Celui-ci s'achemine
Vers Alibech, et l'éveille en sursaut:
« Ce n'est bien fait que de dormir sitôt,
Dit le frater; il faut au préalable
Qu'on fasse une œuvre à Dieu fort agréable,
Emprisonnant en enfer le malin;
Créé ne fut pour aucune autre fin :
Procédons-y. » Tout à l'heure il se glisse
Dedans le lit. Alibech, sans malice,
N'entendoit rien à ce mystère-là;
Et, ne sachant ni ceci ni cela,
Moitié forcée, et moitié consentante,
Moitié voulant combattre ce desir,
Moitié n'osant, moitié peine et plaisir,
Elle crut faire acte de repentante;
Bien humblement rendit grâce au frater;
Sut ce que c'est que le diable en enfer.

Désormais faut qu'Alibech se contente
D'être martyre, en cas que sainte soit.
Frère Rustic peu de vierges faisoit.
Cette leçon ne fut la plus aisée,
Dont Alibech, non encor déniaisée,
Dit : « Il faut bien que le diable en effet
Soit une chose étrange et bien mauvaise;

Il brise tout ; voyez le mal qu'il fait
A sa prison : non pas qu'il m'en déplaise ;
Mais il mérite, en bonne vérité,
D'y retourner. — Soit fait, ce dit le frère. »
Tant s'appliqua Rustic à ce mystère,
Tant prit de soin, tant eut de charité,
Qu'enfin l'enfer s'accoutumant au diable,
Eût eu toujours sa présence agréable,
Si l'autre eût pu toujours en faire essai.
Sur quoi la belle : « On dit encor bien vrai,
Qu'il n'est prison si douce, que son hôte
En peu de temps ne s'y lasse sans faute. »
Bientôt nos gens ont noise sur ce point.
En vain l'enfer son prisonnier rappelle ;
Le diable est sourd, le diable n'entend point.
L'enfer s'ennuie, autant en fait la belle ;
Ce grand desir d'être sainte s'en va.
Rustic voudroit être dépêtré d'elle ;
Elle pourvoit d'elle-même à cela.
Furtivement elle quitte le sire,
Par le plus court s'en retourne chez soi.

Je suis en soin[1] de ce qu'elle put dire
A ses parents ; c'est ce qu'en bonne foi
Jusqu'à présent je n'ai bien su comprendre.
Apparemment elle leur fit entendre
Que son cœur, mû d'un appétit d'enfant,
L'avoit portée à tâcher d'être sainte :
Ou l'on la crut, ou l'on en fit semblant.
Sa parenté prit pour argent comptant
Un tel motif : non que de quelque atteinte
A son enfer on n'eût quelque soupçon ;
Mais cette chartre est faite de façon

1. En peine.

Qu'on n'y voit goutte, et maint geôlier s'y trompe.
Alibech fut festinée en grand'pompe.
L'histoire dit que par simplicité
Elle conta la chose à ses compagnes.
« Besoin n'étoit que votre sainteté,
Ce lui dit-on, traversât ces campagnes;
On vous auroit, sans bouger du logis,
Même leçon, même secret appris.
— Je vous aurois, dit l'une, offert mon frère
— Vous auriez eu, dit l'autre, mon cousin.
Et Néherbal, notre prochain voisin,
N'est pas non plus novice en ce mystère :
Il vous recherche; acceptez ce parti,
Devant qu'on soit d'un tel cas averti. »
Elle le fit. Néherbal n'étoit homme
A cela près. On donna telle somme,
Qu'avec les traits de la jeune Alibech
Il prit pour bon un enfer très-suspect,
Usant des biens que l'hymen nous envoie.
A tous époux Dieu doint[1] pareille joie !

1. Donne. *Doint* vient du vieux verbe doigner.

XI

LA JUMENT DU COMPÈRE PIERRE[1]

Messire Jean, c'étoit certain curé
Qui prêchoit peu, sinon sur la vendange;
Sur ce sujet, sans être préparé,
Il triomphoit, vous eussiez dit un ange.
Encore un point étoit touché de lui,
Non si souvent qu'eût voulut le messire;
En ce point-là, les enfants d'aujourd'hui;
Savent que c'est; besoin n'ai de le dire.
Messire Jean, tel que je le décris,
Faisoit si bien que femmes et maris
Le recherchoient, estimoient sa science;
Au demeurant, il n'étoit conscience
Un peu jolie, et bonne à diriger,
Qu'il ne voulût lui-même interroger,
Ne s'en fiant aux soins de son vicaire.
Messire Jean auroit voulu tout faire,
S'entremettoit en zélé directeur,
Alloit partout, disant qu'un bon pasteur
Ne peut trop bien ses ouailles connoître,
Dont par lui-même instruit en vouloit être.
Parmi les gens de lui les mieux venus,
Il fréquentoit chez le compère Pierre,
Bon villageois, à qui pour toute terre,

---

[1]. Cette nouvelle est tirée de Boccace, *Decameron*, giorn. IX, nov. X.

Pour tout domaine, et pour tous revenus,
Dieu ne donna que ses deux bras tout nus,
Et son louchet[1], dont, pour tout ustensille[2],
Pierre faisoit subsister sa famille.
Il avoit femme et belle et jeune encor,
Ferme sur-tout : le hâle avoit fait tort
A son visage, et non à sa personne.
Nous autres gens peut-être aurions voulu
Du délicat; ce rustic[3] ne m'eût plu :
Pour des curés la pâte en étoit bonne,
Et convenoit à semblables amours.
Messire Jean la regardoit toujours
Du coin de l'œil, toujours tournoit la tête
De son côté, comme un chien qui fait fête
Aux os qu'il voit n'être par trop chétifs.
Que s'il en voit un de belle apparence,
Non décharné, plein encor de substance,
Il tient dessus ses regards attentifs;
Il s'inquiète, il trépigne, il remue
Oreille et queue; il a toujours la vue
Dessus cet os, et le ronge des yeux
Vingt fois devant que son palais s'en sente.
Messire Jean tout ainsi se tourmente
A cet objet pour lui délicieux.
La villageoise étoit fort innocente,
Et n'entendoit aux façons du pasteur
Mystère aucun : ni son regard flatteur,
Ni ses présents ne touchoient Magdeleine;
Bouquets de thym et pots de majorlaine
Tomboient à terre : avoir cent menus soins,

1. Hoyau.
2. La Fontaine a ajouté une *l* au mot *ustensile*, pour mieux rire avec famille.
3. Pour rustique. Beauté campagnarde.

C'étoit parler bas-breton tout au moins[1].
Il s'avisa d'un plaisant stratagème.
Pierre étoit lourd, sans esprit : je crois bien
Qu'il ne se fût précipité lui-même ;
Mais, par-delà, de lui demander rien
C'étoit abus et très-grande sottise.
L'autre lui dit : « Compère mon ami,
Te voilà pauvre et n'ayant à demi
Ce qu'il te faut ; si je t'apprends la guise
Et le moyen d'être un jour plus content
Qu'un petit roi, sans se tourmenter tant,
Que me veux-tu donner pour mes étrennes ? »
Pierre répond : « Parbleu ! messire Jean,
Je suis à vous ; disposez de mes peines ;
Car vous savez que c'est tout mon vaillant.
Notre cochon ne vous faudra[2] pourtant ;
Il a mangé plus de son, par mon âme !
Qu'il n'en tiendroit trois fois dans ce tonneau ;
Et d'abondant[3], la vache à notre femme
Nous a promis qu'elle feroit un veau :
Prenez le tout. — Je ne veux nul salaire,
Dit le pasteur ; obliger mon compère
Ce m'est assez. Je te dirai comment :
Mon dessein est de rendre Magdeleine
Jument le jour, par art d'enchantement,
Lui redonnant sur le soir forme humaine.
Très-grand profit pourra certainement
T'en revenir ; car ton âne est si lent,
Que du marché l'heure est presque passée
Quand il arrive ; ainsi tu ne vends pas,
Comme tu veux, tes herbes, ta denrée,

---

1. C'est-à-dire un langage inintelligible.
2. Ne nous manquera pas.
3. Outre cela.

Tes choux, tes aulx, enfin tout ton tracas.
Ta femme, étant jument forte et membrue,
Ira plus vite; et sitôt que chez toi
Elle sera du marché revenue,
Sans pain ni soupe, un peu d'herbe menue
Lui suffira. » Pierre dit : « Sur ma foi
Messire Jean, vous êtes un sage homme.
Voyez que c'est d'avoir étudié !
Vend-on cela? Si j'avois grosse somme,
Je vous l'aurois parbleu bientôt payé. »
Jean poursuivit : « Or çà, je t'apprendrai
Les mots, la guise, et toute la manière
Par où jument, bien faite et poulinière
Auras de jour, belle femme de nuit.
Corps, tête, jambe, et tout ce qui s'ensuit
Lui reviendra : tu n'as qu'à me voir faire.
Tais-toi sur-tout; car un mot seulement
Nous gâteroit tout notre enchantement;
Nous ne pourrions revenir au mystère,
De notre vie : encore un coup, motus,
Bouche cousue; ouvre les yeux sans plus :
Toi-même après pratiqueras la chose. »
Pierre promet de se taire, et Jean dit :
« Sus, Magdeleine, il se faut, et pour cause
Dépouiller nue et quitter cet habit.
Dégrafez-moi cet atour des dimanches :
Fort bien. Otez ce corset et ces manches :
Encore mieux. Défaites ce jupon :
Très-bien cela. » Quand vint à la chemise,
La pauvre épouse eut, en quelque façon,
De la pudeur. Être nue ainsi mise
Aux yeux des gens! Magdeleine aimoit mieux
Demeurer femme, et juroit ses grands dieux
De ne souffrir une telle vergogne.
Pierre lui dit : « Voilà grande besogne!

Eh bien, tous deux nous saurons comme qu i
Vous êtes faite : est-ce, par votre foi,
De quoi tant craindre? Et là là, Magdeleine,
Vous n'avez pas toujours eu tant de peine
A tout ôter. Comment donc faites-vous
Quand vous cherchez vos puces, dites-nous?
Messire Jean est-ce quelqu'un d'étrange?
Que craignez-vous? Eh quoi! qu'il ne vous mange?
Çà dépêchons : c'est par trop marchandé
Depuis le temps, monsieur notre curé
Auroit déjà parfait son entreprise. »
Disant ces mots, il ôte la chemise,
Regarde faire, et ses lunettes prend.

Messire Jean par le nombril commence,
Pose dessus une main, en disant :
« Que ceci soit beau poitrail de jument. »
Puis cette main dans le pays s'avance.
L'autre s'en va transformer ces deux monts
Qu'en nos climats des gens nomment tetons;
Car, quant à ceux qui sur l'autre hémisphère
Sont étendus, plus vastes en leur tour,
Par révérence on ne les nomme guère.
Messire Jean leur fait aussi sa cour,
Disant toujours, pour la cérémonie :
« Que ceci soit telle ou telle partie,
Ou belle croupe, ou beaux flancs, tout enfin. »
Tant de façons mettoient Pierre en chagrin;
Et, ne voyant nul progrès à la chose,
Il prioit Dieu pour la métamorphose.
C'étoit en vain; car de l'enchantement
Toute la force et l'accomplissement
Gisoit à mettre une queue à la bête.
Tel ornement est chose fort honnête :
Jean, ne voulant un tel point oublier,

L'attache donc. Lors Pierre de crier
Si haut qu'on l'eût entendu d'une lieue :
« Messire Jean, je n'y veux point de queue !
Vous l'attachez trop bas, messire Jean ! »
Pierre à crier ne fut si diligent,
Que bonne part de la cérémonie
Ne fût déjà par le prêtre accomplie.
A bonne fin le reste auroit été,
Si, non content d'avoir déjà parlé,
Pierre encor n'eût tiré par la soutane
Le curé Jean, qui lui dit : « Foin de toi !
T'avois-je pas recommandé, gros âne,
De ne rien dire, et de demeurer coi ?
Tout est gâté ; ne t'en prends qu'à toi-même. »
Pendant ces mots, l'époux gronde à part soi.
Magdeleine est en un courroux extrême,
Querelle Pierre, et lui dit : « Malheureux !
Tu ne seras qu'un misérable gueux
Toute ta vie ! Et puis viens-t'en me braire,
Viens me conter ta faim et ta douleur !
Voyez un peu ! monsieur notre pasteur
Veut de sa grâce à ce traîne-malheur [1]
Montrer de quoi finir notre misère :
Mérite-t-il le bien qu'on lui veut faire ?
Messire Jean, laissons là cet oison :
Tous les matins, tandis que ce veau lie
Ses choux, ses aulx, ses herbes, son oignon,
Sans l'avertir venez à la maison ;
Vous me rendrez une jument polie. »
Pierre reprit : « Plus de jument, ma mie ;
Je suis content de n'avoir qu'un grison [2]. »

---

1. Cet homme constamment malheureux ; expression énergique et qui est, je crois, de l'invention de La Fontaine.
2. Qu'un âne.

XII

PÂTÉ D'ANGUILLE[1]

Même beauté, tant soit exquise,
Rassasie et soûle à la fin.
Il me faut d'un et d'autre pain :
Diversité, c'est ma devise.
Cette maîtresse un tantet[2] bise
Rit à mes yeux : pourquoi cela ?
C'est qu'elle est neuve; et celle-là
Qui depuis longtemps m'est acquise,
Blanche qu'elle est, en nulle guise
Ne me cause d'émotion :
Son cœur dit oui; le mien dit non.
D'où vient ? en voici la raison :
Diversité, c'est ma devise.
Je l'ai jà dit d'autre façon;
Car il est bon que l'on déguise
Suivant la loi de ce dicton :
Diversité, c'est ma devise.
Ce fut celle aussi d'un mari
De qui la femme étoit fort belle.

1. Conte tiré des *Cent Nouvelles nouvelles*, nouv. x
2. Un peu.

Il se trouva bientôt guéri
De l'amour qu'il avoit pour elle
L'hymen et la possession
Éteignirent sa passion.
Un sien valet avoit pour femme
Un petit bec [1] assez mignon :
Le maître, étant bon compagnon,
Eut bientôt empaumé la dame.
Cela ne plut pas au valet,
Qui, les ayant pris sur le fait,
Vendiqua son bien de couchette,
A sa moitié chanta goguette [2],
L'appela tout net et tout franc...
Bien sot de faire un bruit si grand
Pour une chose si commune :
Dieu nous gard de plus grand' fortune!
Il fit à son maître un sermon.
« Monsieur, dit-il, chacun la sienne,
Ce n'est pas trop; Dieu et raison
Vous recommandent cette antienne
Direz-vous : « Je suis sans chrétienne? »
Vous en avez à la maison
Une qui vaut cent fois la mienne.
Ne prenez donc plus tant de peine;
C'est pour ma femme trop d'honneur;
Il ne lui faut si gros monsieur;
Tenons-nous chacun à la nôtre ;
N'allez point à l'eau chez un autre,
Ayant plein puits de ces douceurs :
Je m'en rapporte aux connoisseurs.
Si Dieu m'avoit fait tant de grâce,
Qu'ainsi que vous je disposasse

1. C'est-à-dire un petit minois.
2. Pour dire la grondà : expression proverbiale.

De Madame, je m'y tiendrois,
Et d'une reine ne voudrois.
Mais, puisqu'on ne sauroit défaire
Ce qui s'est fait, je voudrois bien
(Ceci soit dit sans vous déplaire)
Que, content de votre ordinaire,
Vous ne goûtassiez plus du mien. »

Le patron ne voulut lui dire
Ni oui ni non sur ce discours,
Et commanda que tous les jours
On mît au repas près du sire
Un pâté d'anguille. Ce mets
Lui chatouilloit fort le palais.
Avec un appétit extrême
Une et deux fois il en mangea ;
Mais, quand ce vint à la troisième,
La seule odeur le dégoûta.
Il voulut sur une autre viande
Mettre la main ; on l'empêcha.
« Monsieur, dit-on, nous le commande ;
Tenez-vous-en à ce mets-là ;
Vous l'aimez, qu'avez-vous à dire ?
— M'en voilà soûl, reprit le sire.
Eh quoi ! toujours pâtés au bec !
Pas une anguille de rôtie !
Pâtés tous les jours de ma vie !
J'aimerois mieux du pain tout sec.
Laissez-moi prendre un peu du vôtre.
Pain de par Dieu, ou de par l'autre [1],
Au diable ces pâtés maudits !
Ils me suivront en paradis,
Et par-delà, Dieu me pardonne ! »

1. *L'autre*, c'est le diable.

Le maître accourt soudain au bruit;
Et, prenant sa part du déduit :
« Mon ami, dit-il, je m'étonne
Que d'un mets si plein de bonté
Vous soyez sitôt dégoûté.
Ne vous ai-je pas ouï dire
Que c'étoit votre grand ragoût?
Il faut qu'en peu de temps, beau sire,
Vous ayez bien changé de goût.
Qu'ai-je fait qui fût plus étrange?
Vous me blâmez, lorsque je change
Un mets que vous croyez friand,
Et vous en faites tout autant!
Mon doux ami, je vous apprends
Que ce n'est pas une sottise,
En fait de certains appétits,
De changer son pain blanc en bis :
Diversité, c'est ma devise. »

Quand le maître eut ainsi parlé,
Le valet fut tout consolé.
Non que ce dernier n'eût à dire
Quelque chose encor là-dessus.
Car, après tout, doit-il suffire
D'alléguer son plaisir sans plus?
— J'aime le change. — A la bonne heure!
On vous l'accorde; mais gagnez,
S'il se peut, les intéressés;
Cette voie est bien la meilleure :
Suivez-la donc. A dire vrai,
Je crois que l'amateur du change
De ce conseil tenta l'essai.
On dit qu'il parloit comme un ange,
De mots dorés usant toujours.
Mots dorés font tout en amours,

C'est une maxime constante.
Chacun sait quelle est mon entente :
J'ai rebattu cent et cent fois
Ceci dans cent et cent endroits ;
Mais la chose est si nécessaire
Que je ne puis jamais m'en taire,
Et redirai jusques au bout :
Mots dorés [1] en amours font tout.
Ils persuadent la donzelle,
Son petit chien, sa demoiselle,
Son époux quelquefois aussi.
C'est le seul qu'il falloit ici
Persuader : il n'avoit l'âme
Sourde à cette éloquence ; et, dame !
Les orateurs du temps jadis
N'en ont de telle en leurs écrits.
Notre jaloux devint commode :
Même on dit qu'il suivit la mode
De son maître, et toujours depuis
Changea d'objets en ses déduits [2].
Il n'étoit bruit que d'aventures
Du chrétien et de créatures.
Les plus nouvelles sans manquer
Étoient pour lui les plus gentilles :
Par où le drôle en put croquer [3]
Il en croqua ; femmes et filles,
Nymphes, grisettes, ce qu'il put.
Toutes étoient de bonne prise ;
Et sur ce point, tant qu'il vécut,
Diversité fut sa devise.

---

1. C'est-à-dire l'argent.
2. Ses plaisirs.
3. En put séduire.

XIII

LES LUNETTES[1]

J'avois juré de laisser là les nonnes :
Car, que toujours on voie en mes écrits
Même sujet et semblables personnes,
Cela pourroit fatiguer les esprits.
Ma muse met guimpe sur le tapis ;
Et puis quoi ? guimpe, et puis guimpe sans cesse ;
Bref, toujours guimpe, et guimpe sous la presse.
C'est un peu trop. Je veux que les nonnains
Fassent les tours en amour les plus fins ;
Si ne faut-il pour cela qu'on épuise
Tout le sujet. Le moyen ? c'est un fait
Par trop fréquent ; je n'aurois jamais fait :
Il n'est greffier dont la plume y suffise.
Si j'y tâchois, on pourroit soupçonner
Que quelque cas m'y feroit retourner,
Tant sur ce point mes vers font de rechutes.
Toujours souvient à Robin de ses flûtes[2].
Or apportons à cela quelque fin ;
Je le prétends, cette tâche ici faite.

1. Imité de Bonaventure Des Périer.
2. Expression proverbiale, pour dire : on revient toujours à ses premières inclinations.

Jadis s'étoit introduit un blondin
Chez des nonnains, à titre de fillette.
Il n'avoit pas quinze ans, que tout ne fût;
Dont le galant passa pour sœur Colette,
Auparavant que la barbe lui crût.
Cet entre-temps ne fut sans fruit : le sire
L'employa bien; Agnès en profita.
Las! quel profit! j'eusse mieux fait de dire
Qu'à sœur Agnès malheur en arriva.
Il lui fallut élargir sa ceinture,
Puis mettre au jour petite créature
Qui ressembloit comme deux gouttes d'eau,
Ce dit l'histoire, à la sœur jouvenceau.
Voilà scandale et bruit dans l'abbaye :
« D'où cet enfant est-il plu? comme a-t-on,
Disoient les sœurs en riant, je vous prie,
Trouvé céans ce petit champignon?
Si ne s'est-il, après tout, fait lui-même. »
La prieure est en un courroux extrême :
Avoir ainsi souillé cette maison!
Bientôt on mit l'accouchée en prison;
Puis il fallut faire enquête du père.
Comment est-il entré? comment sorti?
Les murs sont hauts, antique la tourière,
Double la grille, et le tour très-petit.
« Seroit-ce point quelque garçon en fille?
Dit la prieure, et parmi nos brebis
N'aurions-nous point, sous de trompeurs habits,
Un jeune loup? Sus, qu'on se déshabille;
Je veux savoir la vérité du cas. »
Qui fut bien pris? ce fut la feinte ouaille [1] :
Plus un esprit à songer se travaille,
Moins il espère échapper d'un tel pas.

1. La fausse nonne.

Nécessité, mère de stratagème,
Lui fit... — eh bien ? — lui fit en ce moment
Lier... — eh quoi? — Foin ! je suis court moi-même
Où prendre un mot qui dise honnêtement
Ce que lia le père de l'enfant?
Comment trouver un détour suffisant
Pour cet endroit? Vous avez ouï dire
Qu'au temps jadis le genre humain avoit
Fenêtre au corps, de sorte qu'on pouvoit
Dans le dedans tout à son aise lire :
Chose commode aux médecins d'alors.
Mais si d'avoir une fenêtre a corps
Étoit utile, une au cœur au contraire
Ne l'étoit pas, dans les femmes surtout;
Car le moyen qu'on pût venir à bout
De rien cacher? Notre commune mère,
Dame Nature, y pourvut sagement
Par deux lacets de pareille mesure.
L'homme et la femme eurent également
De quoi fermer une telle ouverture.
La femme fut lacée un peu trop dru :
Ce fut sa faute; elle-même en fut cause,
N'étant jamais à son gré trop bien close.
L'homme au rebours; et le bout du tissu
Rendit en lui la nature perplexe.
Bref, le lacet à l'un et l'autre sexe
Ne put cadrer, et se trouva dit-on,
Aux femmes court, aux hommes un peu long.
Il est facile à présent qu'on devine
Ce que lia notre jeune imprudent :
C'est ce surplus, ce reste de machine,
Bout de lacet aux hommes excédant.
D'un brin de fil il l'attacha de sorte
Que tout sembloit aussi plat qu'aux nonnains :
Mais, fil ou soie, il n'est bride assez forte

Pour contenir ce que bientôt je crains
Qui ne s'échappe. Amenez-moi des saints;
Amenez-moi, si vous voulez, des anges;
Je les tiendrai créatures étranges,
Si vingt nonnains, telles qu'on les vit lors,
Ne font trouver à leur esprit un corps :
J'entends nonnains ayant tous les trésors
De ces trois sœurs dont la fille de l'onde
Se fait servir; chiches [1] et fiers appas
Que le soleil ne voit qu'au Nouveau Monde,
Car celui-ci ne les lui montre pas.
La prieure a sur son nez des lunettes,
Pour ne juger du cas légèrement.
Tout à l'entour sont debout vingt nonnettes,
En un habit que vraisemblablement
N'avoient pas fait les tailleurs du couvent.
Figurez-vous la question qu'au sire
On donna lors : besoin n'est de le dire.
Touffes de lis, proportion du corps,
Secrets appas, embonpoint, et peau fine,
Fermes tetons, et semblables ressorts,
Eurent bientôt fait jouer la machine :
Elle échappa, rompit le fil d'un coup,
Comme un coursier qui romproit son licou,
Et sauta droit au nez de la prieure,
Faisant voler lunettes tout à l'heure
Jusqu'au plancher. Il s'en fallut bien peu
Que l'on ne vît tomber la lunetière [2].
Elle ne prit cet accident en jeu.
L'on tint chapitre, et sur cette matière

---

1. C'est-à-dire appas qui sont *chiches* ou avares d'eux-mêmes, et qui ne se montrent pas.

2. La porteuse de lunettes. Ce mot est ici détourné de son véritable sens.

LES LUNETTES

Fut raisonné longtemps dans le logis.
Le jeune loup fut aux vieilles brebis
Livré d'abord. Elles vous l'empoignèrent,
A certain arbre en leur cour l'attachèrent,
Ayant le nez devers l'arbre tourné,
Le dos à l'air avec toute la suite.
Et cependant que la troupe maudite
Songe comment il sera guerdonné[1],
Que l'une va prendre dans les cuisines
Tous les balais, et que l'autre s'en court
A l'arsenal où sont les disciplines;
Qu'une troisième enferme à double tour
Les sœurs qui sont jeunes et pitoyables[2]
Bref, que le sort, ami du marjolet[3],
Écarte ainsi toutes les détestables;
Vient un meunier monté sur son mulet,
Garçon carré, garçon couru des filles,
Bon compagnon, et beau joueur de quilles.
« Oh! oh! dit-il, qu'est-ce là que je vois?
Le plaisant saint! Jeune homme, je te prie,
Qui t'a mis là? sont-ce ces sœurs? dis-moi:
Avec quelqu'une as-tu fait la folie?
Te plaisoit-elle? étoit-elle jolie?
Car, à te voir, tu me portes, ma foi,
(Plus je regarde et mire ta personne)
Tout le minois d'un vrai croqueur[4] de nonne. »
L'autre répond : « Hélas! c'est le rebours;
Ces nonnes m'ont en vain prié d'amours :
Voilà mon mal. Dieu me doint[5] patience!

1. Récompensé.
2. C'est-à-dire enclines à la pitié.
3. Jeune homme sans expérience.
4. Séducteur.
5. Me donne.

Car de commettre une si grande offense,
J'en fais scrupule ; et fût-ce pour le roi,
Me donnât-on aussi gros d'or que moi. »
Le meunier rit ; et sans autre mystère
Vous le délie, et lui dit : « Idiot,
Scrupule ! toi qui n'es qu'un pauvre hère !
C'est bien à nous qu'il appartient d'en faire !
Notre curé ne seroit pas si sot.
Vite, fuis-t'en, m'ayant mis en ta place ;
Car aussi bien tu n'es pas, comme moi,
Franc du collier, et bon pour cet emploi :
Je n'y veux point de quartier ni de grâce.
Viennent ces sœurs ; toutes, je te répond,
Verront beau jeu, si la corde ne rompt[1]. »
L'autre deux fois ne se le fait redire ;
Il vous l'attache, et puis lui dit adieu.
Large d'épaule, on auroit vu le sire
Attendre nu les nonnains en ce lieu.
L'escadron vient, porte en guise de cierges
Gaules et fouets, procession de verges,
Qui fit la ronde à l'entour du meunier,
Sans lui donner le temps de se montrer,
Sans l'avertir. « Tout beau ! dit-il, mesdames,
Vous vous trompez ; considérez-moi bien :
Je ne suis pas cet ennemi des femmes,
Ce scrupuleux qui ne vaut rien à rien.
Employez-moi, vous verrez des merveilles :
Si je dis faux, coupez-moi les oreilles.
D'un certain jeu je viendrai bien à bout :
Mais quant au fouet, je n'y vaux rien du tout.
— Qu'entend ce rustre, et que nous veut-il dire ?

---

1. Phrase proverbiale, par allusion aux danseurs de corde, qui promettent toujours de faire des choses extraordinaires, à moins que la corde ne rompe.

S'écria lors une de nos sans-dents;
Quoi! tu n'es pas notre faiseur d'enfants?
Tant pis pour toi! tu paieras pour le sire :
Nous n'avons pas telles armes en main
Pour demeurer en un si beau chemin.
Tiens, tiens, voilà l'ébat que l'on désire. »
A ce discours, fouets de rentrer en jeu,
Verges d'aller, et non pas pour un peu;
Meunier de dire en langue intelligible,
Crainte de n'être assez bien entendu :
« Mesdames, je... ferai tout mon possible
Pour m'acquitter de ce qui vous est dû. »
Plus il leur tient des discours de la sorte,
Plus la fureur de l'antique cohorte
Se fait sentir. Longtemps il s'en souvint.
Pendant qu'on donne au maître l'anguillade [1],
Le mulet fait sur l'herbette gambade.
Ce qu'à la fin l'un et l'autre devint,
Je ne le sais, ni ne m'en mets en peine :
Suffit d'avoir sauvé le jouvenceau.
Pendant un temps, les lecteurs, pour douzaine
De ces nonnains au corps gent et si beau,
N'auroient voulu, je gage, être en sa peau.

1. Le fouet donné avec des anières de peau d'anguilles.

XIV

LE CUVIER[1]

Soyez amant, vous serez inventif;
Tour, ni détour, ruse ni stratagème
Ne vous faudront[2] : le plus jeune apprentif
Est vieux routier, dès le moment qu'il aime :
On ne vit onc que cette passion
Demeurât court, faute d'invention ;
Amour fait tant qu'enfin il a son compte.
Certain cuvier, dont on fait certain conte,
En fera foi. Voici ce que j'en sais,
Et qu'un quidam me dit ces jours passés.

Dedans un bourg ou ville de province
(N'importe pas du titre ni du nom)
Un tonnelier et sa femme Nanon
Entretenoient un ménage assez mince.
De l'aller voir Amour n'eut à mépris,
Y conduisant un de ses bons amis :
C'est Cocuage ; il fut de la partie :
Dieux familiers et sans cérémonie.

1. Cette nouvelle est tirée d'Apulée. Boccace l'avait citée dans son *Décameron*.
2. Manqueront.

Se trouvant bien dans toute hôtellerie :
Tout est pour eux bon gîte et bon logis,
Sans regarder si c'est louvre ou cabane.
Un drôle donc caressoit madame Anne;
Ils en étoient sur un point, sur un point....
C'est dire assez, de ne le dire point ;
Lorsque l'époux revint tout hors d'haleine
Du cabaret, justement, justement....
C'est dire encor ceci bien clairement.
On le maudit; nos gens sont fort en peine.
Tout ce qu'on put fut de cacher l'amant :
On vous le serre en hâte et promptement
Sous un cuvier dans une cour prochaine.
Tout en entrant l'époux dit : « J'ai vendu
Notre cuvier. — Combien? dit madame Anne.
— Quinze beaux francs. — Va, tu n'es qu'un gros âne,
Repartit-elle ; et je t'ai d'un écu
Fait aujourd'hui profit par mon adresse,
L'ayant vendu six écus avant toi. »
Le marchand voit s'il est de bon aloi,
Et par-dedans le tâte pièce à pièce,
Examinant si tout est comme il faut,
Si quelque endroit n'a point quelque défaut.
Que ferois-tu, malheureux, sans ta femme ?
Monsieur s'en va chopiner, cependant
Qu'on se tourmente ici le corps et l'âme ;
Il faut agir sans cesse en l'attendant.
Je n'ai goûté jusqu'ici nulle joie :
J'en goûterai désormais, attends-t'y.
Voyez un peu : le galant a bon foie[1] ;
Je suis d'avis qu'on laisse à tel mari
Telle moitié ! — Doucement, notre épouse,
Dit le bon homme. Or sus, monsieur, sortez;

[1] C'est-à-dire est tranquille et confiant.

Çà, que je racle un peu de tous côtés
Votre cuvier, et puis que je l'arrouse[1] ;
Par ce moyen vous verrez s'il tient eau :
Je vous réponds qu'il n'est moins bon que beau. »
Le galant sort, l'époux entre en sa place,
Racle par-tout, la chandelle à la main,
Deçà delà, sans qu'il se doute brin
De ce qu'Amour en dehors vous lui brasse
Rien n'en put voir; et pendant qu'il repasse
Sur chaque endroit, affublé du cuveau,
Les dieux susdits lui viennent de nouveau
Rendre visite, imposant un ouvrage
A nos amants bien différent du sien.
Il regratta, gratta, frotta si bien,
Que notre couple, ayant repris courage,
Reprit aussi le fil de l'entretien
Qu'avoit troublé le galant personnage.
Dire comment le tout se put passer,
Ami lecteur, tu dois m'en dispenser :
Suffit que j'ai très-bien prouvé ma thèse.
Ce tour fripon du couple augmentoit l'aise;
Nul d'eux n'étoit à tels jeux apprentif.
Soyez amant, vous serez inventif.

1. Pour je l'arroin i

XV

LA CHOSE IMPOSSIBLE

Un démon, plus noir que malin,
Fit un charme si souverain
Pour l'amant de certaine belle,
Qu'à la fin celui-ci posséda sa cruelle.
Le pact[1] de notre amant et de l'esprit follet,
Ce fut que le premier jouiroit à souhait
De sa charmante inexorable.
« Je te la rends dans peu, dit Satan, favorable :
Mais par tel si[2], qu'au lieu qu'on obéit au diable
Quand il a fait ce plaisir-là,
A tes commandements le diable obéira
Sur l'heure même; et puis, sur la même heure,
Ton serviteur lutin, sans plus longue demeure,
Ira te demander autre commandement
Que tu lui feras promptement;
Toujours ainsi, sans nul retardement :
Sinon, ni ton corps ni ton âme
N'appartiendront plus à ta dame;
Ils seront à Satan, et Satan en fera

1. Au lieu de pacte, par licence poétique.
2. De telle façon.

Tout ce que bon lui semblera. »
Le galant s'accorde à cela.
Commander étoit-ce un mystère?
Obéir est bien autre affaire.
Sur ce penser-là, notre amant
S'en va trouver sa belle, en a contentement,
Goûte des voluptés qui n'ont point de pareilles;
Se trouve très-heureux, hormis qu'incessamment
Le diable étoit à ses oreilles.
Alors l'amant lui commandoit
Tout ce qui lui venoit en tête;
De bâtir des palais, d'exciter la tempête :
En moins d'un tour de main cela s'accomplissoit.
Mainte pistole se glissoit
Dans l'escarcelle de notre homme.
Il envoyoit le diable à Rome;
Le diable revenoit tout chargé de pardons.
Aucuns voyages n'étoient longs,
Aucune chose malaisée.
L'amant, à force de rêver
Sur les ordres nouveaux qu'il lui falloit trouver,
Vit bientôt sa cervelle usée.
Il s'en plaignit à sa divinité,
Lui dit de bout en bout toute la vérité.
« Quoi! ce n'est que cela? lui repartit la dame
Je vous aurai bientôt tiré
Une telle épine de l'âme.
Quand le diable viendra, vous lui présenterez
Ce que je tiens, et lui direz :
Défrise-moi ceci, fais tant par tes journées
Qu'il devienne tout plat. » Lors elle lui donna
Je ne sais quoi, qu'elle tira
Du verger de Cypris, labyrinthe des fées,
Ce qu'un duc autrefois jugea si précieux
Qu'il voulut l'honorer d'une chevalerie :

Illustre et noble confrérie[1],
Moins pleine d'hommes que de dieux[2].
L'amant dit au démon : « C'est ligne circulaire
Et courbe que ceci ; je t'ordonne d'en faire
　　Ligne droite et sans nuls retours.
　　Va-t'en y travailler, et cours. »
　　L'esprit s'en va, n'a point de cesse
　　Qu'il n'ait mis le fil sous la presse ;
Tâche de l'aplatir à grands coups de marteau,
　　Fait séjourner au fond de l'eau,
Sans que la ligne fût d'un seul point étendue ;
　　De quelque tour qu'il se servît,
Quelque secret qu'il eût, quelque charme qu'il fît,
　　C'étoit temps et peine perdue :
　　Il ne put mettre à la raison
　　　　La toison.
Elle se révoltoit contre le vent, la pluie,
La neige, le brouillard : plus Satan y touchoit,
　　Moins l'annelure se lâchoit.
« Qu'est ceci ? disoit-il ; je ne vis de ma vie
Chose de telle étoffe : il n'est point de lutin
　　Qui n'y perdît tout son latin. »
　　Messire diable, un beau matin,
S'en va trouver son homme, et lui dit : « Je te laisse.
Apprends-moi seulement ce que c'est que cela :
　　Je te le rends ; tiens le voilà.

---

1. L'ordre de la Toison d'or, institué en 1430 par Philippe le Bon, duc de Bourgogne, en l'honneur d'une dame de Bruges, dont il étoit amoureux. Cette dame étoit plus que blonde ; et les courtisans ayant laissé échapper quelques plaisanteries à ce sujet, le duc conçut le dessein de changer en marque de distinction le sujet de leurs railleries, et il institua, dans ce but, l'ordre de la Toison d'or.

2. Plus de souverains et de princes que de nobles ordinaires. En effet, lors de l'institution, le nombre des membres de la Toison d'or fut fixé à trente et un, y compris le grand-maître.

Je suis victus[1], je le confesse.
— Notre ami monsieur le luiton[2],
Dit l'homme, vous perdez un peu trop tôt courage;
Celui-ci n'est pas seul, et plus d'un compagnon
Vous auroit taillé de l'ouvrage. »

1. Vaincu.
2. Le lutin, le démon

XVI

LE MAGNIFIQUE[1]

Un peu d'esprit, beaucoup de bonne mine,
Et plus encor de libéralité,
C'est en amour une triple machine
Par qui maint fort est bientôt emporté,
Rocher fût-il : rochers aussi se prennent.
Qu'on soit bien fait, qu'on ait quelque talent,
Que les cordons de la bourse ne tiennent,
Je vous le dis, la place est au galant.
On la prend bien quelquefois sans ces choses.
Bon fait avoir néanmoins quelques doses
D'entendement, et n'être pas un sot.
Quant à l'avare, on le hait; le magot
A grand besoin de bonne rhétorique :
La meilleure est celle du libéral.

Un Florentin, nommé le Magnifique,
La possédoit en propre original.
Le Magnifique étoit un nom de guerre
Qu'on lui donna; bien l'avoit mérité :
Son train de vivre, et son honnêteté,

---

[1]. Cette nouvelle est tirée de Boccace, *Decameron*, giornata III, novella v.

Ses dons sur-tout, l'avoient par toute terre
Déclaré tel; propre, bien fait, bien mis,
L'esprit galant et l'air des plus polis.
Il se piqua pour certaine femelle
De haut état. La conquête étoit belle :
Elle excitoit doublement le desir;
Rien n'y manquoit, la gloire et le plaisir.
Aldobrandin étoit de cette dame
Mari jaloux, non comme d'une femme,
Mais comme qui depuis peu jouiroit
D'une Philis. Cet homme la veilloit
De tous ses yeux; s'il en eût eu dix mille,
Il les eût tous à ce soin occupés :
Amour le rend, quand il veut, inutile;
Ces argus-là sont fort souvent trompés.
Aldobrandin ne croyoit pas possible
Qu'il le fût onc[1]; il défioit les gens.
Au demeurant, il étoit fort sensible
A l'intérêt, aimoit fort les présents.
Son concurrent n'avoit encor su dire
Le moindre mot à l'objet de ses vœux :
On ignoroit, ce lui sembloit, ses feux,
Et le surplus de l'amoureux martyre.
(Car c'est toujours une même chanson.)
Si l'on l'eût su, qu'eût-on fait? Que fait-on?
Jà n'est besoin qu'au lecteur je le die.
Pour revenir à notre pauvre amant,
Il n'avoit su dire un mot seulement
Au médecin touchant sa maladie.
Or, le voilà qui tourmente sa vie,
Qui va, qui vient, qui court, qui perd ses pas :
Point de fenêtre et point de jalousie
Ne lui permet d'entrevoir les appas

1. Du tout, en aucun point.

Ni d'entr'ouïr la voix de sa maîtresse.
Il ne fut onc[1] semblable forteresse.
Si[2] faudra-t-il qu'elle y vienne pourtant.
Voici comment s'y prit notre assiégeant.
Je pense avoir déjà dit, ce me semble,
Qu'Aldobrandin homme à présents étoit ;
Non qu'il en fît, mais il en recevoit.
Le Magnifique avoit un cheval d'amble,
Beau, bien taillé, dont il faisoit grand cas :
Il l'appeloit, à cause de son pas,
La haquenée. Aldobrandin le loue :
Ce fut assez ; notre amant proposa
De le troquer. L'époux s'en excusa :
« Non pas, dit-il, que je ne vous avoue
Qu'il me plaît fort ; mais à de tels marchés
Je perds toujours. » Alors le Magnifique,
Qui voit le but de cette politique,
Reprit : « Eh bien ! faisons mieux : ne troquez ;
Mais, pour le prix du cheval, permettez
Que, vous présent, j'entretienne Madame :
C'est un désir curieux qui m'a pris.
Encor faut-il que vos meilleurs amis
Sachent un peu ce qu'elle a dedans l'âme.
Je vous demande un quart d'heure sans plus. »
Aldobrandin l'arrêtant là-dessus :
« J'en suis d'avis ! je livrerois ma femme !
Ma foi, mon cher, gardez votre cheval...
— Quoi ! vous présent ?... — Moi présent... — Et quel mal
Encore un coup peut-il, en la présence
D'un mari fin comme vous, arriver ? »
Aldobrandin commence d'y rêver ;
Et raisonnant en soi : « Quelle apparence

1. Jamais.
2. Néanmoins.

Qu'il en mévienne, en effet, moi présent?
C'est marché sûr; il est fol à son dam;
Que prétend-il? Pour plus grande assurance,
Sans qu'il le sache, il faut faire défense
A ma moitié de répondre au galant.
Sus, dit l'époux, j'y consens. — La distance
De vous à nous, poursuivit notre amant,
Sera réglée, afin qu'aucunement
Vous n'entendiez. » Il y consent encore;
Puis va quérir sa femme en ce moment.
Quand l'autre voit celle-là qu'il adore,
Il se croit être en un enchantement.
Les saluts faits, en un coin de la salle
Ils se vont seoir. Notre galant n'étale
Un long narré, mais vient d'abord au fait.
« Je n'ai le lieu ni le temps à souhait,
Commença-t-il; puis je tiens inutile
De tant tourner; il n'est que d'aller droit.
Partant, madame, en un mot comme en mille,
Votre beauté jusqu'au vif m'a touché.
Penseriez-vous que ce fût un péché
Que d'y répondre? Ah! je vous crois, madame,
De trop bon sens. Si j'avois le loisir,
Je ferois voir par les formes ma flamme,
Et vous dirois de cet ardent desir
Tout le menu[1]; mais que je brûle, meure,
Et m'en tourmente, et me dise aux abois,
Tout ce chemin que l'on fait en six mois,
Il me convient le faire en un quart d'heure,
Et plus encor; car ce n'est pas là tout;
Froid est l'amant qui ne va jusqu'au bout,
Et par sottise en si beau train demeure.
Vous vous taisez! pas un mot! Qu'est-ce là?

1. Le détail.

Renvoierez-vous de la sorte un pauvre homme?
Le ciel vous fit, il est vrai, ce qu'on nomme
Divinité; mais faut-il pour cela
Ne point répondre, alors que l'on vous prie?
Je vois, je vois; c'est une tricherie
De votre époux : il m'a joué ce trait,
Et ne prétend qu'aucune repartie
Soit du marché : mais j'y sais un secret;
Rien n'y fera, pour le sûr, sa défense.
Je saurai bien me répondre pour vous :
Puis ce coin d'œil, par son langage doux,
Rompt à mon sens quelque peu le silence.
J'y lis ceci : « Ne croyez pas, monsieur,
Que la nature ait composé mon cœur
De marbre dur. Vos fréquentes passades,
Joutes, tournois, devises, sérénades,
M'ont avant vous déclaré votre amour.
Bien loin qu'il m'ait en nul point offensée,
Je vous dirai que dès le premier jour
J'y répondis, et me sentis blessée
Du même trait. Mais que nous sert ceci?... —
Ce qu'il nous sert? Je m'en vais vous le dire:
Étant d'accord, il faut cette nuit-ci
Goûter le fruit de ce commun martyre,
De votre époux nous venger et nous rire,
Bref, le payer du soin qu'il prend ici :
De ces fruits-là le dernier n'est le pire.
Votre jardin viendra comme de cire :
Descendez-y; ne doutez du succès.
Votre mari ne se tiendra jamais
Qu'à sa maison des champs, je vous l'assure,
Tantôt il n'aille éprouver sa monture.
Vos douagnas en leur premier sommeil,
Vous descendrez sans nul autre appareil
Que de jeter une robe fourrée

Sur votre dos, et viendrez au jardin.
De mon côté l'échelle est préparée ;
Je monterai par la cour du voisin ;
Je l'ai gagné; la rue est trop publique.
Ne craignez rien... — Ah ! mon cher Magnifique,
Que je vous aime, et que je vous sais gré
De ce dessein ! Venez, je descendrai...
— C'est vous qui parle¹. Eh ! plût au ciel, madame,
Qu'on vous osât embrasser les genoux !...
— Mon Magnifique, à tantôt; votre flamme
Ne craindra point les regards d'un jaloux. »
L'amant la quitte, et feint d'être en courroux ;
Puis, tout grondant : « Vous me la donnez bonne,
Aldobrandin ! je n'entendois cela.
Autant voudroit n'être avecque personne
Que d'être avec madame que voilà.
Si vous trouvez chevaux à ce prix-là,
Vous les devez prendre, sur ma parole.
Le mien hennit du moins ; mais cette idole
Est proprement un fort joli poisson.
Or sus, j'en tiens ; ce m'est une leçon.
Quiconque veut le reste du quart d'heure
N'a qu'à parler, j'en ferai juste prix. »
Aldobrandin rit si fort qu'il en pleure.
« Ces jeunes gens, dit-il, en leurs esprits
Mettent toujours quelque haute entreprise.
Notre féal, vous lâchez trop tôt prise :
Avec le temps on en viendroit à bout.
J'y tiendrai l'œil ; car ce n'est pas là tout ;
Nous y savons encor quelque rubrique :
Et cependant, monsieur le Magnifique,
La haquenée est nettement à nous :
Plus ne fera de dépense chez vous.

1. Au lieu de : c'est vous qui parlez.

Dès aujourd'hui, qu'il ne vous en déplaise,
Vous me verrez dessus, fort à mon aise,
Dans le chemin de ma maison des champs. »
Il n'y manqua sur le soir ; et nos gens
Au rendez-vous tout aussi peu manquèrent.
Dire comment les choses s'y passèrent,
C'est un détail trop long ; lecteur prudent,
Je m'en remets à ton bon jugement :
La dame étoit jeune, fringante et belle,
L'amant bien fait, et tous deux fort épris.
Trois rendez-vous coup sur coup furent pris :
Moins n'en valoit si gentille femelle.
Aucun péril, nul mauvais accident,
Bons dormitifs en or comme en argent
Aux douagnas[1], et bonne sentinelle.
Un pavillon vers le bout du jardin
Vint à propos : messire Aldobrandin
Ne l'avoit fait bâtir pour cet usage.
Conclusion, qu'il prit en cocuage
Tous ses degrés : un seul ne lui manqua,
Tant sut jouer son jeu la haquenée !
Content ne fut d'une seule journée
Pour l'éprouver ; aux champs il demeura
Trois jours entiers, sans doute ni scrupule.
J'en connois bien qui ne sont si chanceux ;
Car ils ont femme, et n'ont cheval ni mule,
Sachant de plus tout ce qu'on fait chez eux.

1. Duègnes.

XVII

LE TABLEAU [1]

On m'engage à conter d'une manière honnête
    Le sujet d'un de ces tableaux
    Sur lesquels on met des rideaux ;
    Il me faut tirer de ma tête
Nombre de traits nouveaux, piquants, et délicats,
    Qui disent et ne disent pas,
    Et qui soient entendus sans notes
    Des Agnès même les plus sottes.
Ce n'est pas coucher gros [2]; ces extrêmes Agnès
    Sont oiseaux qu'on ne vit jamais.
Toute matrone sage, à ce que dit Catulle,
Regarde volontiers le gigantesque don
Fait au fruit de Vénus par la main de Junon :
A ce plaisant objet si quelqu'une recule,
    Cette quelqu'une dissimule.
Ce principe posé, pourquoi plus de scrupule,
Pourquoi moins de licence aux oreilles qu'aux yeux ?

Puisqu'on le veut ainsi, je ferai de mon mieux
Nuls traits à découvert n'auront ici de place

---

1. Imité de l'Arétin.

2. Ce n'est pas mettre un ce fort enjeu, n'est pas hasarder beaucoup.

LE TABLEAU

Tout y sera voilé, mais de gaze, et si bien
    Que je crois qu'on n'en perdra rien.
Qui pense finement et s'exprime avec grâce
    Fait tout passer : car tout passe ;
    Je l'ai cent fois éprouvé :
    Quand le mot est bien trouvé,
Le sexe, en sa faveur, à la chose pardonne :
Ce n'est plus elle alors, c'est elle encor pourtant ;
    Vous ne faites rougir personne,
    Et tout le monde vous entend.
J'ai besoin aujourd'hui de cet art important.
Pourquoi ? me dira-t-on, puisque sur ces merveilles
Le sexe porte l'œil sans toutes ces façons.
Je réponds à cela : Chastes sont ses oreilles,
    Encor que les yeux soient fripons.
Je veux, quoi qu'il en soit, expliquer à des belles
Cette chaise rompue, et ce rustre tombé.
Muses, venez m'aider ; mais vous êtes pucelles,
Au joli jeu d'amour ne sachant A ni B.
Muses, ne bougez donc : seulement par bonté
Dites au dieu des vers que dans mon entreprise
    Il est bon qu'il me favorise,
    Et de mes mots fasse le choix,
    Ou je dirai quelque sottise
Qui me fera donner du busque sur les doigts.
C'est assez raisonner ; venons à la peinture :
    Elle contient une aventure
    Arrivée aux pays d'Amours.

    Jadis la ville de Cythère
    Avoit en l'un de ses faubourgs
        Un monastère ;
    Vénus en fit un séminaire :
Il étoit de nonnains, et je puis dire ainsi
    Qu'il étoit de galants aussi.

En ce lieu hantoient d'ordinaire
Gens de cour, gens de ville, et sacrificateurs,
  Et docteurs,
Et bacheliers surtout. Un de ce dernier ordre
Passoit dans la maison pour être des amis.
Propre, toujours rasé, bien disant, et beau fils,
Sur son chapeau luisant, sur son rabat bien mis,
  La médisance n'eût su mordre.
  Ce qu'il avoit de plus charmant,
C'est que deux des nonnains alternativement
  En tiroient maint et maint service.
L'une n'avoit quitté les atours de novice
Que depuis quelques mois; l'autre encor les portoit.
  La moins jeune à peine comptoit
  Un an entier par-dessus seize :
  Age propre à soutenir thèse,
  Thèse d'amour : le bachelier
  Leur avoit rendu familier
  Chaque point de cette science,
  Et le tout par expérience.
Une assignation pleine d'impatience
Fut un jour par les sœurs donnée à cet amant;
Et, pour rendre complet le divertissement,
Bacchus avec Cérès, de qui la compagnie
  Met Vénus en train bien souvent,
Devoient être ce coup de la cérémonie.
Propreté toucha seule aux apprêts du régal;
Elle sut s'en tirer avec beaucoup de grâce :
Tout passa par ses mains, et le vin, et la glace,
  Et les carafes de cristal;
On s'y seroit miré. Flore à l'haleine d'ambre
  Sema de fleurs toute la chambre :
Elle en fit un jardin. Sur le linge, ces fleurs
Formoient des lacs d'amour, et le chiffre des sœurs.
  Leurs cloîtrières Excellences

Aimoient fort ces magnificences :
C'est un plaisir de nonne. Au reste, leur beauté
Aiguisoit l'appétit aussi de son côté.
  Mille secrètes circonstances,
  De leurs corps polis et charmants
  Augmentoient l'ardeur des amants.
  Leur taille étoit presque semblable;
Blancheur, délicatesse, embonpoint raisonnable,
Fermeté ; tout charmoit, tout étoit fait au tour
  En mille endroits nichoit l'Amour,
Sous une guimpe, un voile, et sous un scapulaire,
Sous ceci, sous cela, que voit peu l'œil du jour,
Si celui du galant ne l'appelle au mystère.
  A ces sœurs l'enfant de Cythère
  Mille fois le jour s'en venoit
  Les bras ouverts, et les prenoit
  L'une après l'autre pour sa mère.

Tel ce couple attendoit le bachelier trop lent;
  Et de lui, tout en l'attendant,
Elles disoient du mal, puis du bien ; puis les belles
  Imputoient son retardement
  A quelques amitiés nouvelles.
« Qui peut le retenir? disoit d'une; est-ce amour?
  Est-ce affaire? est-ce maladie?
  — Qu'il y revienne de sa vie,
  Disoit l'autre ; il aura son tour. »
Tandis qu'elles cherchoient là-dessous du mystère,
Passe un Mazet portant à la dépositaire [1]
  Certain fardeau peu nécessaire :
Ce n'étoit qu'un prétexte ; et, selon qu'on m'a dit,
Cette dépositaire, ayant grand appétit,
Faisoit sa portion des talents de ce rustre,

---

1. Celle qui, dans le couvent, a la garde de l'argent.

Tenu, dans tels repas, pour un traiteur illustre.
Le coquin, lourd d'ailleurs, et de très-court esprit,
  A la cellule se méprit :
  Il alla chez les attendantes
  Frapper avec ses mains pesantes.
On ouvre ; on est surpris. On le maudit d'abord,
  Puis on voit que c'est un trésor.
  Les nonnains s'éclatent de rire.
  Toutes deux commencent à dire,
Comme si toutes deux s'étoient donné le mot :
  « Servons-nous de ce maître sot ;
  Il vaut bien l'autre ; que t'en semble ? »
La professe [1] ajouta : « C'est très-bien avisé.
Qu'attendions-nous ici? Qu'il nous fût débité
De beaux discours? Non, non, ni rien qui leur ressemble.
Ce pitaud [2] doit valoir, pour le point souhaité,
  Bachelier et docteur ensemble. »
Elle en jugeoit très-bien : la taille du garçon,
  Sa simplicité, sa façon,
Et le peu d'intérêt qu'en tout il sembloit prendre,
  Faisoient de lui beaucoup attendre.
C'étoit l'homme d'Ésope ; il ne songeoit à rien ;
  Mais il buvoit et mangeoit bien ;
  Et, si Xanthus l'eût laissé faire,
  Il auroit poussé loin l'affaire.
  Ainsi, bientôt apprivoisé,
  Il se trouva tout disposé
  Pour exécuter sans remise
Les ordres des nonnains, les servant à leur guise
  Dans son office de Mazet,
Dont il lui fut donné par les sœurs un brevet.

---

1. La religieuse professe, c'est-à-dire celle qui avoit fait des vœux.

2. Ce rustre, ce lourd paysan.

Ici la peinture commence :
Nous voilà parvenus au point.
Dieu des vers, ne me quitte point :
J'ai recours à ton assistance.
Dis-moi pourquoi ce rustre assis,
Sans peine de sa part et très-fort à son aise,
Laisse le soin de tout aux amoureux soucis
    De sœur Claude et de sœur Thérèse.
N'auroit-il pas mieux fait de leur donner la chaise ?
Il me semble déjà que je vois Apollon
    Qui me dit : « Tout beau ! ces matières
    A fond ne s'examinent guères. »
J'entends ; et l'Amour est un étrange garçon :
    J'ai tort d'ériger un fripon
    En maître de cérémonies.
    Dès qu'il entre en une maison,
    Règles et lois en sont bannies ;
    Sa fantaisie est sa raison.
Le voilà qui rompt tout ; c'est assez sa coutume :
Ses jeux sont violents. A terre on vit bientôt
Le galant cathédral [1]. Ou soit par le défaut
De la chaise un peu foible, ou soit que du pitaud
    Le corps ne fût pas fait de plume,
Ou soit que sœur Thérèse eût chargé d'action
Son discours véhément et plein d'émotion,
On entendit craquer l'amoureuse tribune :
Le rustre tombe à terre en cette occasion.
    Ce premier point eut, par fortune,
    Malheureuse conclusion.
Censeurs, n'approchez point d'ici votre œil profane.
Vous, gens de bien, voyez comme sœur Claude mit
    Un tel incident à profit.

---

1. Le galant *siégeur*, reposant sur le siége.

Thérèse en ce malheur perdit la tramontane [1] :
Claude la débusqua, s'emparant du timon.
    Thérèse, pire qu'un démon,
Tâche à la retirer, et se remettre au trône
    Mais celle-ci n'est pas personne
    A céder un poste si doux.
    Sœur Claude, prenez garde à vous!
    Thérèse en veut venir aux coups;
Elle a le poing levé. Qu'elle ait! C'est bien répondre :
Quiconque est occupé comme vous, ne sent rien.
Je ne m'étonne pas que vous sachiez confondre
    Un petit mal dans un grand bien.
    Malgré la colère marquée
    Sur le front de la débusquée,
Claude suit son chemin, le rustre aussi le sien :
    Thérèse est mal contente, et gronde.
Les plaisirs de Vénus sont sources de débats;
    Leur fureur n'a point de seconde :
    J'en prends à témoins les combats
    Qu'on vit sur la terre et sur l'onde,
    Lorsque Pâris à Ménélas
    Ota la merveille du monde.
    Quoique Bellone ait part ici,
    J'y vois peu de corps de cuirasse :
    Dame Vénus se couvre ainsi
Quand elle entre en champ clos avec le dieu de Thrace :
    Cette armure a beaucoup de grâce.
Belles, vous m'entendez; je n'en dirai pas plus :
    L'habit de guerre de Vénus
    Est plein de choses admirables :
    Les cyclopes aux membres nus
Forgent peu de harnois qui lui soient comparables;
Celui du preux Achille auroit été plus beau,

---

1. Ne sut où elle en était, perdit sa présence d'esprit.

Si Vulcain eût dessus gravé notre tableau.

Or ai-je des nonnains mis en vers l'aventure,
Mais non avec des traits dignes de l'action;
Et comme celle-ci déchoit dans la peinture,
La peinture déchoit dans ma description.
Les mots et les couleurs ne sont choses pareilles;
    Ni les yeux ne sont les oreilles.

    J'ai laissé longtemps au filet
    Sœur Thérèse la détrônée :
    Elle eut son tour; notre Mazet
    Partagea si bien sa journée,
Que chacun fut content. L'histoire finit là :
Du festin pas un mot. Je veux croire, et pour cause,
    Que l'on but et que l'on mangea;
    Ce fut l'intermède et la pause.
Enfin tout alla bien, hormis qu'en bonne foi
L'heure du rendez-vous m'embarrasse. Et pourquoi?
Si l'amant ne vint pas, sœur Claude et sœur Thérèse
Eurent à tout le moins de quoi se consoler :
S'il vint, on sut cacher le lourdaud et la chaise;
L'amant trouva bientôt encore à qui parler.

FIN DU LIVRE QUATRIÈME

LIVRE CINQUIÈME

I

LA CLOCHETTE

Oh! combien l'homme est inconstant, divers,
Faible, léger, tenant mal sa parole!
J'avois juré, même en assez beaux vers,
De renoncer à tout conte frivole :
Et quand juré? c'est ce qui me confond;
Depuis deux jours j'ai fait cette promesse.
Puis fiez-vous à rimeur qui répond
D'un seul moment. Dieu ne fit la sagesse
Pour les cerveaux qui hantent les neuf sœurs :
Trop bien ont-ils quelque art qui vous peut plaire,
Quelque jargon plein d'assez de douceurs;
Mais d'être sûrs, ce n'est là leur affaire.

Si me faut-il trouver, n'en fût-il point,
Tempérament pour accorder ce point;
Et, supposé que quant à la matière
J'eusse failli, du moins pourrois-je pas
Le réparer par la forme, en tout cas?

Voyons ceci. Vous saurez que naguère
Dans la Touraine un jeune bachelier...
(Interprétez ce mot à votre guise :
L'usage en fut autrefois familier
Pour dire ceux qui n'ont la barbe grise ;
Ores[1] ce sont suppôts de sainte Église.)
Le nôtre soit, sans plus, un jouvenceau
Qui dans les prés, sur le bord d'un ruisseau,
Vous cajoloit la jeune bachelette
Aux blanches dents, aux pieds nus, au corps gent[2],
Pendant qu'Io[3], portant une clochette
Aux environs alloit l'herbe mangeant.
Notre galant vous lorgne une fillette,
De celles-là que je viens d'exprimer.
Le malheur fut qu'elle étoit trop jeunette,
Et d'âge encor incapable d'aimer.
Non qu'à treize ans on y soit inhabile ;
Même les lois ont avancé ce temps ;
Les lois songeoient aux personnes de ville,
Bien que l'amour semble né pour les champs.

Le bachelier déploya sa science.
Ce fut en vain : le peu d'expérience,
L'humeur farouche, ou bien l'aversion,
Ou tous les trois, firent que la bergère,
Pour qui l'amour étoit langue étrangère,
Répondit mal à tant de passion.
Que fit l'amant? Croyant tout artifice
Libre en amours, sur le coi[4] de la nuit

1. Maintenant.
2. Propre et gentil.
3. Une vache.
4. C'est-à-dire pendant le calme et la tranquillité de la nuit La Fontaine emploie ici substantivement l'adjectif *coi*.

Le compagnon détourne une génisse
De ce bétail par la fille conduit.
Le demeurant non compté par la belle
(Jeunesse n'a les soins qui sont requis)
Prit aussitôt le chemin du logis.
Sa mère, étant moins oublieuse qu'elle,
Vit qu'il manquoit une pièce au troupeau.
Dieu sait la vie! elle tance Isabeau,
Vous la renvoie, et la jeune pucelle
S'en va pleurant, et demande aux échos
Si pas un d'eux ne sait nulle nouvelle
De celle-là dont le drôle à propos
Avoit d'abord étoupé la clochette :
Puis il la prit; puis, la faisant sonner,
Il se fit suivre; et tant, que la fillette
Au fond d'un bois se laissa détourner.

Jugez, lecteur, quelle fut sa surprise,
Quand elle ouït la voix de son amant.
« Belle, dit-il, toute chose est permise
Pour se tirer de l'amoureux tourment. »
A ce discours, la fille tout en transe
Remplit de cris ces lieux peu fréquentés.
Nul n'accourut. O belles! évitez
Le fond des bois, et leur vaste silence.

II

LE FLEUVE SCAMANDRE[1]

Me voilà prêt à conter de plus belle ;
Amour le veut, et rit de mon serment :
Hommes et dieux, tout est sous sa tutelle,
Tout obéit, tout cède à cet enfant.
J'ai désormais besoin, en le chantant,
De traits moins forts et déguisant la chose ;
Car, après tout, je ne veux être cause
D'aucun abus ; que plutôt mes écrits
Manquent de sel, et ne soient d'aucun prix !
Si, dans ces vers, j'introduis et je chante
Certain trompeur et certaine innocente,
C'est dans la vue et dans l'intention
Qu'on se méfie en telle occasion.
J'ouvre l'esprit, et rends le sexe habile
A se garder de ces piéges divers.
Sotte ignorance en fait trébucher mille,
Contre une seule à qui nuiroient mes vers.

J'ai lu qu'un orateur, estimé dans la Grèce,
Des beaux-arts autrefois souveraine maîtresse,

---

1. Cette nouvelle est tirée de la dixième des lettres à tort attribuées à Eschine.

LE FLEUVE SCAMANDRE

Banni de son pays, voulut voir le séjour
Où subsistoient encor les ruines de Troie ;
Cimon, son camarade, eut sa part de la joie.
Du débris d'Ilion s'étoit construit un bourg
Noble par ses malheurs : là, Priam et sa cour
N'étoient plus que des noms dont le temps fait sa proie.
Ilion, ton nom seul a des charmes pour moi ;
Lieu fécond en sujets propres à notre emploi,
Ne verrai-je jamais rien de toi, ni la place
De ces murs élevés et détruits par des dieux,
Ni ces champs où couroient la Fureur et l'Audace,
Ni des temps fabuleux enfin la moindre trace
Qui pût me présenter l'image de ces lieux ?

Pour revenir au fait, et ne point trop m'étendre,
  Cimon, le héros de ces vers,
  Se promenoit près du Scamandre.
Une jeune ingénue en ce lieu se vient rendre,
Et goûter la fraîcheur sur ces bords toujours verts.
Son voile, au gré des vents, va flottant dans les airs ;
Sa parure est sans art ; elle a l'air de bergère,
Une beauté naïve, une taille légère.
Cimon en est surpris, et croit que sur ces bords
Vénus vient étaler ses plus rares trésors.
Un antre étoit auprès : l'innocente pucelle
Sans soupçon y descend, aussi simple que belle.
Le chaud, la solitude, et quelque dieu malin,
L'invitèrent d'abord à prendre un demi-bain.
Notre banni se cache ; il contemple, il admire ;
  Il ne sait quels charmes élire ;
Il dévore des yeux et du cœur cent beautés.
Comme on étoit rempli de ces divinités
  Que la fable a dans son empire,
Il songe à profiter de l'erreur de ces temps ;
Prend l'air d'un dieu des eaux, mouille ses vêtements,

Se couronne de joncs et d'herbe dégouttante,
Puis invoque Mercure et le dieu des amants.
Contre tant de trompeurs qu'eût fait une innocente?
La belle enfin découvre un pied dont la blancheur
  Auroit fait honte à Galatée;
  Puis le plonge en l'onde argentée,
Et regarde ses lis, non sans quelque pudeur.
Pendant qu'à cet objet sa vue est arrêtée,
Cimon approche d'elle; elle court se cacher
  Dans le plus profond du rocher.
« Je suis, dit-il, le dieu qui commande à cette onde;
Soyez-en la déesse, et régnez avec moi :
Peu de fleuves pourroient, dans leur grotte profonde,
Partager avec vous un aussi digne emploi.
Mon cristal est très-pur; mon cœur l'est davantage :
Je couvrirai pour vous de fleurs tout ce rivage :
Trop heureux si vos pas le daignent honorer,
Et qu'au fond de mes eaux vous daigniez vous mirer!
  Je rendrai toutes vos compagnes
  Nymphes aussi, soit aux montagnes,
Soit aux eaux, soit aux bois; car j'étends mon pouvoir
Sur tout ce que votre œil à la ronde peut voir. »
L'éloquence du dieu, la peur de lui déplaire,
Malgré quelque pudeur qui gâtoit le mystère,
  Conclurent tout en peu de temps.
La superstition cause mille accidents.
On dit même qu'Amour intervint à l'affaire.
Tout fier de ce succès, le banni dit adieu.
  « Revenez, dit-il, en ce lieu;
  Vous garderez que l'on ne sache
  Un hymen qu'il faut que je cache :
Nous le déclarerons quand j'en aurai parlé
Au conseil qui sera dans l'Olympe assemblé. »

La nouvelle déesse, à ces mots, se retire;

Contente? Amour le sait. Un mois se passe, et deux,
Sans que pas un du bourg s'aperçût de leurs jeux.
O mortels! est-il dit qu'à force d'être heureux
Vous ne le soyez plus? Le banni, sans rien dire,
Ne va plus visiter cet antre si souvent.
    Une noce enfin arrivant,
Tous, pour la voir passer, sous l'orme se vont rendre.
La belle aperçoit l'homme, et crie en ce moment :
    « Ah! voilà le fleuve Scamandre! »
On s'étonne, on la presse; elle dit bonnement
Que son hymen se va conclure au firmament.
On en rit; car, que faire? Aucuns, à coups de pierre
Poursuivirent le dieu, qui s'enfuit à grand' erre[1] ;
D'autres rirent, sans plus. Je crois qu'en ce temps-ci
L'on feroit au Scamandre un très-méchant parti.
    En ce temps-là, semblables crimes
S'excusoient aisément : tous temps, toutes maximes.
L'épouse du Scamandre en fut quitte à la fin
    Pour quelques traits de raillerie :
Même un de ses amants l'en trouva plus jolie.
C'est un goût : il s'offrit à lui donner la main.
Les dieux ne gâtent rien : puis, quand ils seroient cause
Qu'une fille en valût un peu moins, dotez-la,
    Vous trouverez qui la prendra :
    L'argent répare toute chose.

---

1. Grand train, promptement.

III

LA CONFIDENTE SANS LE SAVOIR

ou

LE STRATAGÈME[1]

Je ne connois rhéteur ni maître ès-arts
Tel que l'Amour; il excelle en bien dire :
Ses arguments, ce sont de doux regards,
De tendres pleurs, un gracieux sourire.
La guerre aussi s'exerce en son empire :
Tantôt il met aux champs ses étendards;
Tantôt, couvrant sa marche et ses finesses,
Il prend des cœurs entourés de remparts.
Je le soutiens : posez deux forteresses;
Qu'il en batte une, une autre, le dieu Mars :
Que celui-ci fasse agir tout un monde,
Qu'il soit armé, qu'il ne lui manque rien;
Devant son fort je veux qu'il se morfonde.
Amour tout nu fera rendre le sien :
C'est l'inventeur des tours et stratagèmes.
J'en vais dire un de mes plus favoris :
J'en ai bien lu, j'en vois pratiquer mêmes,
Et d'assez bons qui ne sont rien au prix.

1. Cette nouvelle est tirée du *Decameron* et de Bonaventure des Périers.

La jeune Aminte, à Géronte donnée,
Méritoit mieux qu'un si triste hyménée :
Elle avoit pris en cet homme un époux
Mal gracieux, incommode, et jaloux.
Il étoit vieux ; elle, à peine en cet âge
Où, quand un cœur n'a point encore aimé,
D'un doux objet il est bientôt charmé.
Celui d'Aminte ayant sur son passage
Trouvé Cléon, beau, bien fait, jeune et sage,
Il s'acquitta de ce premier tribut,
Trop bien peut-être, et mieux qu'il ne fallut :
Non toutefois que la belle n'oppose
Devoir et tout à ce doux sentiment ;
Mais lorsqu'Amour prend le fatal moment,
Devoir, et tout, et rien, c'est même chose.
Le but d'Aminte en cette passion
Étoit, sans plus, la consolation
D'un entretien sans crime, où la pauvrette
Versât ses soins[1] en une âme discrète.
Je croirois bien qu'ainsi l'on le prétend ;
Mais l'appétit vient toujours en mangeant :
Le plus sûr est ne se point mettre à table.
Aminte croit rendre Cléon traitable :
Pauvre ignorante ! elle songe au moyen
De l'engager à ce simple entretien,
De lui laisser entrevoir quelque estime,
Quelque amitié, quelque chose de plus,
Sans y mêler rien que de légitime :
Plutôt la mort empêchât tel abus !
Le point étoit d'entamer cette affaire.
Les lettres sont un étrange mystère ;
Il en provient maint et maint accident ;
Le meilleur est quelque sûr confident.

1. Soins, dans le sens d'ennuis, soucis.

Où le trouver? Géronte est homme à craindre.
J'ai dit tantôt qu'Amour savoit atteindre
A ses desseins d'une ou d'autre façon ;
Ceci me sert de preuve et de leçon.

Cléon avoit une vieille parente,
Sévère et prude, et qui s'attribuoit
Autorité sur lui de gouvernante.
Madame Alis (ainsi l'on l'appeloit),
Par un beau jour, eut de la jeune Aminte
Ce compliment, ou plutôt cette plainte :
« Je ne sais pas pourquoi votre parent,
Qui m'est et fut toujours indifférent,
Et le sera tout le temps de ma vie,
A de m'aimer conçu la fantaisie.
Sous ma fenêtre il passe incessamment ;
Je ne saurois faire un pas seulement
Que je ne l'aie aussitôt à mes trousses ;
Lettres, billets pleins de paroles douces,
Me sont donnés par une dont le nom
Vous est connu : je le tais, pour raison.
Faites cesser, pour Dieu ! cette poursuite :
Elle n'aura qu'une mauvaise suite :
Mon mari peut prendre feu là-dessus.
Quant à Cléon, ses pas sont superflus :
Dites-le-lui de ma part, je vous prie. »
Madame Alis la loue et lui promet
De voir Cléon, de lui parler si net
Que de l'aimer il n'aura plus d'envie.

Cléon va voir Alis le lendemain :
Elle lui parle, et le pauvre homme nie
Avec serment qu'il eût un tel dessein.
Madame Alis l'appelle *enfant du diable*.
« Tout vilain cas, dit-elle, est reniable ;

Ces serments vains et peu dignes de foi
Mériteroient qu'on vous fît votre sauce.
Laissons cela : la chose est vraie ou fausse ;
Mais fausse ou vraie, il faut, et croyez-moi,
Vous mettre bien dans la tête qu'Aminte
Est femme sage, honnête et hors d'atteinte :
Renoncez-y. — Je le puis aisément, »
Reprit Cléon. Puis, au même moment,
Il va chez lui songer à cette affaire :
Rien ne lui peut débrouiller le mystère.

Trois jours n'étoient passés entièrement,
Que revoici chez Alis notre belle.
« Vous n'avez pas, madame, lui dit-elle,
Encore vu, je pense, notre amant ;
De plus en plus sa poursuite s'augmente. »
Madame Alis s'emporte, se tourmente :
Quel malheureux ! Puis, l'autre la quittant,
Elle le mande. Il vient tout à l'instant.
Dire en quels mots Alis fit sa harangue,
Il me faudroit une langue de fer ;
Et quand de fer j'aurois même la langue,
Je n'y pourrois parvenir : tout l'enfer
Fut employé dans cette réprimande.
« Allez, Satan ; allez, vrai Lucifer,
Maudit de Dieu. » La fureur fut si grande,
Que le pauvre homme, étourdi dès l'abord,
Ne sut que dire. Avouer qu'il eût tort,
C'étoit trahir par trop sa conscience.
Il s'en retourne, il rumine, il repense,
Il rêve tant, qu'enfin il dit en soi :
« Si c'étoit là quelque ruse d'Aminte !
Je trouve, hélas ! mon devoir dans sa plainte,
Elle me dit : *O Cléon ! aime-moi,
Aime-moi donc*, en disant que je l'aime.

Je l'aime aussi, tant pour son stratagème
Que pour ses traits. J'avoue en bonne foi
Que mon esprit d'abord n'y voyoit goutte;
Mais à présent je ne fais aucun doute :
Aminte veut mon cœur assurément.
Ah! si j'osois, dès ce même moment
Je l'irois voir ; et, plein de confiance,
Je lui dirois quelle est la violence,
Quel est le feu dont je me sens épris.
Pourquoi n'oser? offense pour offense;
L'amour vaut mieux encor que le mépris.
Mais si l'époux m'attrapoit au logis!...
Laissons-la faire, et laissons-nous conduire. »

Trois autres jours n'étoient passés encor,
Qu'Aminte va chez Alis, pour instruire
Son cher Cléon du bonheur de son sort.
« Il faut, dit-elle, enfin que je déserte;
Votre parent a résolu ma perte;
Il me prétend avoir par des présents :
Moi, des présents! c'est bien choisir sa femme!
Tenez, voilà rubis et diamants;
Voilà bien pis; c'est mon portrait, madame :
Assurément, de mémoire on l'a fait,
Car mon époux a tout seul mon portrait.
A mon lever, cette personne honnête
Que vous savez, et dont je tais le nom,
S'en est venue, et m'a laissé ce don.
Votre parent mérite qu'à la tête
On le lui jette, et, s'il étoit ici...
Je ne me sens presque pas de colère.
Oyez [1] le reste : il m'a fait dire aussi
Qu'il sait fort bien qu'aujourd'hui pour affaire

---

1. Écoutez.

Mon mari couche à sa maison des champs;
Qu'incontinent qu'il croira que mes gens
Seront couchés et dans leur premier somme,
Il se rendra devers mon cabinet.
Qu'espère-t-il? pour qui me prend cet homme?
Un rendez-vous! est-il fol, en effet?
Sans que je crains de commettre Géronte,
Je poserois tantôt un si bon guet,
Qu'il seroit pris ainsi qu'au trébuchet,
Ou s'enfuiroit avec sa courte honte. »
Ces mots finis, madame Aminte sort.

Une heure après, Cléon vint; et d'abord
On lui jeta les joyaux et la boîte :
On l'auroit pris à la gorge au besoin.
Eh bien! cela vous semble-t-il honnête?
Mais ce n'est rien, vous allez bien plus loin.
Alis dit lors, mot pour mot, ce qu'Aminte
Venoit de dire en sa dernière plainte.
Cléon se tint pour dûment averti.
« J'aimois, dit-il, il est vrai, cette belle;
Mais, puisqu'il faut ne rien espérer d'elle,
Je me retire, et prendrai ce parti.
— Vous ferez bien; c'est celui qu'il faut prendre, »
Lui dit Alis. Il ne le prit pourtant
Trop bien. Minuit à grand'peine sonnant,
Le compagnon sans faute se va rendre
Devers l'endroit qu'Aminte avoit marqué.
Le rendez-vous étoit bien expliqué;
Ne doutez pas qu'il n'y fût sans escorte.
La jeune Aminte attendoit à la porte :
Un profond somme occupoit tous les yeux;
Même ceux-là qui brillent dans les cieux
Étoient voilés par une épaisse nue.
Comme on avoit toute chose prévue,

Il entre vite, et sans autre discours
Ils vont... ils vont au cabinet d'amours.
Là, le galant dès l'abord se récrie,
Comme la dame étoit jeune et jolie,
Sur sa beauté; la bonté vint après;
Et celle-ci suivit l'autre de près.
« Mais, dites-moi de grâce, je vous prie,
Qui vous a fait aviser de ce tour?
Car jamais tel ne se fit en amour :
Sur les plus fins je prétends qu'il excelle,
Et vous devez vous-même l'avouer. »
Elle rougit, et n'en fut que plus belle.
Sur son esprit, sur ses traits, sur son zèle,
Il la loua. Ne fit-il que louer ?

IV

LE REMÈDE

Si l'on se plaît à l'image du vrai,
Combien doit-on rechercher le vrai même !
J'en fais souvent dans mes contes l'essai,
Et vois toujours que sa force est extrême,
Et qu'il attire à soi tous les esprits.
Non qu'il ne faille en de pareils écrits
Feindre les noms ; le reste de l'affaire
Se peut conter sans en rien déguiser :
Mais, quant aux noms, il faut au moins les taire ;
Et c'est ainsi que je vais en user.

Près du Mans donc, pays de sapience,
Gens pesant l'air, fine fleur de Normand,
Une pucelle eut naguère un amant
Frais, délicat, et beau par excellence,
Jeune surtout ; à peine son menton
S'étoit vêtu de son premier coton.
La fille étoit un parti d'importance ;
Charmes et dot, aucun point n'y manquoit ;
Tant et si bien, que chacun s'appliquoit
A la gagner : tout le Mans y couroit.
Ce fut en vain ; car le cœur de la fille
Inclinoit trop pour notre jouvenceau

Les seuls parents, par un esprit manceau [1],
La destinoient pour une autre famille.
Elle fit tant autour d'eux que l'amant,
Bon gré, mal gré, je ne sais pas comment,
Eut à la fin accès chez sa maîtresse.
Leur indulgence, ou plutôt son adresse,
Peut-être aussi son sang et sa noblesse,
Les fit changer : que sais-je quoi ? tout duit [2]
Aux gens heureux; car aux autres tout nuit.
L'amant le fut : les parents de la belle
Surent priser son mérite et son zèle.
C'étoit là tout. Eh! que faut-il encor ?
Force comptant; les biens du siècle d'or
Ne sont plus biens, ce n'est qu'une ombre vaine.
O temps heureux! je prévois qu'avec peine
Tu reviendras dans le pays du Maine!
Ton innocence eût secondé l'ardeur
De notre amant, et hâté cette affaire;
Mais des parents l'ordinaire lenteur
Fit que la belle, ayant fait dans son cœur
Cet hyménée, acheva le mystère
Selon les us de l'île de Cythère.
Nos vieux romans, en leur style plaisant,
Nomment cela PAROLES DE PRÉSENT.
Nous y voyons pratiquer cet usage,
Demi-amour et demi-mariage,
Table d'attente, avant-goût de l'hymen.
Amour n'y fit un trop long examen;
Prêtre et parents tout ensemble, et notaire,
En peu de jours il consomma l'affaire :
L'esprit manceau n'eut point part à ce fait.

1. Par cet esprit de contradiction et de chicane dont on accuse les habitants du Maine.
2. Convient, profite.

LE REMÈDE

Voilà notre homme heureux et satisfait,
Passant les nuits avec son épousée.
Dire comment, ce seroit chose aisée ;
Les doubles clefs, les brèches à l'enclos,
Les menus dons qu'on fit à la soubrette,
Rendoient l'époux jouissant en repos
D'une faveur douce autant que secrète.

Avint pourtant que notre belle, un soir,
En se plaignant, dit à sa gouvernante,
Qui du secret n'étoit participante :
« Je me sens mal ; n'y sauroit-on pourvoir ? »
L'autre reprit : « Il vous faut un remède ;
Demain matin nous en dirons deux mots. »
Minuit venu, l'époux, mal à propos,
Tout plein encor du feu qui le possède,
Vient de sa part chercher soulagement ;
Car chacun sent ici-bas son tourment.
On ne l'avoit averti de la chose.
Il n'étoit pas sur les bords du sommeil
Qui suit souvent l'amoureux appareil,
Qu'incontinent l'Aurore aux doigts de rose
Ayant ouvert les portes d'Orient,
La gouvernante ouvrit tout en riant,
Remède en main, les portes de la chambre :
Par grand bonheur il s'en rencontra deux ;
Car la saison approchoit de septembre,
Mais où le chaud et le froid sont douteux.
La fille alors ne fut pas assez fine ;
Elle n'avoit qu'à tenir bonne mine,
Et faire entrer l'amant au fond des draps,
Chose facile autant que naturelle.
L'émotion lui tourna la cervelle ;
Elle se cache elle-même, et tout bas
Dit en deux mots quel est son embarras.

L'amant fut sage; il présenta pour elle
Ce que Brunel à Marphise montra [1].
La gouvernante, ayant mis ses lunettes,
Sur le galant son adresse éprouva;
Du bain interne elle le régala,
Puis dit adieu, puis après s'en alla.
Dieu la conduise, et toutes celles-là
Qui vont nuisant aux amitiés secrètes!
Si tout ceci passoit pour des sornettes,
(Comme il se peut, je n'en voudrois jurer),
On chercheroit de quoi me censurer.
Les critiqueurs sont un peuple sévère;
Ils me diront : « Votre belle en sortit
En fille sotte et n'ayant point d'esprit :
Vous lui donnez un autre caractère;
Cela nous rend suspecte cette affaire :
Nous avons lieu d'en douter; auquel cas
Votre prologue ici ne convient pas. »
Je répondrai... Mais que sert de répondre?
C'est un procès qui n'auroit point de fin :
Par cent raisons j'aurois beau les confondre;
Cicéron même y perdroit son latin.
Il me suffit de n'avoir, en l'ouvrage,
Rien avancé qu'après des gens de foi :
J'ai mes garants : que veut-on davantage?
Chacun ne peut en dire autant que moi.

---

1. Allusion au poëme de l'Arioste, dans lequel Brunel tourne le dos à Marphise.

V

LES AVEUX INDISCRETS [1]

Paris sans pair n'avoit en son enceinte
Rien dont les yeux semblassent si ravis
Que de la belle, aimable et jeune Aminte,
Fille à pourvoir, et des meilleurs partis.
Sa mère encor la tenoit sous son aile;
Son père avoit du comptant et du bien;
Faites état [2] qu'il ne lui manquoit rien.
Le beau Damon s'étant piqué pour elle,
Elle reçut les offres de son cœur :
Il fit si bien l'esclave de la belle,
Qu'il en devint le maître et le vainqueur,
Bien entendu, sous le nom d'hyménée;
Pas ne voudrois qu'on le crût autrement.

L'an révolu, ce couple si charmant,
Toujours d'accord, de plus en plus s'aimant,
(Vous eussiez dit la première journée),
Se promettoit la vigne de l'abbé [3],
Lorsque Damon, sur ce propos tombé,

1. Cette nouvelle est tirée des contes de d'Ouville.
2. Tenez pour certain.
3. Expression proverbiale signifiant se promettre beaucoup.

Dit à sa femme : « Un point trouble mon âme;
Je suis épris d'une si douce flamme,
Que je voudrois n'avoir aimé que vous,
Que mon cœur n'eût ressenti que vos coups,
Qu'il n'eût logé que votre seule image,
Digne, il est vrai, de son premier hommage.
J'ai cependant éprouvé d'autres feux :
J'en dis ma coulpe, et j'en suis tout honteux.
Il m'en souvient ; la nymphe étoit gentille,
Au fond d'un bois, l'Amour seul avec nous ;
Il fit si bien (si mal, me direz-vous),
Que de ce fait il me reste une fille.
— Voilà mon sort, dit Aminte à Damon :
J'étois un jour seulette à la maison ;
Il me vint voir certain fils de famille,
Bien fait et beau, d'agréable façon :
J'en eus pitié ; mon naturel est bon ;
Et, pour conter tout de fil en aiguille,
Il m'est resté de ce fait un garçon. »
Elle eut à peine achevé la parole,
Que du mari l'âme jalouse et folle
Au désespoir s'abandonne aussitôt ;
Il sort plein d'ire [1], il descend tout d'un saut,
Rencontre un bât, se le met, et puis crie :
« Je suis bâté ! » Chacun, au bruit, accourt,
Les père et mère, et toute la mesgnie [2],
Jusqu'aux voisins. Il dit, pour faire court,
Le beau sujet d'une telle folie.

Il ne faut pas que le lecteur oublie
Que les parents d'Aminte, bons bourgeois,
Et qui n'avoient que cette fille unique,

1. De colère.
2. La famille y compris les domestiques.

La nourrissoient, et tout son domestique
Et son époux, sans que, hors cette fois,
Rien eût troublé la paix de leur famille.
La mère donc s'en va trouver sa fille;
Le père suit, laisse sa femme entrer,
Dans le dessein seulement d'écouter.
La porte étoit entr'ouverte; il s'approche;
Bref, il entend la noise et le reproche
Que fit sa femme à leur fille, en ces mots :
« Vous avez tort : j'ai vu beaucoup de sots,
Et plus encore de sottes, en ma vie;
Mais qu'on pût voir telle indiscrétion,
Qui l'auroit cru? Car enfin, je vous prie,
Qui vous forçoit? quelle obligation
De révéler une chose semblable?
Plus d'une fille a forligné [1] : le diable
Est bien subtil; bien malins sont les gens :
Non pour cela que l'on soit excusable;
Il nous faudroit toutes dans des couvents
Claquemurer jusqu'à notre hyménée.
Moi qui vous parle ai même destinée;
J'en garde au cœur un sensible regret :
J'eus trois enfants avant mon mariage.
A votre père ai-je dit ce secret?
En avons-nous fait plus mauvais ménage? »

Ce discours fut à peine proféré,
Que l'écoutant s'en court [2], et, tout outré,
Trouve du bât la sangle, et se l'attache,
Puis va criant partout : « Je suis sanglé! »
Chacun en rit, encor que chacun sache
Qu'il a de quoi faire rire à son tour.

1. Forfait à son honneur.
2. C'est-à-dire se met à courir.

Les deux maris vont dans maint carrefour
Criant, courant, chacun à sa manière :
Bâté le gendre, et sanglé le beau-père !

On doutera de ce dernier point-ci ;
Mais il ne faut telle chose mécroire.
Et, par exemple, écoutez bien ceci :
Quand Roland sut les plaisirs et la gloire
Que dans la grotte avoit eus son rival,
D'un coup de poing il tua son cheval.
Pouvoit-il pas, traînant la pauvre bête,
Mettre de plus la selle sur son dos ;
Puis s'en aller, tout du haut de sa tête,
Faire crier et redire aux échos :
« Je suis bâté, sanglé ! » car il n'importe,
Tous deux sont bons. Vous voyez de la sorte
Que ceci peut contenir vérité.
Ce n'est assez : cela ne doit suffire :
Il faut aussi montrer l'utilité
De ce récit ; je m'en vais vous la dire.
L'heureux Damon me semble un pauvre sire :
Sa confiance eut bientôt tout gâté.
Pour la sottise et la simplicité
De sa moitié, quant à moi, je l'admire.
Se confesser à son propre mari,
Quelle folie ! Imprudence est un terme
Foible à mon sens pour exprimer ceci.

Mon discours donc en deux points se renferme.
Le nœud d'hymen doit être respecté,
Veut de la foi, veut de l'honnêteté :
Si par malheur quelque atteinte un peu forte
Le fait clocher d'un ou d'autre côté,
Comportez-vous de manière et de sorte
Que ce secret ne soit point éventé :

Gardez de faire aux égards banqueroute :
Mentir alors est digne de pardon.
Je donne ici de beaux conseils; sans doute,
Les ai-je pris pour moi-même? hélas! non.

VI

LA MATRONE D'ÉPHÈSE[1]

S'il est un conte usé, commun et rebattu,
C'est celui qu'en ces vers j'accommode à ma guise.
    Et pourquoi donc le choisis-tu?
    Qui t'engage à cette entreprise?
N'a-t-elle point déjà produit assez d'écrits?
    Quelle grâce aura ta matrone
    Au prix de celle de Pétrone?
Comment la rendras-tu nouvelle à nos esprits?
Sans répondre aux censeurs, car c'est chose infinie,
Voyons si dans mes vers je l'aurai rajeunie.

    Dans Éphèse il fut autrefois
Une dame en sagesse et vertu sans égale,
    Et, selon la commune voix,
Ayant su raffiner sur l'amour conjugale.
Il n'étoit bruit que d'elle et de sa chasteté
    On l'alloit voir par rareté;
C'était l'honneur du sexe : heureuse sa patrie !

---

1. Tout le monde sait que cette nouvelle est tirée de Pétrone : elle est aussi dans Apulée. M. Dacier, dans une savante dissertation (*Mémoires de l'Académie des Inscriptions*, t. XLI, p. 523), a cherché à prouver que ce n'est point une fiction, mais un fait réellement arrivé sous le règne de Néron.

Chaque mère à sa bru l'alléguoit pour patron ;
Chaque époux la prônoit à sa femme chérie :
D'elle descendent ceux de la Prudoterie,
    Antique et célèbre maison.
    Son mari l'aimoit d'amour folle.
    Il mourut. De dire comment,
    Ce seroit un détail frivole.
    Il mourut ; et son testament
N'étoit plein que de legs qui l'auroient consolée,
Si les biens réparoient la perte d'un mari
    Amoureux autant que chéri.
Mainte veuve pourtant fait la déchevelée,
Qui n'abandonne pas le soin du demeurant,
Et, du bien qu'elle aura, fait le compte en pleurant.
Celle-ci, par ses cris, mettoit tout en alarme ;
    Celle-ci faisoit un vacarme,
Un bruit, et des regrets à percer tous les cœurs ;
    Bien qu'on sache qu'en ces malheurs,
De quelque désespoir qu'une âme soit atteinte,
La douleur est toujours moins forte que la plainte :
Toujours un peu de faste entre parmi les pleurs.

Chacun fit son devoir de dire à l'affligée
Que tout a sa mesure, et que de tels regrets
    Pourroient pécher par leur excès :
Chacun rendit par là sa douleur rengrégée[1].
Enfin, ne voulant plus jouir de la clarté
    Que son époux avoit perdue,
Elle entre dans sa tombe, en ferme volonté
D'accompagner cette ombre aux enfers descendue.
Et voyez ce que peut l'excessive amitié !
(Ce mouvement aussi va jusqu'à la folie)
Une esclave en ce lieu la suivit par pitié,

1. De nouveau aggravée, accrue.

Prête à mourir de compagnie;
Prête, je m'entends bien, c'est-à-dire, en un mot,
N'ayant examiné qu'à demi ce complot,
Et, jusques à l'effet, courageuse et hardie.
L'esclave avec la dame avoit été nourrie;
Toutes deux s'entr'aimoient, et cette passion
Étoit crue avec l'âge au cœur des deux femelles:
Le monde entier à peine eût fourni deux modèles
  D'une telle inclination.
Comme l'esclave avoit plus de sens que la dame,
Elle laissa passer les premiers mouvements;
Puis tâcha, mais en vain, de remettre cette âme
Dans l'ordinaire train des communs sentiments.
Aux consolations la veuve inaccessible
S'appliquoit seulement à tout moyen possible
De suivre le défunt aux noirs et tristes lieux.
Le fer auroit été le plus court et le mieux;
Mais la dame vouloit paître encore ses yeux
  Du trésor qu'enfermoit la bière,
  Froide dépouille, et pourtant chère:
  C'était là le seul aliment
  Qu'elle prît en ce monument.
  La faim donc fut celle des portes
  Qu'entre d'autres de tant de sortes
Notre veuve choisit pour sortir d'ici-bas.
Un jour se passe, et deux, sans autre nourriture
Que ses profonds soupirs, que ses fréquents *hélas!*
  Qu'un inutile et long murmure
contre les dieux, le sort, et toute la nature.
  Enfin sa douleur n'omit rien,
Si la douleur doit s'exprimer si bien.

Encore un autre mort faisoit sa résidence
Non loin de ce tombeau, mais bien différemment.
  Car il n'avoit pour monument

LA MATRONE D'ÉPHÈSE

Que le dessous d'une potence :
Pour exemple aux voleurs on l'avoit là laissé.
    Un soldat bien récompensé
    Le gardoit avec vigilance.
    Il étoit dit par ordonnance
Que si d'autres voleurs, un parent, un ami,
L'enlevoient, le soldat, nonchalant, endormi,
    Rempliroit aussitôt sa place.
    C'étoit trop de sévérité :
    Mais la publique utilité
Défendoit que l'on fît au garde aucune grâce.
Pendant la nuit, il vit, aux fentes du tombeau,
Briller quelque clarté, spectacle assez nouveau.
Curieux, il y court, entend de loin la dame
    Remplissant l'air de ses clameurs.
Il entre, est étonné, demande à cette femme
    Pourquoi ces cris, pourquoi ces pleurs,
    Pourquoi cette triste musique,
Pourquoi cette maison noire et mélancolique.
Occupée à ses pleurs, à peine elle entendit
    Toutes ces demandes frivoles.
    Le mort pour elle y répondit :
    Cet objet, sans autres paroles,
    Disoit assez par quel malheur
La dame s'enterroit ainsi toute vivante.
« Nous avons fait serment, ajouta la suivante,
De nous laisser mourir de faim et de douleur. »
Encor que le soldat fût mauvais orateur,
Il leur fit concevoir ce que c'est que la vie.
La dame, cette fois, eut de l'attention ;
    Et déjà l'autre passion
    Se trouvoit un peu ralentie :
Le temps avoit agi. « Si la foi du serment,
Poursuivit le soldat, vous défend l'aliment,
    Voyez-moi manger seulement ;

Vous n'en mourrez pas moins. » Un tel tempérament
 Ne déplut pas aux deux femelles.
 Conclusion, qu'il obtint d'elles
Une permission d'apporter son soupé :
Ce qu'il fit. Et l'esclave eut le cœur fort tenté
De renoncer dès lors à la cruelle envie
 De tenir au mort compagnie.
« Madame, ce dit-elle, un penser m'est venu :
Qu'importe à votre époux que vous cessiez de vivre ?
Croyez-vous que lui-même il fût homme à vous suivre,
Si par votre trépas vous l'aviez prévenu ?
Non, madame ; il voudroit achever sa carrière.
La nôtre sera longue encor, si nous voulons.
Se faut-il, à vingt ans, enfermer dans la bière ?
Nous aurons tout loisir d'habiter ces maisons.
On ne meurt que trop tôt. Qui nous presse ? Attendons.
Quant à moi, je voudrois ne mourir que ridée.
Voulez-vous emporter vos appas chez les morts ?
Que vous servira-t-il d'en être regardée ?
 Tantôt, en voyant les trésors
Dont le ciel prit plaisir d'orner votre visage,
 Je disois : Hélas ! c'est dommage !
Nous-mêmes nous allons enterrer tout cela. »
A ce discours flatteur, la dame s'éveilla.
Le dieu qui fait aimer prit son temps ; il tira
Deux traits de son carquois : de l'un il entama
Le soldat jusqu'au vif ; l'autre effleura la dame.
Jeune et belle, elle avoit sous ses pleurs de l'éclat ;
 Et des gens de goût délicat
Auroient bien pu l'aimer, et même étant leur femme.
Le garde en fut épris : les pleurs et la pitié,
 Sorte d'amour ayant ses charmes,
Tout y fit : une belle, alors qu'elle est en larmes,
 En est plus belle de moitié.
Voilà donc notre veuve écoutant la louange,

Poison qui de l'amour est le premier degré ;
    La voilà qui trouve à son gré
Celui qui le lui donne. Il fait tant qu'elle mange ;
Il fait tant que de plaire, et se rend, en effet,
Plus digne d'être aimé que le mort le mieux fait ;
    Il fait tant enfin qu'elle change ;
Et toujours par degrés, comme l'on peut penser,
De l'un à l'autre il fait cette femme passer.
    Je ne le trouve pas étrange.
Elle écoute un amant, elle en fait un mari,
Le tout au nez du mort qu'elle avoit tant chéri.

Pendant cet hyménée, un voleur se hasarde
D'enlever le dépôt commis au soin du garde :
Il en entend le bruit, il y court à grands pas,
    Mais en vain ; la chose étoit faite.
Il revient au tombeau conter son embarras,
    Ne sachant où trouver retraite.
L'esclave alors lui dit, le voyant éperdu :
    « L'on vous a pris votre pendu ?
Les lois ne vous feront, dites-vous, nulle grâce ?
Si madame y consent, j'y remédierai bien.
    Mettons notre mort en la place ;
    Les passants n'y connoîtront rien. »
La dame y consentit. O volages femelles !
La femme est toujours femme. Il en est qui sont belle
    Il en est qui ne le sont pas :
    S'il en étoit d'assez fidèles,
    Elles auroient assez d'appas.

Prudes, vous vous devez défier de vos forces :
Ne vous vantez de rien. Si votre intention
    Est de résister aux amorces,
La nôtre est bonne aussi : mais l'exécution
Nous trompe également ; témoin cette matrone.

23

Et, n'en déplaise au bon Pétrone,
Ce n'étoit pas un fait tellement merveilleux,
Qu'il en dût proposer l'exemple à nos neveux.
Cette veuve n'eut tort qu'au bruit qu'on lui vit faire,
Qu'au dessein de mourir, mal conçu, mal formé :
    Car, de mettre au patibulaire [1]
    Le corp d'un mari tant aimé,
Ce n'étoit pas peut-être une si grande affaire ;
Cela lui sauvoit l'autre : et, tout considéré,
Mieux vaut goujat debout qu'empereur enterré.

1. Au gibet.

VII

BELPHÉGOR

NOUVELLE TIRÉE DE MACHIAVEL

A Mlle DE CHAMPMESLÉ[1]

De votre nom j'orne le frontispice
Des derniers vers que ma muse a polis.
Puisse le tout, ô charmante Philis !
Aller si loin que notre los[2] franchisse
La nuit des temps ! nous la saurons dompter;
Moi par écrire, et vous par réciter.
Nos noms unis perceront l'ombre noire;
Vous régnerez longtemps dans la mémoire
Après avoir régné jusques ici
Dans les esprits, dans les cœurs même aussi.
Qui ne connoît l'inimitable actrice
Représentant ou Phèdre ou Bérénice,
Chimène en pleurs, ou Camille en fureur ?
Est-il quelqu'un que votre voix n'enchante ?
S'en trouve-t-il une autre aussi touchante
Une autre enfin allant si droit au cœur ?

1. Actrice célèbre.
2. Réputation, renommée, louange, du mot latin *laus*.

N'attendez pas que je fasse l'éloge
De ce qu'en vous on trouve de parfait :
Comme il n'est point de grâce qui n'y loge,
Ce seroit trop ; je n'aurois jamais fait.
De mes Philis vous seriez la première,
Vous auriez eu mon âme tout entière,
Si de mes vœux j'eusse plus présumé :
Mais en aimant, qui ne veut être aimé ?
Par des transports n'espérant pas vous plaire,
Je me suis dit seulement votre ami,
De ceux qui sont amants plus d'à demi :
Et plût au sort que j'eusse pu mieux faire !
Ceci soit dit : venons à notre affaire.

Un jour Satan, monarque des enfers,
Faisoit passer ses sujets en revue.
Là, confondus, tous les États divers,
Princes et rois, et la tourbe menue,
Jetoient maint pleur, poussoient maint et maint cri,
Tant que Satan en étoit étourdi.
Il demandoit, en passant, à chaque âme :
« Qui t'a jetée en l'éternelle flamme ? »
L'une disoit : « Hélas ! c'est mon mari ; »
L'autre aussitôt répondoit : « C'est ma femme. »
Tant et tant fut ce discours répété,
Qu'enfin Satan dit en plein consistoire :
« Si ces gens-ci disent la vérité,
Il est aisé d'augmenter notre gloire.
Nous n'avons donc qu'à le vérifier.
Pour cet effet, il nous faut envoyer
Quelque démon plein d'art et de prudence,
Qui, non content d'observer avec soin
Tous les hymens dont il sera témoin,
Y joigne aussi sa propre expérience. »
Le prince ayant proposé sa sentence,

Le noir sénat suivit tout d'une voix.
De Belphégor aussitôt on fit choix.
Ce diable étoit tout yeux et tout oreilles,
Grand éplucheur, clairvoyant à merveilles,
Capable enfin de pénétrer dans tout,
Et de pousser l'examen jusqu'au bout.
Pour subvenir aux frais de l'entreprise,
On lui donna mainte et mainte remise.
Toutes à vue, et qu'en lieux différents
Il pût toucher par des correspondants.
Quant au surplus, les fortunes humaines,
Les biens, les maux, les plaisirs et les peines,
Bref, ce qui suit notre condition,
Fut une annexe à sa légation.
Il se pouvoit tirer d'affliction
Par ses bons tours et par son industrie;
Mais non mourir, ni revoir sa patrie,
Qu'il n'eût ici consumé certain temps :
Sa mission devoit durer dix ans

Le voilà donc qui traverse et qui passe
Ce que le ciel voulut mettre d'espace
Entre ce monde et l'éternelle nuit :
Il n'en mit guère; un moment y conduit.
Notre démon s'établit à Florence,
Ville pour lors de luxe et de dépense :
Même il la crut propre pour le trafic.
Là, sous le nom du seigneur Roderic,
Il se logea, meubla, comme un riche homme;
Grosse maison, grand train, nombre de gens;
Anticipant tous les jours sur la somme
Qu'il ne devoit consumer qu'en dix ans.
On s'étonnoit d'une telle bombance :
Il tenoit table, avoit de tous côtés
Gens à ses frais, soit pour ses voluptés,

Soit pour le faste et la magnificence.
L'un des plaisirs où plus il dépensa
Fut la louange : Apollon l'encensa ;
Car il est maître en l'art de flatterie.
Diable n'eut onc[1] tant d'honneurs en sa vie.
Son cœur devint le but de tous les traits
Qu'amour lançoit : il n'étoit point de belle
Qui n'employât ce qu'elle avoit d'attraits
Pour le gagner, tant sauvage fût-elle ;
Car de trouver une seule rebelle,
Ce n'est la mode à gens de qui la main
Par les présents s'aplanit tout chemin :
C'est un ressort en tous desseins utile.
Je l'ai jà dit, et le redis encor,
Je ne connois d'autre premier mobile
Dans l'univers que l'argent et que l'or.
Notre envoyé cependant tenoit compte
De chaque hymen en journaux différents :
L'un, des époux satisfaits et contents,
Si peu rempli, que le diable en eut honte :
L'autre journal incontinent fut plein.
A Belphégor il ne restoit enfin
Que d'éprouver la chose par lui-même.
Certaine fille à Florence était lors[2],
Belle et bien faite, et peu d'autres trésors ;
Noble d'ailleurs, mais d'un orgueil extrême ;
Et d'autant plus, que de quelque vertu
Un tel orgueil paroissoit revêtu.
Pour Roderic on en fit la demande.
Le père dit que madame Honesta,
C'étoit son nom, avoit eu jusque-là
Force partis ; mais que parmi la bande

[1] Jamais.
[2] Alors.

Il pourroit bien Roderic préférer,
Et demandoit temps pour délibérer.
On en convint. Le poursuivant s'applique
A gagner celle où ses vœux s'adressoient.
Fêtes et bals, sérénades, musique,
Cadeaux [1], festins, bien fort appétissoient [2],
Altéroient fort les fonds de l'ambassade.
Il n'y plaint rien, en use en grand seigneur,
S'épuise en dons. L'autre se persuade
Qu'elle lui fait encor beaucoup d'honneur.
Conclusion, qu'après force prières,
Et des façons de toutes les manières,
Il eut un oui de madame Honesta.
Auparavant, le notaire y passa;
Dont Belphégor se moquant en son âme:
« Hé quoi! dit-il, on acquiert une femme
Comme un château! ces gens ont tout gâté. »
Il eut raison : ôtez d'entre les hommes
La simple foi, le meilleur est ôté.
Nous nous jetons, pauvres gens que nous sommes,
Dans les procès, en prenant le revers;
Les *si*, les *car*, les contrats, sont la porte
Par où la noise entra dans l'univers :
N'espérons pas que jamais elle en sorte.
Solennités et lois n'empêchent pas
Qu'avec l'hymen amour n'ait des débats.
C'est le cœur seul qui peut rendre tranquille :
Le cœur fait tout, le reste est inutile.
Qu'ainsi ne soit, voyons d'autres États :
Chez les amis, tout s'excuse, tout passe;
Chez les amants, tout plaît, tout est parfait;
Chez les époux, tout ennuie et tout lasse.

---

1. Repas, réjouissances données à des femmes.
2. Excitoient le désir de madame Honesta.

Le devoir nuit : chacun est ainsi fait.
Mais, dira-t-on, n'est-il en nulles guises
D'heureux ménage? Après mûr examen,
J'appelle un bon, voire[1] un parfait hymen,
Quand les conjoints se souffrent leurs sottises.
Sur ce point-là c'est assez raisonné.

Dès que chez lui le diable eut amené
Son épousée, il jugea par lui-même
Ce qu'est l'hymen avec un tel démon :
Toujours débats, toujours quelque sermon
Plein de sottise en un degré suprême.
Le bruit fut tel, que madame Honesta
Plus d'une fois les voisins éveilla ;
Plus d'une fois on courut à la noise.
« Il lui falloit quelque simple bourgeoise,
Ce disoit elle : un petit trafiquant
Traiter ainsi les filles de mon rang!
Méritoit-il femme si vertueuse?
Sur mon devoir je suis trop scrupuleuse :
J'en ai regret; et si je faisois bien... »
Il n'est pas sûr qu'Honesta ne fît rien :
Ces prudes-là nous en font bien accroire.
Nos deux époux, à ce que dit l'histoire,
Sans disputer n'étoient pas un moment.
Souvent leur guerre avoit pour fondement
Le jeu, la jupe[2], ou quelque ameublement
D'été, d'hiver, d'entre-temps[3], bref un monde
D'inventions propres à tout gâter.
Le pauvre diable eut lieu de regretter
De l'autre enfer la demeure profonde.

---

1. Même.
2. La toilette.
3. Entre deux saisons.

Pour comble enfin, Roderic épousa
La parenté de madame Honesta,
Ayant sans cesse et le père et la mère,
Et la grand'sœur, avec le petit frère;
De ses deniers mariant la grand'sœur,
Et du petit payant le précepteur.
Je n'ai pas dit la principale cause
De sa ruine, infaillible accident;
Et j'oubliois qu'il eut un intendant.
Un intendant! qu'est-ce que cette chose?
Je définis cet être, un animal
Qui, comme on dit, sait pêcher en eau trouble;
Et plus le bien de son maître va mal,
Plus le sien croît, plus son profit redouble,
Tant qu'aisément lui-même achèteroit
Ce qui de net au seigneur resteroit :
Dont par raison, bien et dûment déduite,
On pourroit voir chaque chose réduite
En son état, s'il arrivoit qu'un jour
L'autre devînt l'intendant à son tour;
Car regagnant ce qu'il eut étant maître,
Ils reprendroient tous deux leur premier être[1].

Le seul recours du pauvre Roderic,
Son seul espoir étoit certain trafic
Qu'il prétendoit devoir remplir sa bourse :
Espoir douteux, incertaine ressource.
Il étoit dit que tout seroit fatal
A notre époux; ainsi tout alla mal :
Ses agents, tels que la plupart des nôtres,
En abusoient : il perdit un vaisseau,
Et vit aller le commerce à vau-l'eau[2];

---

1. État, situation.
2. Expression proverbiale, pour dire au courant de l'eau.

Trompé des uns, mal servi par les autres,
Il emprunta. Quand ce vint à payer,
Et qu'à sa porte il vit le créancier,
Force lui fut d'esquiver par la fuite,
Gagnant les champs, où de l'âpre poursuite
Il se sauva chez un certain fermier,
En certain coin remparé de fumier.

A Mathéo, c'étoit le nom du sire,
Sans tant tourner, il dit ce qu'il étoit;
Qu'un double mal chez lui le tourmentoit,
Ses créanciers, et sa femme encor pire;
Qu'il n'y savoit remède que d'entrer
Au corps des gens et de s'y remparer,
D'y tenir bon; iroit-on là le prendre?
Dame Honesta viendroit-elle y prôner
Qu'elle a regret de se bien gouverner?
Chose ennuyeuse, et qu'il est las d'entendre :
Que de ces corps trois fois il sortiroit,
Sitôt que lui, Mathéo, l'en prieroit;
Trois fois sans plus, et ce, pour récompense
De l'avoir mis à couvert des sergents.
Tout aussitôt l'ambassadeur commence
Avec grand bruit d'entrer au corps des gens.
Ce que le sien, ouvrage fantastique,
Devint alors, l'histoire n'en dit rien.
Son coup d'essai fut une fille unique
Où le galant se trouvoit assez bien;
Mais Mathéo, moyennant grosse somme,
L'en fit sortir au premier mot qu'il dit.
C'étoit à Naple. Il se transporte à Rome;
Saisit un corps : Mathéo l'en bannit,
Le chasse encore : autre somme nouvelle.
Trois fois enfin, toujours d'un corps femelle,
Remarquez bien, noble diable sortit.

Le roi de Naples avoit lors une fille,
Honneur du sexe, espoir de sa famille :
Maint jeune prince étoit son poursuivant.
Là d'Honesta Belphégor se sauvant,
On ne le put tirer de cet asile.
Il n'étoit bruit, aux champs comme à la ville,
Que d'un manant qui chassoit les esprits.
Cent mille écus d'abord lui sont promis.
Bien affligé de manquer cette somme
(Car les trois fois l'empêchoient d'espérer
Que Belphégor se laissât conjurer),
Il la refuse : il se dit un pauvre homme,
Pauvre pécheur, qui, sans savoir comment,
Sans dons du ciel, par hasard seulement,
De quelque corps a chassé quelque diable,
Apparemment chétif et misérable,
Et ne connoît celui-ci nullement.
Il a beau dire; on le force, on l'amène,
On le menace, on lui dit que, sous peine
D'être pendu, d'être mis haut et court
En un gibet, il faut que sa puissance
Se manifeste avant la fin du jour.
Dès l'heure même on vous met en présence
Notre démon et son conjurateur :
D'un tel combat le prince est spectateur.
Chacun y court; n'est fils de bonne mère
Qui, pour le voir, ne quitte toute affaire.
D'un côté sont le gibet et la hart;
Cent mille écus bien comptés, d'autre part.
Mathéo tremble, et lorgne la finance.
L'esprit malin, voyant sa contenance,
Rioit sous cape, alléguoit les trois fois;
Dont Mathéo suoit dans son harnois,
Pressoit, prioit, conjuroit avec larmes,
Le tout en vain. Plus il est en alarmes,

Plus l'autre rit. Enfin le manant dit
Que sur ce diable il n'avoit nul crédit.
On vous le happe et mène à la potence.
Comme il alloit haranguer l'assistance,
Nécessité lui suggéra ce tour :
Il dit tout bas qu'on battît le tambour :
Ce qui fut fait. De quoi l'esprit immonde,
Un peu surpris, au manant demanda :
« Pourquoi ce bruit? coquin, qu'entends-je là? »
L'autre répond : « C'est madame Honesta
Qui vous réclame, et va par tout le monde
Cherchant l'époux que le ciel lui donna. »
Incontinent le diable décampa,
S'enfuit au fond des enfers, et conta
Tout le succès qu'avoit eu son voyage.
« Sire, dit-il, le nœud du mariage
Damne aussi dru qu'aucuns autres états.
Votre grandeur voit tomber ici-bas,
Non par flocons, mais menu comme pluie,
Ceux que l'hymen fait de sa confrérie ;
J'ai par moi-même examiné le cas.
Non que de soi la chose ne soit bonne ;
Elle eut jadis un plus heureux destin :
Mais comme tout se corrompt à la fin,
Plus beau fleuron n'est en votre couronne. »
Satan le crut : il fut récompensé,
Encor qu'il eût son retour avancé.
Car qu'eût-il fait? ce n'étoit pas merveilles
Qu'ayant sans cesse un diable à ses oreilles,
Toujours le même et toujours sur un ton.
Il fût contraint d'enfiler la venelle[1] :

---

1. De s'enfuir. Expression proverbiale. *Venelle* signifie un sentier, une rue étroite, un passage. Ce mot est en usage en languedocien ; et en bas-breton on dit *vanelle*

Dans les enfers encore en change-t-on.
L'autre peine est, à mon sens, plus cruelle.
Je voudrois voir quelque saint y durer :
Elle eût à Job fait tourner la cervelle.

De tout ceci que prétends-je inférer?
Premièrement, je ne sais pire chose
Que de changer son logis en prison.
En second lieu, si par quelque raison
Votre ascendant à l'hymen vous expose,
N'épousez point d'Honesta, s'il se peut :
N'a pas pourtant une Honesta qui veut.

VIII

LES QUIPROQUO[1]

Dame Fortune aime souvent à rire,
Et, nous jouant un tour de son métier,
Au lieu des biens où notre cœur aspire,
D'un quiproquo se plait à nous payer.
Ce sont ses jeux : j'en parle à juste cause;
Il m'en souvient ainsi qu'au premier jour.
Chloris et moi nous nous aimions d'amour :
Au bout d'un an, la belle se dispose
A me donner quelque soulagement,
Foible et léger, à parler franchement;
C'étoit son but : mais, quoi qu'on se propose,
L'occasion et le discret amant
Sont à la fin les maîtres de la chose.
Je vais un soir chez cet objet charmant :
L'époux étoit aux champs heureusement;
Mais il revint, la nuit à peine close.
Point de Chloris. Le dédommagement
Fut que le sort en sa place suppose
Une soubrette, à mon commandement :

---

1. Cette nouvelle est tirée de l'*Heptameron*, nouvelle VIII, p. 22, ou des *Cent Nouvelles nouvelles*, nouv. IX. La même donnée se retrouve à peu près dans un vieux fabliau, le *Meunier d'Aleus*.

Elle paya cette fois pour la dame.
Disons un troc où réciproquement
Pour la soubrette on employa la femme.
De pareils traits tous les livres sont pleins :
Bien est-il vrai qu'il faut d'habiles mains
Pour amener chose ainsi surprenante :
Il est besoin d'en bien fonder le cas,
Sans rien forcer et sans qu'on violente
Un incident qui ne s'attendoit pas.
L'aveugle enfant, joueur de passe-passe [1],
Et qui voit clair à tendre maint panneau,
Fait de ces tours : celui-là du berceau
Lève la paille [2] à l'égard du Boccace ;
Car quant à moi, ma main pleine d'audace
En mille endroits a peut-être gâté
Ce que la sienne a bien exécuté.
Or, il est temps de finir ma préface,
Et de prouver par quelque noūveau tour
Les quiproquos de Fortune et d'Amour.

On ne peut mieux établir cette chose
Que par un fait à Marseille arrivé :
Tout en est vrai, rien n'en est controuvé.
Là Clidamant, que par respect je n'ose
Sous son nom propre introduire en ces vers,
Vivoit heureux, se pouvoit dire en femme
Mieux que pas un qui fût en l'univers.
L'honnêteté, la vertu de la dame,
Sa gentillesse, et même sa beauté,
Devoient tenir Clidamant arrêté.
Il ne le fut. Le diable est bien habile,
Si c'est adresse et tour d'habileté

---

1. Cupidon.
2. Est décisif, l'emporte sur les autres, expression proverbiale.

Que de nous tendre un piége aussi facile
Qu'est le désir d'un peu de nouveauté.
Près de la dame étoit une personne,
Une suivante ainsi qu'elle mignonne,
De même taille et de pareil maintien,
Gente de corps; il ne lui manquoit rien
De ce qui plaît aux chercheurs d'aventures.
La dame avoit un peu plus d'agrément;
Mais sous le masque on n'eût su bonnement
Laquelle élire entre ces créatures.
Le Marseillois, Provençal un peu chaud,
Ne manque pas d'attaquer au plus tôt
Madame Alix; c'étoit cette soubrette.
Madame Alix, encor qu'un peu coquette,
Renvoyoit l'homme. Enfin il lui promet
Cent beaux écus bien comptés, clair et net.
Payer ainsi des marques de tendresse
D'une suivante, étoit, vu le pays,
Selon mon sens, un fort honnête prix.
Sur ce pied-là, qu'eût coûté la maîtresse?
Peut-être moins; car le hasard y fait.
Mais je me trompe; et la dame étoit telle,
Que tout amant et tant fût-il parfait,
Auroit perdu son latin auprès d'elle :
Ni dons, ni soins, rien n'auroit réussi.
Devrois-je y faire entrer les dons aussi?
Las! ce n'est plus le siècle de nos pères :
Amour vend tout, et nymphes et bergères :
Il met le taux à maint objet charmant :
C'étoit un dieu; ce n'est plus qu'un marchand.
O temps! ô mœurs! ô coutume perverse!
Alix d'abord rejette un tel commerce;
Fait l'irritée; et puis s'apaise enfin,
Change de ton; dit que le lendemain,
Comme madame avoit dessein de prendre

Certain remède, ils pourroient le matin
Tout à loisir dans la cave se rendre.
Ainsi fut dit, ainsi fut arrêté ;
Et la soubrette ayant le tout conté
A sa maîtresse, aussitôt les femelles
D'un quiproquo font le projet entre elles.
Le pauvre époux n'y reconnoîtroit rien ;
Tant la suivante avoit l'air de la dame :
Puis, supposé qu'il reconnût la femme,
Qu'en pouvoit-il arriver, que tout bien ?
Elle auroit lieu de lui chanter sa gamme [1].

Le lendemain, par hasard, Clidamant,
Qui ne pouvoit se contenir de joie,
Trouve un ami, lui dit étourdiment
Le bien qu'amour à ses désirs envoie.
Quelle faveur ! Non qu'il n'eût bien voulu
Que le marché pour moins se fût conclu ;
Les cent écus lui faisoient quelque peine.
L'ami lui dit : « Eh bien ! soyons chacun
Et du plaisir et des frais en commun. »
L'époux n'ayant alors sa bourse pleine,
Cinquante écus à sauver étoient bons :
D'autre côté, communiquer la belle,
Quelle apparence ? y consentiroit-elle ?
S'aller ainsi livrer à deux Gascons !
Se tairoient-ils d'une telle fortune ?
Et devoit-on la leur rendre commune ?
L'ami leva cette difficulté,
Représentant que, dans l'obscurité,
Alix seroit fort aisément trompée.
Une plus fine y seroit attrapée :
Il suffiroit que tous deux, tour à tour,

---

1. La gronder, le quereller, expression proverbiale.

Sans dire mot, ils entrassent en lice,
Se remettant du surplus à l'Amour,
Qui volontiers aideroit l'artifice.
Un tel silence en rien ne leur nuiroit;
Madame Alix, sans manquer, le prendroit
Pour un effet de crainte et de prudence :
Les murs ayant des oreilles, dit-on,
Le mieux étoit de se taire; à quoi bon
D'un tel secret leur faire confidence?

Les deux galants, ayant de la façon
Réglé la chose, et disposés à prendre
Tout le plaisir qu'Amour leur promettoit,
Chez le mari d'abord ils se vont rendre.
Là, dans le lit l'épouse encore étoit.
L'époux trouva près d'elle la soubrette,
Sans nuls atours qu'une simple cornette,
Bref, en état de ne lui point manquer.
Même un clin d'œil qu'il put bien remarquer
L'en assura. Les amis disputèrent
Touchant le pas, et longtemps contestèrent.
L'époux ne fit l'honneur de la maison,
Tel compliment n'étant là de saison.
A trois beaux dés, pour le mieux, ils réglèrent
Le précurseur, ainsi que de raison.
Ce fut l'ami. L'un et l'autre s'enferme
Dans cette cave, attendant de pied ferme
Madame Alix, qui ne vient nullement :
Trop bien la dame, en son lieu, s'en vint faire
Tout doucement le signal nécessaire.
On ouvre, on entre; et sans retardement,
Sans lui donner le temps de reconnoître
Ceci, cela, l'erreur, le changement,
La différence enfin qui pouvoit être
Entre l'époux et son associé,

Avant qu'il pût aucun change paroître,
Au dieu d'Amour il fut sacrifié.
L'heureux ami n'eut pas toute la joie
Qu'il auroit eue en connoissant sa proie.
La dame avoit un peu plus de beauté,
Outre qu'il faut compter la qualité.
A peine fut cette scène achevée,
Que l'autre acteur, par sa prompte arrivée,
Jette la dame en quelque étonnement;
Car, comme époux, comme Clidamant même,
Il ne montroit toujours si fréquemment
De cette ardeur l'emportement extrême.
On imputa cet excès de fureur
A la soubrette, et la dame en son cœur
Se proposa d'en dire sa pensée.
La fête étant de la sorte passée,
Du noir séjour ils n'eurent qu'à sortir.
L'associé des frais et du plaisir
S'en court en haut en certain vestibule :
Mais quand l'époux vit sa femme monter,
Et qu'elle eut vu l'ami se présenter,
On peut juger quel soupçon, quel scrupule,
Quelle surprise, eurent les pauvres gens;
Ni l'un ni l'autre, ils n'avoient eu le temps
De composer leur mine et leur visage.
L'époux vit bien qu'il falloit être sage;
Mais sa moitié pensa tout découvrir.
J'en suis surpris; la plus sotte à mentir
Est très-habile, et sait cette science :
Aucuns ont dit qu'Alix fit conscience
De n'avoir pas mieux gagné son argent,
Plaignant l'époux, et le dédommageant,
Et voulant bien mettre tout sur son compte :
Tout cela n'est que pour rendre le conte
Un peu meilleur. J'ai vu les gens mouvoir

Deux questions : l'une, c'est à savoir
Si l'époux fut du nombre des confrères,
A mon avis n'a point de fondement,
Puisque la dame et l'ami nullement
Ne prétendoient vaquer à ces mystères.
L'autre point est touchant le talion ;
Et l'on demande en cette occasion
Si, pour user d'une juste vengeance,
Prétendre erreur et cause d'ignorance
A cette dame auroit été permis,
Bien que ce soit assez là mon avis,
La dame fut toujours inconsolable.

Dieu gard' de mal celles qu'en cas semblable
Il ne faudroit nullement consoler !
J'en connois bien qui n'en feroient que rire :
De celles-là je n'ose plus parler,
Et je ne vois rien des autres à dire.

IX

PHILÉMON ET BAUCIS

SUJET TIRÉ DES MÉTAMORPHOSES D'OVIDE

A MONSEIGNEUR LE DUC DE VENDOME

Ni l'or ni la grandeur ne nous rendent heureux.
Ces deux divinités n'accordent à nos vœux
Que des biens peu certains, qu'un plaisir peu tranquille;
Des soucis dévorants c'est l'éternel asile ;
Véritables Vautours, que le fils de Japet
Représente, enchaîné sur son triste sommet.
L'humble toit est exempt d'un tribut si funeste.
Le sage y vit en paix, et méprise le reste :
Content de ses douceurs, errant parmi les bois,
Il regarde à ses pieds les favoris des rois ;
Il lut au front de ceux qu'un vain luxe environne
Que la Fortune vend ce qu'on croit qu'elle donne.
Approche-t-il du but, quitte-t-il ce séjour ;
Rien ne trouble sa fin : c'est le soir d'un beau jour.

Philémon et Baucis nous en offrent l'exemple :
Tous deux virent changer leur cabane en un temple.

Hyménée et l'Amour, par des desirs constants,
Avaient uni leurs cœurs dès leur plus doux printemps :
Ni le temps ni l'hymen n'éteignirent leur flamme ;
Clothon prenait plaisir à filer cette trame.
Ils surent cultiver, sans se voir assistés,
Leur enclos et leur champ par deux fois vingt étés.
Eux seuls ils composaient toute leur république :
Heureux de ne devoir à pas un domestique
Le plaisir ou le gré des soins qu'ils se rendoient !
Tout vieillit : sur leur front les rides s'étendoient ;
L'amitié modéra leurs feux sans les détruire,
Et par des traits d'amour sut encore se produire.

Ils habitoient un bourg plein des gens dont le cœur
Joignoit aux duretés un sentiment moqueur.
Jupiter résolut d'abolir cette engeance.
Il part avec son fils, le dieu de l'éloquence ;
Tous deux en pèlerins vont visiter ces lieux.
Mille logis y sont, un seul ne s'ouvre aux dieux.
Prêts enfin à quitter un séjour si profane,
Ils virent à l'écart une étroite cabane,
Demeure hospitalière, humble et chaste maison.
Mercure frappe : on ouvre. Aussitôt Philémon
Vient au-devant des dieux, et leur tient ce langage :
Vous me semblez tous deux fatigués du voyage,
Reposez-vous. Usez du peu que nous avons ;
L'aide des dieux a fait que nous le conservons ;
Usez-en. Saluez ces pénates d'argile :
Jamais le ciel ne fût aux humains si facile,
Que quand Jupiter même était de simple bois ;
Depuis qu'on l'a fait d'or, il est sourd à nos voix.
Baucis, ne tardez point : faites tiédir cette onde ;
Encor que le pouvoir au desir ne réponde,

Nos hôtes agréeront les soins qui leur sont dus.
Quelques restes de feu sous la cendre épandus.
D'un souffle haletant par Baucis s'allumèrent :
L'onde tiède, on lava les pieds des voyageurs.
Philémon les pria d'excuser ces longueurs :
Et pour tromper l'ennui d'une attente importune,
Il entretint les dieux, non point sur la fortune,
Sur ses jeux ; sur la pompe et la grandeur des rois ;
Mais sur ce que les champs, les vergers, et les bois
Ont de plus innocent, de plus doux, de plus rare.
Cependant par Baucis le festin se prépare.
La table où l'on servit le champêtre repas
Fut d'ais non façonnés à l'aide du compas :
Encore assure-t-on, si l'histoire en est crue,
Qu'en un de ses supports le temps l'avoit rompue.
Baucis en égala les appuis chancelants
Du débris d'un vieux vase, autre injure des ans.
Un tapis tout usé couvrit deux escabelles.
Il ne servoit pourtant qu'aux fêtes solennelles.
Le linge orné des fleurs fut couvert pour tout mets,
D'un peu de lait, de fruits, et des dons de Cérès.

Les divins voyageurs, altérés de leur course,
Mêloient au vin grossier le cristal d'une source.
Plus le vase versoit, moins il s'alloit vidant.
Philémon reconnut ce miracle évident ;
Baucis n'en fit pas moins ; tous deux s'agenouillèrent ;
A ce signe d'abord leurs yeux se dessillèrent.
Jupiter leur parut avec ces noirs sourcils
Qui font trembler les cieux sur leurs pôles assis.
Grand dieu ! dit Philémon, excusez notre faute :
Quels humains auroient cru recevoir un tel hôte ?
Ces mets, nous l'avouons, sont peu délicieux :
Mais, quand nous serions rois, que donner à des dieux ?

C'est le cœur qui fait tout : que la terre et que l'onde
Apprêtent un repas pour les maîtres du monde,
Ils lui préféreront les seuls présents du cœur.
Baucis sort à ces mots pour réparer l'erreur.
Dans le verger couroit une perdrix privée,
Et par des tendres soins dès l'enfance élevée ;
Elle en veut faire un mets, et la poursuit en vain :
La volatille échappe à sa tremblante main ;
Entre les pieds de dieux elle cherche un asile.
Ce recours à l'oiseau ne fut pas inutile :
Jupiter intercède. Et déja les vallons
Voyoient l'ombre en croissant tomber du haut des monts.

Les dieux sortent enfin, et font sortir leurs hôtes.
De ce bourg, dit Jupiter, je veux punir les fautes:
Suivez-nous. Toi, Mercure, appelle les vapeurs.
O gens durs! vous n'ouvrez vos logs ni vos cœurs!
Il dit : et les autans troublent déja la plaine.
Nos deux époux suivoient, ne marchant qu'avec peine;
Un appui de roseau soulageoit leurs vieux ans:
Moitié secours des dieux, moitié peur, se hâtants,
Sur un mont assez proche enfin ils arrivèrent.
A leurs pieds aussitôt cent nuages crevèrent.
Des ministres du dieu les escadrons flottants
Entraînèrent, sans choix, animaux, habitants,
Arbres, maisons, vergers, toute cette demeure;
Sans vestiges du bourg, tout disparut sur l'heure.
Les vieillards déploroient ces sévères destins.
Les animaux périr! car encor les humains,
Tous avoient dû tomber sous les célestes armes :
Baucis en répandit en secret quelques larmes.

Cependant l'humble toit devient temple, et ses murs
Changent leur frêle enduit aux marbres les plus durs.

De pilastres massifs les cloisons revêtues
En moins de deux instants s'élèvent jusqu'aux nues ;
Le chaume devient or, tout brille en ce pourpris.
Tous ces évènements sont peints sur le lambris.
Loin, bien loin les tableaux de Zeuxis et d'Apelle !
Ceux-ci furent tracés d'une main immortelle.
Nos deux époux, surpris, étonnés, confondus,
Se crurent, par miracle, en l'Olympe rendus.
Vous comblez, dirent-ils, vos moindres créatures :
Aurions-nous bien le cœur et les mains assez pures
Pour présider ici sur les honneurs divins,
Et prêtres vous offrir les vœux des pélerins !
Jupiter exauça leur prière innocente.
Hélas ! dit Philémon, si votre main puissante
Vouloit favoriser jusqu'au bout deux mortels,
Ensemble nous mourrions en servant vos autels.
Clothon feroit d'un coup ce double sacrifice ;
D'autres mains nous rendroient un vain et triste office
Je ne pleurerois point celle-ci, ni ses yeux
Ne troubleroient non plus de leurs larmes ces lieux.
Jupiter à ce vœu fut encor favorable.
Mais oserai-je dire un fait presque incroyable ?
Un jour qu'assis tous deux dans le sacré parvis
Ils contoient cette histoire aux pélerins ravis.
La troupe à l'entour d'eux debout prêtoit l'oreille ;
Philémon leur disoit : Ce lieu plein de merveille
N'a pas toujours servi de temple aux immortels :
Un bourg étoit autour, ennemi des autels,
Gens barbares, gens durs, habitacle d'impies ;
Du céleste courroux tous furent les hosties.
Il ne resta que nous d'un si triste débris ;
Vous en verrez tantôt la suite en nos lambris ;
Jupiter l'y peignit. En contant ces annales,
Philémon regardoit Baucis par intervalles ;

Elle devenoit arbre et lui tendoit les bras ;
Il veut lui tendre aussi les siens, et ne peut pas.
Il veut parler, l'écorce a sa langue pressée.
L'un et l'autre se dit adieu de la pensée :
Le corps n'est tantôt plus que feuillage et que bois.
D'étonnement la troupe, ainsi qu'eux, perd la voix.
Même instant, même sort à leur fin les entraîne ;
Baucis devient tilleul, Philémon devient chêne.
On les va voir encore, afin de mériter
Les douceurs qu'en hymen Amour leur fit goûter.
Ils courbent sous le poids des offrandes sans nombre.
Pour peu que des époux séjournent sous leur ombre,
Ils s'aiment jusqu'au bout, malgré l'effort des ans.
Ah ! si... Mais autre part j'ai porté mes présents.
Célébrons seulement cette métamorphose.
De fidèles témoins m'ayant conté la chose,
Clio me conseilla de l'étendre en ces vers,
Qui pourront quelque jour l'apprendre à l'univers.
Quelque jour on verra chez les races futures,
Sous l'appui d'un grand nom passer ces aventures.
Vendôme, consentez au lôs que j'en attends ;
Faites-moi triompher de l'Envie et du Temps ;
Enchaînez ces démons, que sur nous ils n'attentent,
Ennemis des héros et de ceux qui les chantent.
Je voudrois pouvoir dire en un style assez haut
Qu'ayant mille vertus vous n'avez nul défaut.
Toutes les célébrer seroit œuvre infinie ;
L'entreprise demande un plus vaste génie :
Car quel mérite enfin ne vous fait estimer ?
Sans parler de celui qui force à vous aimer.
Vous joignez à ces dons l'amour des beaux ouvrages ;
Vous y joignez un goût plus sûr que nos suffrages ;
Don du ciel, qui peut seul tenir lieu des présents
Que nous font à regret le travail et les ans.

Peu de gens élevés, peu d'autres encor même,
Font voir par ces faveurs que Jupiter les aime.
Si quelque enfant des dieux les possède, c'est vous;
Je l'ose dans ces vers soutenir devant tous.
Clio, sur son giron, à l'exemple d'Homère,
Vient de les retoucher, attentive à vous plaire :
On dit qu'elle et ses sœurs, par l'ordre d'Apollon,
Transportent dans Anet tout le sacré vallon :
Je le crois. Puissions-nous chanter sous les ombrages
Des arbres dont ce lieu va border ses rivages !
Puissent-ils tout d'un coup élever leurs sourcils
Comme on vit autrefois Philémon et Baucis !

X

LES FILLES DE MINÉE

SUJET TIRÉ DES MÉTAMORPHOSES D'OVIDE

Je chante dans ces vers les filles de Minée,
Troupe aux arts de Pallas dès l'enfance adonnée,
Et de qui le travail fit entrer en courroux
Bacchus, à juste droit de ses honneurs jaloux.
Tout dieu veut aux humains se faire reconnoître :
On ne voit point les champs répondre aux soins du maître,
Si dans les jours sacrés, autour de ses guérets,
Il ne marche en triomphe à l'honneur de Cérès.
La Grèce était en jeux pour le fils de Sémèle :
Seules on vit trois sœurs condamner ce saint zèle :
Alcithoé l'aînée, ayant pris ses fuseaux,
Dit aux autres : Quoi donc ! toujours des dieux nouveaux !
L'Olympe ne peut plus contenir tant de têtes,
Ni l'an fournir de jours assez pour tant de fêtes.
Je ne dis rien des vœux dus aux travaux divers
De ce dieu qui purgea de monstres l'univers :
Mais à quoi sert Bacchus, qu'à causer des querelles,
Affoiblir les plus sains, enlaidir les plus belles,
Souvent mener au Styx par de tristes chemins ?
Et nous irons chômer la peste des humains !
Pour moi, j'ai résolu de poursuivre ma tâche.
Se donne, qui voudra, ce jour-là du relâche ;
Ces mains n'en prendront point. Je suis encor d'avis
Que nous rendions le temps moins long par des récits :
Toutes trois, tour-à-tour, racontons quelque histoire.

Je pourrois retrouver sans peine en ma mémoire
Du monarque des dieux les divers changements ;
Mais, comme chacun sait tous ces évènements,
Disons ce que l'Amour inspire à nos pareilles :
Non toutefois qu'il faille, en contant ses merveilles,
Accoutumer nos cœurs à goûter son poison ;
Car, ainsi que Bacchus, il trouble la raison.
Récitons-nous les maux que ses biens nous attirent.
Alcithoé se tut, et ses sœurs applaudirent.
Après quelques moments, haussant un peu la voix :

Dans Thèbes, reprit-elle, on compte qu'autrefois
Deux jeunes cœurs s'aimoient d'une égale tendresse :
Pyrame, c'est l'amant, eut Thisbé pour maîtresse.
Jamais couple ne fut si bien assorti qu'eux :
L'un bien fait, l'autre belle, agréable tous deux,
Tous deux dignes de plaire, ils s'aimèrent sans peine ;
D'autant plus tôt épris, qu'une invincible haine
Divisant leurs parents ces deux amants unit,
Et concourut aux traits dont l'Amour se servit.
Le hasard, non le choix, avoit rendu voisines,
Leurs maisons, où régnoient ces guerres intestines :
Ce fut un avantage à leurs desirs naissants.
Le cours en commença par des jeux innocents :
La première étincelle eut embrasé leur ame,
Qu'ils ignoroient encor ce que c'étoit que flamme.
Chacun favorisoit leurs transports mutuels ;
Mais c'étoit à l'insu de leurs parents cruels.
La défense est un charme : on dit qu'elle assaisonne
Les plaisirs, et sur-tout ceux que l'Amour nous donne.
D'un des logis à l'autre, elle instruisit du moins
Nos amants à se dire avec signes leurs soins.
Ce léger réconfort ne les put satisfaire ;
Il fallut recourir à quelque autre mystère.

Un vieux mur entr'ouvert séparoit leurs maisons;
Le temps avoit miné ses antiques cloisons :
Là souvent de leurs maux ils déploroient la cause;
Les paroles passoient, mais c'étoit peu de chose.
Se plaignant d'un tel sort, Pyrame dit un jour :
Chère Thisbé, le ciel veut qu'on s'aide en amour;
Nous avons à nous voir une peine infinie ;
Fuyons de nos parents l'injuste tyrannie :
J'en ai d'autres en Grèce; ils se tiendront heureux
Que vous daigniez chercher un asile chez eux;
Leur amitié, leur bien, leur pouvoir, tout m'invite
A prendre le parti dont je vous sollicite.
C'est votre seul repos qui me le fait choisir;
Car je n'ose parler, hélas! de mon desir.
Faut-il à votre gloire en faire un sacrifice?
De crainte des vains bruits faut-il que je languisse?
Ordonnez : j'y consens; tout me semblera doux;
Je vous aime, Thisbé, moins pour moi que pour vous.
J'en pourrois dire autant, lui repartit l'amante :
Votre amour étant pure, encor que véhémente,
Je vous suivrait par-tout; notre commun repos
Me doit mettre au-dessus de tous les vains propos :
Tant que de ma vertu je serai satisfaite,
Je rirai des discours d'une langue indiscrète,
Et m'abondonnerai sans crainte à votre ardeur,
Contente que je suis des soins de ma pudeur.
Jugez ce que sentit Pyrame à ces paroles :
Je n'en fais point ici de peintures frivoles :
Suppléez au peu d'art que le ciel mit en moi;
Vous-mêmes peignez-vous cet amant hors de soi.
Demain, dit-il, il faut sortir avant l'aurore;
N'attendez point les traits que son char fait éclore.
Trouvez-vous aux degrés du terme de Cérès;
Là, nous nous attendrons : le rivage est tout près,

Une barque est au bord; les rameurs, le vent même,
Tout pour notre départ montre une hâte extrême;
L'augure en est heureux, notre sort va changer;
Et les dieux sont pour nous, si je sais bien juger.
Thisbé consent à tout : elle en donne pour gage
Deux baisers, par le mur arrêtés au passage.
Heureux mur! tu devois servir mieux leur desir;
Ils n'obtinrent de toi qu'une ombre de plaisir.
Le lendemain Thisbé sort, et prévient Pyrame;
L'impatience, hélas! maîtresse de son ame,
La fait arriver seule et sans guide aux degrés.
L'ombre et le jour luttoient dans les champs azurés.
Une lionne vient, monstre imprimant la crainte;
D'un carnage récent sa gueule est toute teinte.
Thisbé fuit; et son voile, emporté par les airs,
Source d'un sort cruel, tombe dans ces déserts.
La lionne le voit, le souille, le déchire;
Et, l'ayant teint de sang, aux forêts se retire.
Thisbé s'étoit cachée en un buisson épais.
Pyrame arrive, et voit ces vestiges tout frais.
O dieux! que devient-il? Un froid court dans ses veines.
Il aperçoit le voile étendu dans ces plaines,
Il le lève; et le sang, joint aux traces des pas,
L'empêche de douter d'un funeste trépas.
Thisbé! s'écria-t-il, Thisbé, je t'ai perdue!
Te voilà, par ma faute, aux enfers descendue!
Je l'ai voulu; c'est moi qui suis le monstre affreux
Par qui tu t'en vas voir le séjour ténébreux :
Attends-moi, je te vais rejoindre aux rives sombres.
Mais m'oserai-je à toi présenter chez les ombres?
Jouis au moins du sang que je te vais offrir,
Malheureux de n'avoir qu'une mort à souffrir.
Il dit, et d'un poignard coupe aussitôt sa trame.
Thisbé vient; Thisbé voit tomber son cher Pyrame.

Que devient-elle aussi ? Tout lui manque à-la-fois,
Les sens et les esprits, aussi bien que la voix.
Elle revient enfin ; Cothon, pour l'amour d'elle,
Laisse à Pyrame ouvrir sa mourante prunelle.
Il ne regarde point la lumière des cieux ;
Sur Thisbé seulement il tourne encor les yeux.
Il voudroit lui parler ; sa langue est retenue :
Il témoigne mourir content de l'avoir vue.
Thisbé prend le poignard ; et découvrant son sein ?
Je n'accuserai point, dit-elle, ton dessein,
Bien moins encor l'erreur de ton ame alarmée :
Ce seroit t'accuser de m'avoir trop aimée.
Je ne t'aime pas moins : tu vas voir que mon cœur
N'a, non plus que le tien, mérité son malheur.
Cher amant ! reçois donc ce triste sacrifice.
Sa main et le poignard font alors leur office ;
Elle tombe, et, tombant, range ses vêtements :
Dernier trait de pudeur même aux derniers moments.
Les nymphes d'alentour lui donnèrent des larmes,
Et du sang des amants teignirent par des charmes
Le fruit d'un mûrier proche, et blanc jusqu'à ce jour,
Éternel monument d'un si parfait amour.
Cette histoire attendrit les filles de Minée.
L'une accusoit l'amant, l'autre la destinée ;
Et toutes, d'une voix, conclurent que nos cœurs
De cette passion devroient être vainqueurs.
Elle meurt quelquefois avant qu'être contente :
L'est-elle, elle devient aussitôt languissante :
Sans l'hymen on n'en doit recueillir aucun fruit ;
Et cependant l'hymen est ce qui la détruit.
Il y joint, dit Clymène, une âpre jalousie,
Poison le plus cruel dont l'ame soit saisie :
Je n'en veux pour témoin que l'erreur de Procris.
Alcithoé ma sœur, attachant vos esprits,

Des tragiques amours vous a conté l'élite :
Celles que je vais dire ont aussi leur mérite.
J'accourcirai le temps, ainsi qu'elle, à mon tour.
Peu s'en faut que Phébus ne partage le jour ;
A ses rayons perçans opposons quelques voiles :
Voyons combien nos mains ont avancé nos toiles.
Je veux que, sur la mienne, avant que d'être au soir,
Un progrès tout nouveau se fasse apercevoir.
Cependant donnez-moi quelque heure de silence ;
Ne vous rebutez point de mon peu d'éloquence ;
Souffrez-en les défauts, et songez seulement
Au fruit qu'on peut tirer de cet événement.

Céphale aimoit Procris ; il étoit aimé d'elle :
Chacun se proposoit leur hymen pour modèle.
Ce qu'amour fait sentir de piquant et de doux
Combloit abondamment les vœux de ces époux.
Ils ne s'aimoient que trop ! leurs soins et leur tendresse
Approchoient des transports d'amant et de maîtresse.
Le ciel même envia cette félicité :
Céphale eut à combattre une divinité.
Il étoit jeune et beau ; l'Aurore en fut charmée,
N'étant pas à ces biens chez elle accoutumée.
Nos belles cacheroient un pareil sentiment :
Chez les divinités on en use autrement.
Celle-ci déclara son amour à Céphale.
Il eut beau lui parler de la foi conjugale :
Les jeunes déités qui n'ont qu'un vieil époux
Ne se soumettent point à ces lois comme nous :
La déesse enleva ce héros si fidèle.
De modérer ses feux il pria l'immortelle :
Elle le fit ; l'amour devint simple amitié.
Retournez, dit l'Aurore, avec votre moitié ;
Je ne troublerai plus votre ardeur ni la sienne :

Recevez seulement ces marques de la mienne.
(C'étoit un javelot toujours sûr de ses coups.)
Un jour cette Procris qui ne vit que pour vous
Fera le désespoir de votre ame charmée,
Et vous aurez regret de l'avoir tant aimée.

Tout oracle est douteux, et porte un double sens :
Celui-ci mit d'abord notre époux en suspens.
J'aurai regret aux vœux que j'ai formés pour elle !
Et comment ? n'est-ce point qu'elle m'est infidèle ?
Ah ! finissent mes jours plutôt que de le voir !
Éprouvons toutefois ce que peut son devoir.
Des mages aussitôt consultant la science,
D'un feint adolescent il prend la ressemblance,
S'en va trouver Procris, élève jusqu'aux cieux
Ses beautés, qu'il soutient être dignes des dieux ;
Joint les pleurs aux soupirs, comme un amant sait faire,
Et ne peut s'éclaircir par cet art ordinaire.
Il fallut recourir à ce qui porte coup,
Aux présents : il offrit, donna, promit beaucoup,
Promit tant, que Procris lui parut incertaine,
Toute chose a son prix. Voilà Céphale en peine :
Il renonce aux cités, s'en va dans les forêts ;
Conte aux vents, conte aux bois, ses déplaisirs secrets ;
S'imagine en chassant dissiper son martyre.
C'étoit pendant ces mois où le chaud qu'on respire
Oblige d'implorer l'haleine des zéphyrs.
Doux vents, s'écrioit-il, prêtez-moi des soupyrs !
Venez, légers démons par qui nos champs fleurissent ;
Aure, fais-les venir, je sais qu'ils t'obéissent :
Ton emploi dans ces lieux est de tout ranimer !
On l'entendit : on crut qu'il venoit de nommer
Quelque objet de ses vœux, autre que son épouse.
Elle en est avertie ; et la voilà jalouse.

Maint voisin charitable entretient ses ennuis.
Je ne le puis plus voir, dit-elle, que les nuits;
Il aime donc cette Aure, et me quitte pour elle? —
Nous vous plaignons : il l'aime, et sans cesse il l'appelle :
Les échos de ces lieux n'ont plus d'autres emplois
Que celui d'enseigner le nom d'Aure à nos bois;
Dans tous les environs le nom d'Aure résonne.
Profitez d'un avis qu'en passant on vous donne :
L'intérêt qu'on y prend est de vous obliger. —
Elle en profite, hélas ! et ne fait qu'y songer.
Les amants sont toujours de légère croyance :
S'ils pouvoient conserver un rayon de prudence,
(Je demande un grand point, la prudence en amour !)
Ils seroient aux rapports insensibles et sourds.
Notre épouse ne fut l'une ni l'autre chose.
Elle se lève un jour; et lorsque tout repose,
Que de l'Aube au teint frais la charmante douceur
Force tout au sommeil, hormis quelque chasseur,
Elle cherche Céphale : un bois l'offre à sa vue.
Il invoquoit déjà cette Aure prétendue :
Viens me voir, disoit-il, chère déesse, accours;
Je n'en puis plus, je meurs; fais que par ton secours
La peine que je sens se trouve soulagée.
L'épouse se prétend par ces mots outragée :
Elle croit y trouver, non le sens qu'ils cachoient,
Mais celui seulement que ses soupçons cherchoient
O triste jalousie! ô passion amère!
Fille d'un fol amour, que l'erreur a pour mère !
Ce qu'on voit par tes yeux cause assez d'embarras,
Sans avoir encor par eux ce que l'on ne voit pas !
Procris s'étoit cachée en la même retraite
Qu'un faon de biche avoit pour demeure secrète.
Il en sort; et le bruit trompe aussitôt l'époux.
Céphale prend le dard toujours sûr de ses coups,

Le lance en cet endroit, et perce sa jalouse :
Malheureux assassin d'une si chère épouse!
Un cri lui fait d'abord soupçonner quelque erreur :
Il accourt, voit sa faute ; et, tout plein de fureur,
Du même javelot il veut s'ôter la vie.
L'Aurore et les Destins arrêtent cette envie.
Cet office lui fut plus cruel qu'indulgent :
L'infortuné mari, sans cesse s'affligeant,
Eût accru par ses pleurs le nombre des fontaines,
Si la déesse enfin, pour terminer ses peines,
N'eût obtenu du Sort que l'on tranchât ses jours :
Triste fin d'un hymen bien divers en son cours!

Fuyons ce nœud, mes sœurs, je ne puis trop le dire
Jugez par le meilleur quel peut être le pire,
S'il ne nous est permis d'aimer que sous ses lois,
N'aimons point. Ce dessein fut pris par toutes trois :
Toutes trois, pour chasser de si tristes pensées,
A revoir leur travail se montrent empressées.
Clymène, en un tissu riche, pénible, et grand,
Avoit presque achevé le fameux différent.
D'entre le dieu des eaux et Pallas la savante.
On voyoit en lointain une ville naissante.
L'honneur de la nommer, entre eux deux contesté,
Dépendoit du présent de chaque déité.
Neptune fit le sien d'un symbole de guerre :
Un coup de son trident fit sortir de la terre
Un animal fougueux, un coursier plein d'ardeur.
Chacun de ce présent admiroit la grandeur.
Minerve l'effaça, donnant à la contrée
L'olivier, qui de paix est la marque assurée.
Elle emporta le prix, et nomma la cité :
Athène offrit ses vœux à cette déité.
Pour les lui présenter on choisit cent pucelles,

Toutes sachant broder, aussi sages que belles,
Les premières portoient force présents divers ;
Tout le reste entouroit la déesse aux yeux pers.
Avec un doux souris elle acceptoit l'hommage.
Clymène ayant enfin reployé son ouvrage,
La jeune Iris commence en ces mots son récit :

Rarement pour les pleurs mon talent réussit ;
Je suivrai toutefois la manière imposée.
Télamon pour Chloris avoit l'ame embrasée :
Chloris pour Télamon brûloit de son côté.
La naissance, l'esprit, les graces, la beauté,
Tout se trouvoit en eux, hormis ce que les hommes
Font marcher avant tout dans le siècle où nous sommes
Ce sont les biens, c'est l'or, mérite universel.
Ces amants, quoique épris d'un désir mutuel,
N'osoient au blond Hymen sacrifier encore,
Faute de ce métal que tout le monde adore.
Amour s'en passeroit ; l'autre état ne le peut :
Soit raison, soit abus, le Sort ainsi le veut.
Cette loi, qui corrompt les douceurs de la vie
Fut par le jeune amant d'une autre erreur suivie.
Le démon des combats vint troubler l'univers :
Un pays contesté par des peuples divers
Engagea Télamon dans un dur exercice ;
Il quitta pour un temps l'amoureuse milice.
Chloris y consentit, mais non pas sans douleur.
Il voulut mériter son estime et son cœur.
Pendant que ses exploits terminent la querelle,
Un parent de Chloris meurt, et laisse à la belle
D'amples possessions et d'immenses trésors
Il habitoit les lieux où Mars régnoit alors.
La belle s'y transporte ; et par-tout révérée,
Partout des deux partis Chloris considérée

Voit de ses propres yeux les champs où Télamon
Venoit de consacrer un trophée à son nom.
Lui de sa part accourt ; et, tout couvert de gloire,
Il offre à ses amours les fruits de sa victoire.
Leur rencontre se fit non loin de l'élément
Qui doit être évité de tout heureux amant.
Dès ce jour l'âge d'or les eût joints sans mystère ;
L'âge de fer en tout a coutume d'en faire.
Chloris ne voulut donc couronner tous ces biens
Qu'au sein de sa patrie, et de l'aveu des siens.
Tout chemin, hors la mer, alongeant leur souffrance,
Ils commettent aux flots cette douce espérance.
Zéphire les suivoit, quand, presque en arrivant,
Un pirate survient, prend le dessus du vent,
Les attaque, les bat. En vain, par sa vaillance,
Télamon, jusqu'au bout, porte la résistance :
Après un long combat, son parti fut défait,
Lui pris ; et ses efforts n'eurent pour tout effet
Qu'un esclavage indigne. O dieux ! qui l'eût pu croire ?
Le Sort, sans respecter ni son sang, ni sa gloire,
Ni son bonheur prochain, ni les vœux de Chloris,
Le fit être forçat aussitôt qu'il fut pris.

Le Destin ne fut pas à Chloris si contraire.
Un célèbre marchand l'achète du corsaire :
Il l'emmène ; et bientôt la belle, malgré soi,
Au milieu de ses fers range tout sous sa loi.
L'épouse du marchand la voit avec tendresse :
Ils en font leur compagne, et leur fils sa maîtresse.
Chacun veut cet hymen : Chloris à leurs desirs
Répondoit seulement par de profonds soupirs.
Damon, c'étoit ce fils, lui tient ce doux langage :
Vous soupirez toujours ; toujours votre visage
Baigné de pleurs nous marque un déplaisir secret :

Qu'avez-vous? vos beaux yeux verroient-ils à regret
Ce que peuvent leurs traits et l'excès de ma flamme?
Rien ne vous force ici; découvrez-nous votre ame :
Chloris, c'est moi qui suis l'esclave, et non pas vous.
Ces lieux, à votre gré, n'ont-ils rien d'assez doux?
Parlez; nous sommes prêts à changer de demeure :
Mes parents m'ont promis de partir tout-à-l'heure.
Regrettez-vous les biens que vous avez perdus?
Tout le nôtre est à vous; ne le dédaignez plus.
J'en sais qui l'agréeroient; jai su plaire à plus d'une :
Pour vous, vous méritez toute une autre fortune.
Quelle que soit la nôtre, usez-en : vous voyez
Ce que nous possédons et nous même à vos pieds.
Ainsi parle Damon; et Chloris tout en larmes
Lui répond en ces mots accompagnés de charmes :
Vos moindres qualités et cet heureux séjour
Même aux filles des dieux donneroient de l'amour;
Jugez donc si Chloris, esclave et malheureuse,
Voit l'offre de ces biens d'une ame dédaigneuse.
Je sais quel est leur prix : mais de les accepter,
Je ne puis; et voudrois vous pouvoir écouter.
Ce qui me le défend, ce n'est point l'esclavage :
Si toujours la naissance éleva son courage,
Je me vois, grâce aux dieux, en des mains où je puis
Garder ces sentiments, malgré tous mes ennuis;
Je puis même avouer (hélas! faut-il le dire?)
Qu'un autre a sur mon cœur conservé son empire.
Je chéris un amant, ou mort, ou dans les fers;
Je prétends le chérir encor dans les enfers.
Pourriez-vous estimer le cœur d'une inconstante?
Je ne suis déjà plus aimable ni charmante;
Chloris n'a plus ces traits que l'on trouvoit si doux,
Et, doublement esclave, est indigne de vous.
Touché de ce discours, Damon prend congé d'elle.

Fuyons, dit-il en soi; j'oublierai cette belle :
Tout passe, et même un jour ses larmes passeront;
Voyons ce que l'absence et le temps produiront.
A ces mots il s'embarque; et, quittant le rivage,
Il court de mer en mer, aborde en lieu sauvage,
Trouve des malheureux de leurs fers échappés,
Et sur le bord d'un bois à chasser occupés.
Télamon de ce nombre, avoit brisé sa chaîne :
Aux regards de Damon il se présente à peine,
Que son air, sa fierté, son esprit, tout enfin
Fait qu'à l'abord Damon admire son destin;
Puis le plaint, puis l'emmène et puis lui dit sa flamme.
D'une esclave, dit-il, je n'ai pu toucher l'ame :
Elle chérit un mort! Un mort, ce qui n'est plus,
L'emporte dans son cœur! mes vœux sont superflus.
Là-dessus, de Chloris il lui fait la peinture.
Télamon dans son ame admire l'aventure,
Dissimule, et se laisse emmener au séjour
Où Chloris lui conserve un si parfait amour.
Comme il vouloit cacher avec soin sa fortune,
Nulle peine pour lui n'étoit vile et commune.
On apprend leur retour et leur débarquement.
Chloris, se présentant à l'un et l'autre amant,
Reconnoît Télamon sous un faix qui l'accable.
Ses chagrins le rendoient pourtant méconnoissable;
Un œil indifférent à le voir eût erré :
Tant la peine et l'amour l'avoient défiguré!
Le fardeau qu'il portoit ne fut qu'un vain obstacle;
Chloris le reconnoît, et tombe à ce spectacle :
Elle perd tous ses sens et de honte et d'amour.
Télamon, d'autre part, tombe presque à son tour.
On demande à Chloris la cause de sa peine :
Elle la dit; ce fut sans s'attirer de haine.
Son récit ingénu redoubla la pitié

Dans des cœurs prévenus d'une juste amitié.
Damon dit que son zèle avoit changé de face :
On le crut. Cependant, quoi qu'on dise et qu'on fasse,
D'un triomphe si doux l'honneur et le plaisir
Ne se perd qu'en laissant des restes de desir.
On crut pourtant Damon. Il restreignit son zèle
A sceller de l'hymen une union si belle ;
Et par un sentiment à qui rien n'est égal
Il pria ses parents de doter son rival.
Il l'obtint, renonçant dès-lors à l'hyménée.
Le soir étant venu de l'heureuse journée,
Les noces se faisoient à l'ombre d'un ormeau ;
L'enfant d'un voisin vit s'y percher un corbeau ;
Il fait partir de l'arc une flèche maudite,
Perce les deux époux d'une atteinte subite.
Chloris mourut du coup, non sans que son amant
Attirât ses regards en ce dernier moment.
Il s'écrie, en voyant finir ses destinées :
Quoi ! la Parque a tranché le cours de ses années !
Dieux, qui l'avez voulu, ne suffisoit-il pas
Que la haine du Sort avançât mon trépas ?
En achevant ces mots, il acheva de vivre :
Son amour, non le coup, l'obligea de la suivre ;
Blessé légèrement, il passa chez les morts :
Le Styx vit nos époux accourir sur ses bords.
Même accident finit leurs précieuses trames ;
Même tombe eut leurs corps, même séjour leurs ames.
Quelques uns ont écrit (mais ce fait est peu sûr)
Que chacun d'eux devint statue et marbre dur.
Le couple infortuné face à face repose.
Je ne garantis point cette métamorphose :
On en doute. On le croit plus que vous ne pensez,
Dit Clymène ; et, cherchant dans les siècles passés
Quelque exemple d'amour et de vertu parfaite,

Tout ceci me fut dit par le sage interprète.
J'admirai, je plaignis ces amants malheureux :
On les alloit unir, tout concouroit pour eux :
Ils touchoient au moment ; l'attente en étoit sûre :
Hélas ! il n'en est point de telle en la nature ;
Sur le point de jouir tout s'enfuit de nos mains :
Les dieux se font un jeu de l'espoir des humains.

Laissons, reprit Iris, cette triste pensée.
La fête est vers sa fin, grace au ciel, avancée ;
Et nous avons passé tout ce temps en récits
Capables d'affliger les moins sombres esprits :
Effaçons, s'il se peut, leur image funeste.
Je prétends de ce jour mieux employer le reste,
Et dire un changement, non de corps, mais de cœur.
Le miracle en est grand ; Amour en fut l'auteur :
Il en fait tous les jours de diverse manière.
Je changerai de style en changeant de matière.

Zoon plaisoit aux yeux ; mais ce n'est pas assez :
  Son peu d'esprit, son humeur sombre,
  Rendoient ces talents mal placés.
Il fuyoit les cités, il ne cherchoit que l'ombre,
Vivoit parmi les bois, concitoyen des ours,
Et passoit, sans aimer, les plus beaux de ses jours.
Nous avons condamné l'amour, m'allez-vous dire.
J'en blâme en nous l'excès ; mais je n'approuve pas
  Qu'insensible aux plus doux appas
  Jamais un homme ne soupire.
Hé quoi ! ce long repos est-il d'un si grand prix ?
Les morts sont donc heureux ? Ce n'est pas mon avis :
Je veux des passions ; et si l'état le pire
  Est le néant, je ne sais point
De néant plus complet qu'un cœur froid à ce point.
Zoon n'aimait donc rien, ne s'aimait pas lui-même,

Vit Iole endormie, et le voilà frappé :
Voilà son cœur développé.
Amour, par son savoir suprême,
Ne l'eut pas fait amant qu'il en fît un héros.
Zoon rend grace au dieu qui troubloit son repos :
Il regarde en tremblant cette jeune merveille.
A la fin Iole s'éveille.
Surprise et dans l'étonnement,
Elle veut fuir ; mais son amant
L'arrête, et lui tient ce langage :
Rare et charmant objet, pourquoi me fuyez-vous ?
Je ne suis plus celui qu'on trouvoit si sauvage :
C'est l'effet de vos traits, aussi puissants que doux,
Ils m'ont l'ame et l'esprit et la raison donnée.
Souffrez que, vivant sous vos lois,
J'emploie à vous servir des biens que je vous dois.
Iole, à ce discours, encore plus étonnée,
Rougit, et sans répondre elle court au hameau,
Et raconte à chacun ce miracle nouveau.
Ses compagnes d'abord s'assemblent autour d'elle :
Zoon suit en triomphe, et chacun applaudit.
Je ne vous dirai point, mes sœurs, tout ce qu'il fit,
Ni ses soins pour plaire à la belle :
Leur hymen se conclut. Un satrape voisin
Le propre jour de cette fête,
Enlève à Zoon sa conquête :
On ne soupçonnoit point qu'il eût un tel dessein.
Zoon accourt au bruit, recouvre ce cher gage,
Poursuit le ravisseur, et le joint, et l'engage
En un combat de main à main.
Iole en est le prix aussi bien que le juge.
Le satrape, vaincu, trouve encor du refuge
En la bonté de son rival.
Hélas ! cette bonté lui devint inutile ;

Il mourut du regret de cet hymen fatal :
Aux plus infortunés la tombe sert d'asile.
Il prit pour héritière, en finissant ses jours,
Iole, qui mouilla de pleurs son mausolée.
Que sert-il d'être plaint quand l'ame est envolée?
Ce satrape eût mieux fait d'oublier ses amours.
La jeune Iris à peine achevoit cette histoire;
Et ses sœurs avouoient qu'un chemin à la gloire,
C'est l'amour. On fait tout pour se voir estimé :
Est-il quelque chemin plus court pour être aimé?
Quel charme de s'ouïr louer par une bouche
Qui, même sans s'ouvrir, nous enchante et nous touche!
Ainsi disoient ces sœurs. Un orage soudain
Jette un secret remords dans leur profane sein.
Bacchus entre, et sa cour, confus et long cortège :
Où sont, dit-il, ces sœurs à la main sacrilège?
Que Pallas les défende, et vienne en leur faveur
Opposer son égide à ma juste fureur :
Rien ne m'empêchera de punir leur offense.
Voyez : et qu'on se rie après de ma puissance !
Il n'eut pas dit, qu'on vit trois monstres au plancher,
Ailés, noirs et velus, en un coin s'attacher.
On cherche les trois sœurs; on n'en voit nulle trace.
Leurs métiers sont brisés; on élève en leur place
Une chapelle au dieu, père du vrai nectar.
Pallas a beau se plaindre, elle a beau prendre part
Au destin de ces sœurs par elle protégées ;
Quand quelque dieu, voyant ses bontés négligées,
Nous fait sentir son ire, un autre n'y peut rien :
L'Olympe s'entretient en paix par ce moyen.
Profitons, s'il se peut, d'un si fameux exemple.
Chômons : c'est faire assez qu'aller de temple en temple
Rendre à chaque immortel les vœux qui lui sont dus :
Les jours donnés aux dieux ne sont jamais perdus.

FIN DES CONTES

TABLE DES MATIÈRES

CONTENUES DANS CE VOLUME

	PAGES
AVERTISSEMENT de l'Auteur pour la première édition du premier livre de ses Contes (1665).	1
PRÉFACE de la Fontaine pour la seconde édition du premier livre de ses Contes (1665).	3

LIVRE PREMIER

Joconde.	9
Richard Minutolo.	26
Le Cocu battu et content.	34
Le Mari confesseur.	39
Le Savetier.	41
La Vénus Callipyge.	43
Les deux Amis.	44
Le Glouton.	45
Sœur Jeanne.	46
Le Juge de Mesle.	47
Le Paysan qui avoit offensé son Seigneur.	4

LIVRE SECOND

PRÉFACE de l'Auteur pour le second livre de ses Contes (1667).	53
Le Faiseur d'oreilles et le Raccommodeur de moules.	57

TABLE DES MATIÈRES

	PAGES
Les Cordeliers de Catalogne.	64
Le Berceau.	73
Le Muletier.	80
L'Oraison de saint Julien.	85
La Servante justifiée.	97
La Gageure des trois Commères.	102
Le Calendrier des Vieillards.	114
A Femme avare galant Escroc.	123
On ne s'avise jamais de tout.	126
Le Villageois qui cherche son Veau.	128
L'Anneau d'Hans Carvel.	129
Le Gascon puni.	131
La Fiancée du roi de Garbe.	135
L'Ermite.	160
Mazet de Lamporechio.	167

LIVRE TROISIÈME

Les Oies de frère Philippe.	175
La Mandragore.	181
Les Rémois.	192
La Coupe enchantée.	199
Le Faucon.	215
La Courtisane amoureuse.	224
Nicaise.	234
Le Bât.	243
Le Baiser rendu.	244
Alis malade.	245
Imitation d'Anacréon.	246
L'Amour mouillé.	247
Le petit Chien qui secoue de l'argent et des pierreries.	249

LIVRE QUATRIÈME

Comment l'esprit vient aux Filles.	267
L'Abbesse malade.	272
Dindenaut et Panurge.	276
Les Troqueurs.	278

TABLE DES MATIÈRES

	PAGES
Le Cas de conscience.	284
Le Diable de Papefiguière.	290
Féronde, ou le Purgatoire.	297
Le Psautier.	305
Le roi Candaule et le Maître en droit.	310
Le Diable en Enfer.	321
La Jument du compère Pierre.	328
Pâté d'anguille.	334
Les Lunettes.	339
Le Cuvier.	346
La Chose impossible.	349
Le Magnifique.	353
Le Tableau.	360

LIVRE CINQUIÈME

La Clochette.	369
Le fleuve Scamandre.	372
La Confidente sans le savoir, ou le Stratagème.	376
Le Remède.	383
Les Aveux indiscrets.	387
La Matrone d'Éphèse.	392
Belphégor.	399
Les Quiproquo.	410
Philémon et Baucis.	417
Les Filles de Minée.	424

FIN DE LA TABLE

PARIS. — IMPRIMERIE CH. BLOT, RUE BLEUE, 7.

www.ingramcontent.com/pod-product-compliance
Lightning Source LLC
Chambersburg PA
CBHW070542230426
43665CB00014B/1781